此生有味蘇東坡

在文人中，他最懂吃；
在吃貨中，他最有才。
人生緣何不快樂，只因未嘗蘇東坡。

紀錄片《風味人間》、電視劇《珠江人家》顧問
林衛輝 ◎著

蘇東坡美食尋蹤圖
蒸麥飯
徐州
鮰魚
南京
河豚、蒸作和飲子
常州
糟淮白魚
淮陰
大閘蟹
湖州
烏菱白芡
杭州
鮑魚
登州
蠔仔粥
儋州

黃魚
荊州
蜜漬荔枝
定州
枸杞、菊花
密州
竹鼠
鳳翔
舂磨、
兔子
眉州
晶飯
開封
無核棗
潁州
東坡肉
黃州
小餅
廉州
燒羊
廣州
羊脊骨
惠州

目次

第六章

蘇東坡美食尋蹤完整路線

眉州→牛口→荊州→開封→鳳翔→開封→淮陰→杭州→密州—濟南→徐州→湖州→黃州→湯陰→南京→真州→泗州→常州→登州→開封→杭州→潁州→揚州→定州→湯陰→惠州→滕州→儋州→廉州→廣州→大庾嶺→虔州→常州

具體時間和美食出處：

地點	時間	美食	詩詞
眉州	一〇五六年之前	兔子、鯉魚、春磨（年糕）	〈饋歲〉：山川隨出產，貧富稱小大。置盤巨鯉橫，發籠雙兔臥。富人事華靡，彩繡光翻座。貧者愧不能，微摯出春磨。
牛口	一〇五六年	煮蔬	〈夜泊牛口〉：煮蔬為夜餐，安識肉與酒。
荊州	一〇五九年	渼陂魚、雁、雉	〈渼陂魚〉：早歲嘗為荊渚客，黃魚屢食沙頭店。濱江易采不復珍，盈尺輒棄無乃僭。

開封	一〇六一年	皛飯	《曲洧舊聞》：貢父問：「三白何物？」答曰：「一撮鹽，一碟生蘿蔔，一碗飯，乃三白也。」
鳳翔	一〇六一年至一〇六四年	渼陂魚、竹鼠、野雞	〈竹䶉〉：野人獻竹䶉，腰腹大如盎。自言道旁得，采不費罝罔。鴟夷讓圓滑，混沌慚瘦爽。兩牙雖有餘，四足僅能髣。
開封	一〇六五年至一〇七一年	魚鱠	〈送曾子固倅越得燕字〉：那因江鱠美，遽厭天庖膻。
淮陰	一〇七一年	糟淮白魚	〈發洪澤中途遇大風復還〉：明日淮陰市，白魚能許肥。
杭州	一〇七一年至一〇七四年	烏菱白芡、月兔茶、酥煎牡丹、蕨菜、薺青蝦羹	〈六月二十七日望湖樓醉書〉五絕其三：烏菱白芡不論錢，亂繫青菰裹綠盤。忽憶嘗新會靈觀，滯留江海得加餐。
密州	一〇七四年至一〇七六年	枸杞、菊花、飯甕	〈後杞菊賦〉：以杞為糧，以菊為糗。春食苗，夏食葉，秋食花實而冬食根。
濟南	一〇七七年	酒、肉	〈將至筠先寄遲適遠三猶子〉：憶過濟南春未動，三子出迎殘雪裡。我時移守古河東，酒肉淋漓渾舍喜。
徐州	一〇七七年至一〇七九年	蒸麥飯、菠菜、辣湯、河鱠、竹筍紅燒肉、子薑拌金針菇、大麥杏仁粥	〈春菜〉：蔓菁宿根已生葉，韭芽戴土拳如蕨。爛蒸香薺白魚肥，碎點青蒿涼餅滑。

（接下頁）

地點	時間	美食	詩詞
湖州	一〇七九年	青蟹、鱸魚膾、大閘蟹	〈丁公默送蝤〉： 溪邊石蟹小如錢，喜見輪囷赤玉盤。 半殼含黃宜點酒，兩螯斫雪勸加餐。
黃州	一〇八〇年至一〇八四年	東坡魚羹、熊白、為甚酥、元修菜、二紅飯、薺羹、東坡肉	〈豬肉頌〉： 黃州好豬肉，價賤如泥土。貴者不肯吃，貧者不解煮。 早晨起來打兩碗，飽得自家君莫管。
湯陰	一〇八四年	水餅（麵條）、飯筒（粽子）	〈端午遊真如遲適遠從子由在酒局〉： 水餅既懷鄉，飯筒仍湣楚。
南京	一〇八四年	鮰魚	〈戲說鮰魚一絕〉： 粉紅石首仍無骨，雪白河豚不藥人。 寄語天公與河伯，何妨乞與水精鱗。
真州	一〇八四年	豆粥	〈豆粥〉：地碓春粳光似玉，沙瓶煮豆軟如酥。
泗州	一〇八五年	春盤、酥酒	〈浣溪沙〉：雪沫乳花浮午盞，蓼茸蒿筍試春盤。
常州	一〇八五年	河豚、雞蘇水	〈春江晚景〉：蔞蒿滿地蘆芽短，正是河豚欲上時。
登州	一〇八五年	鮑魚	〈鰒魚行〉：漸臺人散長弓射，初啖鰒魚人未識。
開封	一〇八五年至一〇八九年	赬尾魚膾、江瑤柱、骨槌兒血羹、鯔魚、密雲龍茶、臥沙細肋	〈杜介送魚〉： 新年已賜黃封酒，舊老仍分赬尾魚。 陋巷關門負朝日，小園除雪得春蔬。

杭州	一〇八九年至一〇九一年	棕筍、寒具、川芎、花椒、蜂蜜	〈寒具〉： 纖手搓成玉數尋，碧油輕蘸嫩黃深。 夜來春睡濃於酒，壓褊佳人纏臂金。
潁州	一〇九一年	無核棗	〈與薄廷淵一首〉： 河中永洛出棗，道家所貴，事見《真誥》。 唐有道士侯道華，嘗得無核者三， 食之後，竟竊鄧太主藥上升。
揚州	一〇九二年	魚、蟹	〈到官病倦，未嘗會客，毛正仲惠茶，乃以端午小集石塔，戲作一詩為謝〉： 金釵候湯眼，魚蟹亦應訣。遂令色香味，一日備三絕。
定州	一〇九三年至一〇九四年	中山松醪、蜜漬荔枝	〈次韻曾仲錫承議食蜜漬生荔枝〉： 逢鹽久已成枯臘，得蜜猶應是薄刑。
湯陰	一〇九四年	豌豆大麥粥	〈過湯陰市得豌豆大麥粥示三兒子〉： 秋霖暗豆莢，夏旱臞麥人。逆旅唱晨粥，行庖得時珍。
惠州	一〇九四年至一〇九七年	羅浮春、桂酒、真一酒、鱸魚、羊脊骨、谷董羹、荔枝、黃柑、朱橘	〈舟行至清遠縣見顧秀才極談惠州風物之美〉： 江雲漠漠桂花溼，梅雨脩脩荔子然。 聞道黃柑常抵鵲，不容朱橘更論錢。
滕州	一〇九七年	湯餅（湯麵）	《老學庵筆記》： 粗惡不可食，黃門置箸而嘆，東坡已盡之矣。 江雲漠漠桂花溼，梅雨脩脩荔子然。 聞道黃柑常抵鵲，不容朱橘更論錢。
儋州	一〇九七年至一一〇〇年	菜羹、玉糝羹、蠔仔粥、燒蝙蝠、蛤蟆	〈過子忽出新意以山芋作玉糝羹色香味皆奇絕、天上酥陀則不可知，人間絕無此味也〉： 香似龍涎仍釅白，味如牛乳更全清。 莫將北海金齏鱠，輕比東坡玉糝羹。

（接下頁）

地點	時間	美食	詩詞
廉州	一一〇〇年	小餅	〈留別廉守〉：編萑以苴豬，瑾塗以塗之。小餅如嚼月，中有酥與飴。
廣州	一一〇〇年	燒羊肉	〈與孫叔靜書〉：燒羊珍惠，下逮童孺。
大庾嶺	一一〇一年	青梅	〈贈嶺上梅〉：梅花開盡百花開，過盡行人君來。不趁青梅嘗煮酒，要看細雨熟黃梅。
虔州	一一〇一年	竹筍	〈器之好談禪，不喜遊山，山中筍出，戲語器之可參玉版長老，作此詩〉：叢林真百丈，法嗣有橫枝。不怕石頭路，來參玉版師。
常州	一一〇一年	和飲子、蒸作（飲料和點心）	〈與錢濟明〉三首之一：諸親知所餉無一留者，獨拜蒸饋，切望止此而已。

推薦序一

一口吃掉蘇東坡！這些詩與美食太誘人

《厭世讀論語》作者／厭世國文老師

時間不僅是記載在古老的線裝書頁間，也裝盛在餐桌上的碗盤裡。

在我們學會言語與書寫之前，「吃」與「喝」便已是我們感知世界最直接的方式。語言與文字為我們描繪生活，而世界則透過萬物滋養我們的生命。正因如此，**人類與食物的關係密不可分，這種連結不僅關乎生存，更牽動著文化與記憶**。

《此生有味蘇東坡》正是一本透過「食物」來解讀人生的精彩之作，在味蕾與歷史的交織之間，作者用兩條時間軸線帶領讀者走進蘇東坡的世界，感受他的快樂、悲傷，以及智慧。

第一條時間軸線，是蘇東坡的生命軌跡。他的一生，宛如盛大又跌宕起伏的長宴。從意氣風發的青年時期，到屢遭貶謫的顛沛歲月，再到晚年達觀自適的境界，他在詩詞與文章中抒懷，也在美食裡尋找慰藉。

大多數人應該是在國中或高中課本裡，初次遇見「蘇軾」這個名字，然後從作者簡介的幾行文字中，粗略拼湊出他的形象：東坡居士、唐宋八大家之一、豪放派詞人、仕途坎坷、超然曠達……

匆忙記憶關鍵的詞語，隨即應付考卷上的題目，始終來不及走入他的內心世界。

蘇東坡的一生，彷彿一行又一行被螢光筆劃過的註記。不應該只是這樣的。

本書將打破這層隔閡，讓讀者透過飲食重新認識這位才華洋溢、情感豐沛的文人。

更有趣的是，**蘇東坡不僅以美食療癒人生，也因美食而身陷風波**。這裡說的可不只是單純的飲食危機——雖然他確實吃過可能致命的河豚，還霸氣的說「即便死了也值得」——而是他總喜歡藉由食物，發表政治相關的文字，以展現自己的與眾不同，或不屑一顧，甚至成為某種犯罪的證據，讓他遭受不少痛苦與折磨。

蘇東坡的味蕾，連結著他的文學創作，也承載著他的波折人生，在這本書中你可以遇見不朽的詩詞名句、各具風格特色的料理，以及那個時代的殘酷與美麗。

第二條時間軸線，是食物的歷史與文化。本書讓我們讀懂蘇東坡，也讓我們更懂得生活。作者以百科全書般的視角，梳理蘇東坡時代的飲食文化，深入探索當時的飲食風貌。從食材的來源與典故，到烹飪技法的演變，再到飲食如何與政治、社會發展交融，層層鋪展出一幅立體的歷史畫卷。

宋代的飲食文化，既有士大夫的風雅宴席，也有郊遊野炊的浪漫閒適，甚至有顛沛流離時的粗茶淡飯。**蘇東坡的飲食選擇（例如貶謫黃州時的東坡肉），反映社會階級與物產分布的同時，也展現知識分子對生活美學的影響力，不僅在於他的創意，還在於他為食物賦予了文化價值**。此外，蘇軾的「東坡羹」與「為甚酥」（東坡餅）亦延續了這樣的精神，讓料理不只是味覺上的滿足，也成為後世文人與民眾崇拜的產物。

或許，我們記住時間的方式，除了講述、書寫，還有吃進嘴裡的那一百種味道。

推薦序二

不只是東坡肉的代言人

國立臺灣藝術大學通識中心兼任助理教授、《餐桌上的臺灣史》作者／鞭神老師

「軾」，是古代車子前面可供憑依的橫木，也是宋仁宗景祐三年（一〇三六年）十二月十九日（西曆一〇三七年一月八日）乙卯時，生於今四川省眉山市的蘇東坡的名字。

他於嘉祐二年（一〇五七年）參加禮部會試，受到主考官梅堯臣——與蘇舜欽一同被譽為宋詩開山祖師、世稱「蘇梅」——以及歐陽修的讚賞，中了進士。

舉凡中外美食家，無不好奇蘇東坡的飲食品味，是如何自童年至青少年時期養成，二十歲之前都沒離開過眉山的他，從小到大吃了哪些食物，讓他自此成為美食愛好者？

這本全文近五百頁的鉅著，講的是蘇東坡的一生，作者藉由探索蘇東坡自小到老留下的作品，編年體式的挖掘這位因愛吃豬肉，使後人以其號「東坡」二字，為中國餐飲史上最經典豬肉菜品命名的宋代文學家之飲食歷程。

不單如此，**本書還在食材上引經據典、在烹調方式中穿梭古今**。透過書中主角的人生智慧、領悟精神和詩文內容，讀者們可以從「置盤巨鯉橫，發籠雙兔臥」的句子裡，看到當時眉州人愛吃

的鯉魚和兔肉；從「煮蔬為夜餐，安識肉與酒」這句，得知當時鄉野人民晚餐只有蔬菜，沒有肉和酒；在憑弔諸葛亮留下的鹽井所作的詩中，作者除了以科學角度介紹鹽，更透過鹽對於民生的重要性切入政治；此外，書中還提到，林語堂評論蘇東坡時，說他是個酒精成癮者，作者因此更一步步延伸到乙醇脫氫酶和乙醛脫氫酶，分解乙醇和乙醛的能力對酒量的影響。

在〈荊州〉十首其九中，他提到了吃雁；在〈渼陂魚〉中，提到當時人稱黃魚的鱘魚，而作者更以此延伸，以生物學詳盡介紹鱘魚；對蘇東坡在漢江吃了鯿魚所作之詩〈鯿魚〉，作者不但分析了詩的內容、鯿魚的生態，還介紹了清蒸、油燜、紅燒等三種烹調方式；在〈食雉〉一詩中，透過「烹煎雜雞鶩，爪距漫槎牙」一句，蘇東坡將雉雞與普通的雞和野鴨共治一爐的做法，更點出鮮味加乘作用的烹調知識。

在閱讀本書時，隨著頁數與文字量的堆疊，一種熟悉感油然而生。同為飲食寫作的作者，**本書作者對歷史、科學、烹調方法和食材研究，無一不放過的全面性書寫**方式，正是我一直以來所致力追求的。

長久以來，蘇東坡對愛好美食的人們而言，就只是東坡肉這道菜品的代言人，對他僅僅只是單一面向與平面形象的認識。但這本書所做到的，**不只是讓蘇東坡這位我們耳熟能詳的歷史人物變得立體，還讓我們對他一生所有吃食都有了更全面的了解**。就連以他為代表的東坡肉，我們都可以從本書中窺見加蕪菁的獨門烹調方式。

推薦序三

食物對你來說，代表什麼？

暢銷作家、諮商心理師／黃之盈

「食物」往往能喚起某些生命中的好滋味。從小我在南部長大，放學後總會回到奶奶家，和奶奶一起準備一家人的晚餐和料理。奶奶常說：「**料理食物，就像是一個人對人生滋味層次的調理。**」我們經常一起在廚房滷豬腳、燉牛肉湯、做紅燒番茄魚、燉雞湯、做照燒雞或豉汁豬肉。

對我來說，做料理不只是考驗廚藝，也是與身旁的人連結的好時機，而食物更是代表家鄉的好滋味。我的家鄉正值海港高雄，幫魚去鱗、幫蝦去殼，又或是烹調海味，不論選用哪個食材，都是我們調適和適應當地的重要指標！一直到前往海外工作，我才發現各地的美食都有一座山頭：靠海邊鮮少山味，而靠山又鮮少能吃到海味，不像臺灣兩者都能滿足。

過去，我也從來不覺得南部的食物如大家評價的「重鹹、甜」。搬到北部後，發現北部粽和南部粽在調味上真有差異，才趕緊在居住地附近，找了重鹹甜的家鄉滋味，一解思鄉之情。

在地美食的形成依賴自然環境、靠天吃飯，廚師們須就地取材，代表著我們在飲食上的習慣和調性。因此，**每個城市都有它的獨到滋味，光是小小的臺灣，就不只有北、中、南、東的不同，開**

放心胸才有機會領略、嘗鮮。

我的工作必須巡迴臺灣各縣市演講，而蘇東坡要到哪座城市都是被決定的，不像我能夠決定到哪裡工作、吃什麼樣的美食。在蘇東坡的貶謫仕途中，哪一次不令人垂頭喪氣、忿忿的感到不公？他卻沒有選擇以這樣的心情面對人生低谷，反倒用美食和政績活出在地滋味！

民以食為天，蘇東坡則以食領略在地滋味，調理人生、重新起步。在蘇東坡身上，我看見非常不簡單的地方是，**他在面對人生、職場貶謫、有了低谷還有更低谷的中年危機時，不但勇於調適，更擁抱無酒不樂趣、靜心烹調人生滋味的心靈**。

在中年遭遇貶謫和失意，對大多數人來說絕對是壓力最大、心理最痛苦的時期。但即便在這樣的情況下，蘇東坡並沒有選擇潦倒喪志。他在五十九歲時貶謫惠州，政治生涯基本上已經終結。當時，他細細品味惠州，就算沒錢，甚至是水土不服，但他仍**選擇在困境中與美食為伍：日啖荔枝三百顆、種菜養田，用吃治癒內心的千瘡百孔**，並獨力發展出當地特色料理。

一日三餐、一年四季與美食為伍，因為蘇東坡，原本鳥不生蛋的小地方變成「天下不敢小惠州」（出自清代詩人江逢辰）。有了蘇東坡活過的痕跡，一人點亮一座城，將地方食育特色發揮到極致；被命運捉弄、可能活成死穴的職業生涯，都被他活出獨到的滋味和奇蹟！

本書提醒**我們在逆境時，依然有選擇的自由和空間。無論面對悲歡離合或高峰低谷，埋首於料理之中，可以抒發對故鄉及親人的眷念之情**，更可以喚起我們對親疏遠近情感的自我覺察，並反映我們的人生經驗。更何況，蘇東坡在多年的貶謫生涯中，即使坐落在不同城市，也能自得其樂，「不做緣木求魚，力尋當地菜根」，這樣的精神值得我們學習！

第一章

在一蔬一飯中，找到精神寄託

1 過年最思鄉，求助美食的力量

宋仁宗景祐三年（一〇三六年），蘇軾（字子瞻，號東坡居士）出生於眉州（今四川眉山市）。父親蘇洵在〈族譜後錄〉中說，西元前一一〇〇年左右，蘇氏先祖因封於蘇，故姓蘇。這裡的蘇氏先祖，就是《尚書》中提到的周代司寇蘇忿生。蘇忿生是西周的開國功臣，朝中執政的六卿之一。

這個說法是可信的，老蘇家這一支脈遷到眉山，始於唐代武則天時期的宰相蘇味道。蘇味道的名聲不怎麼樣，處事模稜兩可、無作為，但他的文章寫得很好，為初唐文章四友之一[1]。這麼看來，蘇軾文章了得，確實屬於「祖傳」。

蘇軾的家境非常好，爺爺蘇序是當地的士紳，也有文采。蘇軾在〈蘇廷評行狀〉中，描述爺爺「晚好為詩，能自道，敏捷立成，不求甚工。有所欲言，一發於詩。比沒，得數千首」；蘇軾的父親蘇洵一開始是啃老族，後來娶了妻，妻子娘家是眉山富豪，又繼續「啃妻」，到了二十七歲才開始閉門讀書，終成唐宋八大家之一[2]。

蘇軾從小在這樣的家庭中長大，八歲就讀天慶觀北極院，而後由母親程夫人親自教讀，加上父親嚴厲督促，蘇軾也很有自覺，「我昔家居斷還往，著書不復窺園葵」，一心居家讀書。「斷還往」指與以前的玩伴斷了往來，連庭園的葵花都不敢偷看，這為蘇軾的學識打下了堅實的基礎。

古人言「成家立業」，成家在前、立業在後，而蘇軾在二十歲時娶了同樣來自書香門第的王弗。二十一歲時，也就是嘉祐元年（一〇五六年），蘇軾的父親帶著他和十九歲的弟弟蘇轍，到汴京參加開封府的舉人考試。蘇軾名列第二、蘇轍也榜上有名。當時的制度是府試過關中舉後，還要通過禮部考試和皇帝殿試，才能中進士。

第二年，蘇軾參加了禮部的會試、複試和皇帝的殿試，與蘇轍一起中了進士。這一年，蘇軾二十二歲，蘇轍二十歲，他們名揚京城，一代文豪就此橫空出世。

在眉山的讀書歲月，為大文豪奠定了堅實的基礎。二十一歲前的蘇軾都在眉山生活。那麼，他日後成為美食大家，是否受到青少年時期美食體驗和飲食偏好的影響？在眉州時，蘇軾有過什麼美食體驗？

很遺憾，蘇軾在成名前沒留下什麼與吃有關的文字，但是，在嘉祐七年冬末，他寫了一組詩，其中有兩首寫到眉州美食。

前一年，蘇軾在制科考試入三等[3]，以「將仕郎守大理寺評事簽書節度判官廳公事」出任鳳翔府。蘇軾雖然得到了鳳翔太守宋選的關心、愛護，但一人遠在鳳翔，年末想回汴京和父親、弟弟團

1 其餘三人為李嶠、崔融和杜審言。
2 其餘七人為唐代韓愈、柳宗元和宋代歐陽修、蘇軾、蘇轍、曾鞏、王安石。
3 制科為皇帝特詔選拔非常人才而舉行的特別考試，分五等。宋代有制科以來，第一和第二等皆是虛設，從來無人得過，多數人以第四等中選。蘇軾以前只有一人曾入三等。

聚而不得。回想故鄉歲暮的淳樸風俗時，寫了這組詩寄給弟弟蘇轍，以抒發思念之情：「歲晚相與饋問，為饋歲；酒食相邀，呼為別歲；至除夜，達旦不眠，為守歲。蜀之風俗如是。余官於岐下歲暮思歸而不可得，故為此三詩以寄子由。」組詩共三首，其中兩首提到食物，第一首是〈饋歲〉：

農功各已收，歲事得相佐。為歡恐無及，假物不論貨。
山川隨出產，貧富稱小大。置盤巨鯉橫，發籠雙兔臥。
富人事華靡，彩繡光翻座。貧者愧不能，微摯出舂磨。
官居故人少，里巷佳節過。亦欲舉鄉風，獨唱無人和。

這首詩說的是蘇家過去在眉州過年時，各家各戶相互饋贈禮物，送上節日祝福的情景，「歲晚相與饋問，為饋歲」。

禮物是什麼呢？「山川隨出產」，即當地特產。不論窮人還是富人皆如此，只是會有多少、輕重之分。有什麼特產呢？「置盤巨鯉橫，發籠雙兔臥」，即鯉魚與兔子。當時的眉州人流行吃鯉魚和兔子，不知宋代的四川人是不是和今天的四川人一樣喜歡吃兔頭？但可以肯定的是，川人愛吃兔子，有著悠久的歷史和傳統。

除了鯉魚和兔子，蘇軾還提到眉州的另一種美食——舂磨，就是將糧食加工後的年糕，這是窮人之間互送的禮品，富人則是互贈彩繡。如今送年糕的傳統還保留著，幾乎普及全中國。

第二首是〈別歲〉：

故人適千里，臨別尚遲遲。人行猶可復，歲行那可追。
問歲安所之？遠在天一涯。已逐東流水，赴海歸無時。
東鄰酒初熟，西舍豕亦肥。且為一日歡，慰此窮年悲。
勿嗟舊歲別，行與新歲辭。去去勿回顧，還君老與衰。

此詩描述別歲（歲末設酒宴慶賀）歡飲的場面，東鄰、西舍、酒熟、豕（豬）肥是互文見義，遙應首篇「農功各已收」一句。

這首詩寫的是殺年豬和喝酒，雖然並沒有談到如何料理年豬，但**蘇軾之所以一輩子愛吃豬肉，與小時候的飲食習慣有關**。東坡肉能夠名聞天下，看來在眉山時就已打下了牢固的基礎。

兔子、豬肉和年糕，川人至今還在吃，鯉魚卻少有人吃。這是因為隨著養殖技術的發展，很多比鯉魚更好吃、長得更快的淡水魚出現，而將鯉魚從首選位置擠下。

如今川菜中常用的淡水魚，如搭配藿香的鯽魚、水煮[4]用花鰱、酸菜魚用花鰱或草魚、燙涮用黑魚、清蒸用鱸魚，只有在做豆瓣魚這道傳統菜時，才會用上鯉魚。然而，這道料理比較複雜，所以會做的人不多。另外，受佛教影響，鯉魚多被拿來放生，加上民間流傳鯉魚是發物[5]的說法，鯉

4 川菜水煮與一般水煮不同，是將魚片放入開水中快速燒煮，而後裝盆，淋上含有爆香的辣椒、花椒等香料的滾油。
5 指容易引起上火、過敏或導致舊疾復發、新病加重的食物。

魚逐漸被邊緣化。

在蘇軾生活的年代，鯉魚就是當時的「網紅美食」。古人認為，龍是最高貴的生物，而鯉只要越過龍門就能化身為龍。且鯉與禮、利諧音，因此中國自東周時期開始，就形成了很多與鯉魚有關的文化習俗。例如，年畫上兒童騎著鯉魚、年夜飯一定要有鯉魚，寓意年年有餘。

〈詩經・小雅・六月〉中記載周宣王伐玁狁勝利後，大宴諸侯：「吉甫燕喜，既多受祉，來歸自鎬，我行永久，飲御諸友，炰鱉膾鯉。」「膾鯉」指吃鯉魚刺身；《史記・孔子世家》還提到魯昭公賜孔子鯉魚時，適逢其生子，孔子為榮君之賜，便將兒子命名為孔鯉，字伯魚；漢代詩人蔡邕食過黃河鯉後，留詩曰：「客從遠方來，遺我雙鯉魚。呼兒烹鯉魚，中有尺素書。」往鯉魚肚子裡塞些吉利的話，是那個時代的人常做的事。

也有一說是唐代人不吃鯉魚，比如唐代博物學家段成式《酉陽雜俎》記載：「唐朝律，取得鯉魚即宜放，仍不得食，號赤鯶公，賣者決六十（打六十棍）。」這本筆記類小說，雖然寫於唐代，但一部分內容屬志怪傳奇類，同時記載各地與異域珍異之物，不可全信。

相反的，唐詩的鯉文化相當豐富，以鯉為題的詩歌很多，王維〈洛陽女兒行〉：「良人玉勒乘驄馬，侍女金盤鱠鯉魚。」李白〈贈崔侍御〉云：「黃河三尺鯉，本在孟津居。點額不成龍，歸來伴凡魚。」岑參〈熱海行送崔侍御還京〉一詩寫道：「側聞陰山胡兒語，西頭熱海水如煮。海上眾鳥不敢飛，中有鯉魚長且肥。」李商隱的〈板橋曉別〉則曰：「水仙欲上鯉魚去，一夜芙蓉紅淚多。」劉禹錫在〈洛中送崔司業使君扶侍赴唐州〉有：「相思望淮水，雙鯉不應稀。」

宋人繼承唐人的傳統，繼續大吃鯉魚。到了南宋，情況有了變化，南方人不太喜歡鯉魚了。主要原因還是鯉魚的缺點太多，比如多刺、有土腥味且肉質粗糙，但鯉魚獨特的香味也是其他魚所不具備的。河南第一名菜紅燒黃河鯉魚，取半斤左右的黃河鯉魚，兩面剞花刀[6]，拍粉後入油鍋炸至兩面金黃再起鍋，下油爆香蔥、辣椒和薑蒜，放入炸好的鯉魚，加醬油燒至軟爛入味即成。

鯉魚是底棲魚類，土腥味重，而高溫可以使土臭素（Geosmin）揮發。油炸醬燒，既去土腥味又入味，妙極了。

潮州菜裡有一道酸菜番茄鯉魚煲，取鯉魚與酸菜、酸梅、番茄、五花肉同煲一個小時左右。酸菜、酸梅裡的乙酸可以分解土臭素，番茄和五花肉裡的麩胺酸（Glutamic acid）與鯉魚的肌酸（creatine）協同作戰，把鮮味提高二十多倍。

這兩種鯉魚菜，不必顧忌肉質粗糙的缺點。肉質粗糙是因為肌纖維粗長，但這也意味著纖維間隙更大，也就更容易入味。長時間的紅燒或燉煮，能讓味道鮮美的鯉魚肉越嚼越香。

蘇軾一生都很喜歡吃鯉魚，除了在鳳翔府任職期間，與蘇軾同年考上進士（後來又重考）的章惇也送過他一條魚，蘇軾為此寫了〈渼陂魚〉。據考證，這條魚就是鯉魚；他被貶至黃州時，好友吳復古兩次派人到黃州探望他，也送過鯉魚；同樣在黃州，他寫了〈魚蠻子〉提到：「擘水取魴鯉，易如拾諸途。」他著名的東坡魚也是以鯉魚為食材。

真要開發東坡菜，絕對不能少了鯉魚。只要方法得當，其美味妙不可言，況且這真是蘇軾所提

6 剞音同几，指在表面上刻花紋。

過的，有詩為證。

與鯉魚命運相似的，還有蘇軾詩裡的兔子，同樣深受他的青睞。〈詩經．小雅．瓠葉〉中：「有兔斯首，炮之燔之。君子有酒，酌言獻之。」指的是客人來了，殺隻兔子，或煨或烤，再來一杯美酒。

《禮記．曲禮下》有：「凡祭宗廟之禮，牛曰一元大武……兔曰明視。」在周代的各種祭祀典禮中，兔子是必不可少的祭品之一，名曰「明視」。明代醫學家李時珍在《本草綱目》中解釋：取兔子不眨眼睛之故。周天子非常講究每天的吃喝用度，其中就有「六獸」。《周禮．天官》中提到「庖人，掌共六畜、六獸、六禽，辨其名物。」這六獸包括什麼？東漢末年儒家學者、經學大師鄭玄在《周禮注疏》中說：「六獸，麋、鹿、熊、麇、野豕、兔。」這樣看來，兔子早就是周天子的日常野味。

但這個時候還沒有人開始馴養兔子，養兔子吃最晚在西漢時出現。西漢枚乘的〈梁王菟園賦〉描述了富可敵國的漢文帝次子、梁孝王劉武的奢侈生活：「鬥雞走兔，俯仰釣射，烹熬炮炙，極歡到暮。」劉武為養殖兔子，專門建了一個菟園，而生活在這片園林裡的兔子，自然就成了狩獵和烹熬炮炙的對象。這時人們吃兔子的方法比較簡單，不外乎醢（做成肉醬）、烹煮、熬（慢煮）、炮（包上泥巴，扔進火堆裡燒）或炙烤。

到了東漢，劉熙在《釋名．釋飲食》中提到一種新方法：「其臘令纖，然後漬以酢也。兔纖亦如之。」即把兔肉熬煮熟後，撕成細條狀配上醋食用。這相當於今天的肉鬆，只是少了糖和醬油。

到了魏晉南北朝，做法就變多了。賈思勰在《齊民要術》中就介紹了不少新式兔子烹飪法，計有肉醬法、卒成肉醬法（速成肉醬法）、五味臘法、兔臛法等，其中重點推薦了最後一種做法：

> 兔一頭，斷，大如棗。水三升，酒一升，木蘭五分，蔥三升，米一合，鹽、豉、苦酒（醋），口調其味也。

將一隻兔子斬成棗子大小的肉塊，加入三升（魏晉南北朝時的一升相當於三百毫升）水、一升酒、五分（相當於兩公克）木蘭皮、三升蔥、一合（相當於三十毫升）米一起煮，再下鹽、豆豉和苦酒，嘗一嘗後調好口味。這種做法需要精準放入適量的調味料，難度很高，有點像兔子粥或兔子羹，但估計不怎麼好吃。

蘇軾生活的時代怎麼料理兔子，他老人家沒說，但可以參考孟元老的宋代美食書《東京夢華錄》，裡面記載了簽盤兔、炒兔、蔥潑兔等菜式，已經非常接近現代人的吃法。到了明代，李時珍賦予了兔肉藥用價值，《本草綱目．獸部》說兔肉：「味辛性平無毒，補中益氣，祛熱氣溼痺，止渴健脾。」他還推薦了一味中藥——望月砂，主治「目中浮翳，勞瘵五疳，疳瘡痔瘺，殺蟲解毒」。這個望月砂就是兔子的便便。

兔子換肉率低，因此在養殖業裡養兔子並不符合經濟效益，肉質也一般，所以牠們的地位與鯉魚差不多。但在蘇軾的故鄉，吃兔子歷史悠久，形式多樣的吃法得到充分發展。**四川人愛吃兔子的程度，甚至有人形容「沒有一隻兔子可以活著走出四川」**。各式各樣的吃法如冷吃兔、辣子兔、陳皮兔丁、紅油兔丁、白斬兔、自貢鮮鍋兔、啞巴兔、勾魂麵（兔子麵）等。

一九八〇年代，愛吃兔子的四川人居然打起了兔頭的主意，滷兔頭、麻辣兔頭到處可見。據說，四川人一年可以吃掉三億顆兔頭，串起來可以繞地球兩圈。四川有一種說法，把兩個四川人在接吻形容成在「啃兔兒腦殼」。

蘇軾在〈饋歲〉、〈別歲〉、〈守歲〉的組詩中只寫到一部分的兒時生活回憶，詩裡更多的是傾訴與蘇轍初次離別後的思念之情。

無論是「官居故人少，里巷佳節過。亦欲舉鄉風，獨唱無人和」，還是「故人適千里，臨別尚遲遲。人行猶可復，歲行那可追。問歲安所之？遠在天一涯。已逐東流水，赴海歸無時」，抑或是「勿嗟舊歲別，行與新歲辭。去去勿回顧，還君老與衰」，都是蘇軾對兄弟情的難捨難分和歲月流逝的無奈。

過年是最容易思鄉、想念親人的時候，而**想家、想家人時，往往會想起某種食物**，偉大如蘇軾也如此，這就是美食的力量。

2 美景看過了？再去一次又何妨！

眉州的生活給蘇軾留下了美好回憶，他在鳳翔的任期間，與弟弟蘇轍的唱和之作多有憶及眉州生活，〈饋歲〉裡談鄉鄰年終互贈鯉魚、兔子和年糕，〈別歲〉裡描述殺年豬和喝酒，而在這首〈和子由踏青〉裡，則回憶並描述了眉山人踏青的熱鬧場面，抒發了對故鄉及親人的眷念之情：

東風陌上驚微塵，遊人初樂歲華新。人閒正好路旁飲，麥短未怕遊車輪。
城中居人厭城郭，喧闐曉出空四鄰。歌鼓驚山草木動，簞瓢散野烏鳶馴。
何人聚眾稱道人？遮道賣符色怒嗔：宜蠶使汝繭如甕，宜畜使汝羊如麇。
路人未必信此語，強為買服禳新春。道人得錢徑沽酒，醉倒自謂吾符神！

大意是：春風微拂的田間小路上驚起了微塵，遊人們開始來到野外，感受春天的喜悅與溫馨。人們難得清閒，停車在路旁小飲，麥苗短而柔韌，不怕那碾軋過來的車輪。城裡人厭倦了高高的城牆，嚮往著郊外的景致，許多人一大早就爬起來，熱鬧的湧出城來踏青。鼓樂聲驚醒了冬眠的山嶺，草木在歡歌笑語中搖動。野餐用的簞瓢遍地都是，前來撿食的烏鳶像被馴養了一樣毫不避人。那邊是誰在自稱道人，引得眾人圍觀？只見他擋在路上賣符，臉紅脖子粗的誇它多麼靈：「我這符能使你家養蠶結繭似甕大，養羊如獐圓滾滾。」路上的人未必相信他的話，只是為了圖個新春吉利，才勉強買下佩戴在身。道人賣了錢就逕自去買酒喝，醉倒後還自言自語說「我這符可真靈」。

這首詩傳達了兩個重要訊息，一個是眉山人崇尚休閒生活，另一個是眉山人「佛系」[7]的心態，而這一態度，也是貫穿蘇軾一生的生活智慧。

先來看看眉山人的休閒生活。正月初七，眉山人傾城出郊踏青，那時不可能有休閒農場，更沒有什麼郊外酒家，郊遊吃什麼？「人閒正好路旁飲」、「簞瓢散野烏鳶馴」，即從家中帶吃的、喝的，來一頓浪漫的野餐。這不只是晒晒太陽、欣賞一下風景那麼簡單，「歌鼓驚山草木動」，載歌載舞、敲鑼打鼓，簡直比現代人還歡樂！大家去郊遊，還坐著車出城，何以見得？「麥短未怕遊車輪」。這種休閒娛樂會不會只是少數有錢人的生活？不是，「城中居人厭城郭，喧闐曉出空四鄰」，這可是全城出動啊！

蘇軾用輕鬆的筆調，描繪了一幅春日歌舞宴遊的歡樂、熱鬧場景，猶如一幅賞春風俗畫，充滿了對美好春日、美好生活的詠贊。

在這首詩中，我們只看到野餐，但吃的是何種食物，蘇軾沒講。

這時的蘇軾風華正茂、意氣風發，和所有古代文人一樣，**他所思所想的是修身、齊家、治國、平天下，不可能過於專注吃吃喝喝，而他開始正視飲食，是烏臺詩案之後的事。**

但是，這種與時共舞、與自然親近、空閒時節出門玩樂的生活態度，蘇軾是認同且讚賞的，日後**他也總是借職務調整的機會，在赴任途中拜會朋友、遊山玩水**。即便是遭貶謫，作為一名閒官，他縱情山水的心情也沒有受到影響。在黃州，他寫詩說「野飲花間百物無，杖頭惟掛一葫蘆」。

有意思的是，在他被貶黃州後，首次被起用為登州知州時，他多次寫信給湖州知州滕元發，叮囑他找湖州的能工巧匠替自己訂製兩件「朱紅累子」。

累子，也稱樏，是多格食盒，方便攜帶各種食物。蘇軾坦言：「某好攜具野飲，欲問公求朱紅累子兩卓二十四隔者……。」他以為到了登州後，還可以休閒的外出野遊。

只要生活如常，古人是很喜歡春遊的，畢竟經歷一個冬天確實憋壞了。最早寫春遊的詩歌，是〈詩經・鄭風・溱洧〉：

溱與洧，方渙渙兮。士與女，方秉蕑兮。
女曰觀乎？士曰既且。且往觀乎！洧之外，洵訏且樂。
維士與女，伊其相謔，贈之以勺藥。

大意是：溱河、洧河春水漲，兩岸景色真漂亮。男男女女來春遊，手捧蘭花呵呵笑。女士說：「結伴去看看？」男士說：「那裡去過了。」女士又說：「再去一次又何妨！」洧水之畔溱水河，多麼歡樂又寬敞。相互調笑、贈朵勺藥情意長。

這是鄭國每年三月的上巳節（農曆三月初三），按當時的風俗，大家在這一天春遊沐浴，男女

7 網路流行語，指怎麼都行、看淡一切、無欲無求的生活態度。

青年趁此機會自由交往。這種在特定節日春遊的習俗，很久以前各地都有，但長期的戰爭或動盪的生活，使得這種習俗在很多地方逐漸式微。即便有，春遊時人們的休閒心情和娛樂精神，也已被生活的艱辛消磨得所剩不多。

眉州的春遊看起來特別熱鬧，在蘇軾生活的年代及以前，巴蜀大地算得上福地，日子相對平靜，天府之國優越的自然環境，讓川渝地區的人們有平淡生活的物質條件，而享受生活、樂觀從容，也正是川人的生活觀，至今猶然。

生活中因不遂積累的情緒總要有地方釋放，在人生歷次的困頓時刻，蘇軾都能在山水、一草一木、一蔬一飯之中找到精神寄託。「問汝平生功業，黃州惠州儋州」，這種豁達與超然，是否跟眉山人與天地和諧、與大自然共生的生活形態有關係呢？

接著來看眉山人佛系的生活態度。春遊時，有個道士在賣符，不是在路邊，而是「遮道賣符」。且他自我吹噓「宜蠶使汝繭如甕，宜畜使汝羊如麇」，不僅大家不相信，連蘇軾本人也不相信。然而，人們明知道他在吹牛，為了圖個吉利，也還是會買個符添喜慶。

唐、宋是思想奔放的時期，儒、佛、道三教並行，百花齊放。關於蘇軾的宗教態度，各種說法都有，不同的說法都可以從他的文章裡找到證據，甚至相同的證據也能佐證不同的宗教思維。

據《宋史．蘇軾傳》記載，蘇軾早在幼年時期就已經廣泛閱讀儒釋道三家書籍，好學的家風、卓越的天分、不拘一格的選書，讓蘇軾在離開四川入京前，就已經打下了扎實的思辨基礎。這首詩裡對道士半信半疑的態度，也是蘇軾對宗教的態度。

我認同林語堂在《蘇東坡傳》中的觀點：「蘇東坡的思想理論已然發展到，不但喜愛淳樸的生活和純潔的思想，而且相信純潔思想才是淳樸生活的基礎。將控制自己的心神視為長生不死的不二法門，是儒、道、佛三教的結合理論。」

蘇軾並沒有把宗教當成他的信仰，他只是從宗教中汲取與他自身理念和人生觀契合的因素，然後納入自己的人生理論。

儒家的入世觀點一直貫穿著他的一生，他既關心廟堂，也關心眾生，即便是被貶黃州，在那篇著名的〈念奴嬌．赤壁懷古〉中：「大江東去，浪淘盡，千古風流人物。故壘西邊，人道是，三國周郎赤壁。亂石穿空，驚濤拍岸，捲起千堆雪。江山如畫，一時多少豪傑。」他由古懷今，表達了白白耗費許多時光仍不能有所作為的嘆息，無論佛、道的思想怎麼寬慰他，還是不能讓他真正放下想要為蒼生立命的初心。

一生屢屢被朝中奸邪小人誹謗構陷，被流放到黃州、惠州、儋州的蘇軾，僅有儒家的入世觀當然安撫不了他的失意。為了排解內心的苦憂，他開始鑽研釋道，結交佛僧，只為尋求精神的寧靜。

佛教大徹大悟的智慧與道教歸隱山林的灑脫，對想要擺脫困頓的蘇軾大有裨益。蘇東坡也很講究養生，並與吳復古在這方面還多有探討，並從不豐富的食物中，挖掘它們的養生價值。與其說他態度認真，倒不如說他是在自我寬慰。

林語堂說得很到位：「對求長生不死藥的想法，他並不認真，但是即便沒法得到，對獲得身體健康與心情寧靜，他總是喜歡的。」蘇軾並未完全被宗教迷住，就如他在眉州時對道士賣符的態度。對此，他的內心有一套獨特的想法。

蘇軾在黃州時，就儒、釋、道三教做過論述，在〈祭龍井辯才文〉中，他說：「嗚呼！孔老異門，儒釋分宮。又於其間，禪律相攻。我見大海，有北南東。江河雖殊，其至則同。雖大法師，自戒定通。律無持破，垢淨皆空。講無辯訥，事理皆融。如不動山，如常撞鐘。」

蘇軾認為，雖然儒釋道三家互相爭辯，但是，正如天地有南有北、江河各有差異，最終都會匯入大海。在他的世界裡，海終納百川，三教合一也無不可，他隨時可以在儒、釋、道三教中，找到讓自己瀟灑活下去的理論。

眉州的郊遊記憶、野餐歡愉，已經為蘇軾的人生智慧做了注腳。而蘇軾在郊遊野餐時所吃，按現在的說法，應該歸入預製菜[8]的行列，大力鼓吹預製菜的專家們，歡迎你們往這個方向研究。

8 預先經過加工生產的食物半成品或成品，只須加熱或擺盤即可食用。

第二章

走出蘇軾圈

1 沒有酒肉，也能怡然自得

宋代的官員選拔制度，就是考試，而蘇軾是有名的學霸，各種考試自然都難不倒他。嘉祐元年（一〇五六年），二十一歲的蘇軾在父親蘇洵帶領下，與十九歲的弟弟蘇轍一起赴京趕考，先是參加八月開封府的舉人考試——因為是開封府主辦，所以叫「府試」。兄弟倆都入榜，蘇軾拿到的成績是第二名，榜首由寧波人袁公濟奪得。

這只是舉人考試，要中進士，還要參加隔年二月禮部的考試和三月皇帝的殿試。禮部屬尚書省，其舉辦的考試稱「省試」。禮部考試的科目為詩、賦、論各一篇，策五道；策與論考的是治國理念，決定能否入選，而詩與賦考的是辭章之美，分出最終高下。

這一年的主考官是歐陽修，詳定官[1]是梅堯臣。蘇軾在考論題時寫下的千古名篇〈刑賞忠厚之至論〉，就是先被梅堯臣看到，再推薦給歐陽修。這篇本應列為第一的文章，歐陽修誤以為是自己的學生曾鞏所寫，為了避嫌，將其列為第二。隨後禮部的複試，蘇軾便拿了第一。

接下來，皇帝主持的殿試才是最重要的。宋仁宗時的科舉制度，參加殿試是為進士分等級，一甲賜進士及第，二甲賜進士出身，三甲賜同進士出身。這一場考試將近九百人參加，蘇軾得中二甲第四等，獲進士出身；蘇轍中三甲，獲同進士出身，得中一甲的是浦城人章衡。此人在後文中還會提到。

中進士時，蘇軾二十二歲，蘇轍二十歲。

順利考中後，就等吏部的任命書，看到哪裡任職。但是，蘇軾兩兄弟還沒等來吏部的通知，卻先等來了老家傳來的噩耗——母親程夫人去世了。按照禮節，蘇軾兄弟必須丁憂[2]三年，開缺回原籍，守孝二十七個月後再回朝廷，等候補缺。

嘉祐四年十月，丁憂三年的蘇軾兄弟在老蘇的帶領下又一次赴京，等待朝廷安排官職赴任。他們順岷江南下，經戎州（今四川宜賓）、瀘州、渝州（今重慶市）、涪州（今重慶市涪陵區）、忠州（今重慶忠縣）、夔州（今重慶奉節縣），抵達荊州過年，再從荊州轉陸路，經瀏陽、襄陽、南陽、唐州（今南陽市唐河縣）、許州（今許昌市）、汝州，最終抵達京師汴京（今開封市）。

這一路線之所以如此清楚，是因為兄弟倆在此期間寫下了大量詩篇，蘇軾流傳下來的詩約有八十首、蘇轍約三十首，還有數篇賦。後來，蘇轍將兩兄弟這些詩賦與父親蘇洵在此期間所作，整理為合輯《南行集》。

在蘇軾的這些詩中，有一首〈夜泊牛口〉就寫到了美食。牛口就是牛口鎮，在今四川宜賓市翠屏區思坡鎮臨江村。

---

1 最後評定試卷等第的考官。

2 指遇到父母或祖父母等直系尊長喪事，雖曰「三年」，實際上為二十七個月。

日落紅霧生，繫舟宿牛口。居民偶相聚，三四依古柳。
負薪出深谷，見客喜且售。煮蔬為夜餐，安識肉與酒。
朔風吹茅屋，破壁見星斗。兒女自咿嚘，亦足樂且久。
人生本無事，苦為世味誘。富貴耀吾前，貧賤獨難守。
誰知深山子，甘與麋鹿友。置身落蠻荒，生意不自陋。
今予獨何者，汲汲強奔走。

這首詩寫得直白易懂，大意是：太陽快要下山了，暮靄被夕陽染紅，把船繫在岸邊，住宿在牛口。當地的百姓偶然相聚，三、四個人倚靠在老柳樹上。村民背著柴草從深谷走出來，看到我們很高興的向我們兜售。蔬菜就是他們的晚餐，哪裡有肉和酒？北風呼呼的吹著茅草屋，破裂的牆壁能看到天上的星星。孩子們咿呀說話，這也足以讓人快樂，並能持續很長時間。人生本來沒有煩心的事情，苦惱是被功名誘惑。我們這些凡人啊，被眼前的功名富貴誘惑，但對貧賤的生活卻無法獨自堅持。這些住在深山裡的人，樂意與麋鹿為友。置身於衰落的蠻荒之地，卻不覺得自己樣態鄙陋。現今為何唯獨我，這樣匆匆、奔走得如此勉強？

其中提到美食的是「煮蔬為夜餐，安識肉與酒」。對村民來說，晚餐只有蔬菜，沒有肉和酒。記錄和反映宋人生活的《清異錄》、《東京夢華錄》、《夢粱錄》和《武林舊事》等書中，雖然可以看到宋人的生活不乏精彩，酒肉也常見，但那主要是權貴和富足城裡人的生活，而當時生活在鄉野的人們還是很清苦的。蘇軾筆下的人們才是宋代普通人的日常。

宋代的蔬菜，與我們今天的蔬菜有很大的不同。當時以冬葵（葵菜）、蔓菁（蕪菁）、蘿蔔、芥菜、大白菜、菠菜、菾菜（甜菜）為主，辣椒、番茄等還沒有出現，菜餚也都很清淡。不說肉不常見，連油都缺，雖然炒這種烹飪方式和植物油早已出現，但對於生活在廣大鄉野的人們，炒菜需要消耗大量油脂，所以多不採用，大都是涼拌或做成湯。

在主要記錄宋人食譜的《山家清供》裡，以蔬菜涼拌和煮湯為主的做法就超過二十種，而炒蔬菜僅有六種。把蔬菜加水煮成湯，如果能再往湯裡加點油，就已經很奢侈了。

在這首詩中，蘇軾準確的道出了這一烹飪方式——煮蔬。這種以蔬菜為主的生活方式，蘇軾也很能接受。在日後顛沛流離的生活中，他坦然的與蔬菜為伴，也多次在詩詞中談及。這與此詩的心態有關**：**大部分人就是這種生活狀況，人家過得了，我怎麼就過不得？

在蘇軾筆下，鄉村生活雖然潦倒貧窮，卻呈現出陶淵明詩中，特有的清貧恬靜田園生活氛圍。年紀輕輕、即將初涉官場的蘇軾，已經對自己汲汲於功名富貴而匆忙奔波表現出懷疑，並對深山中簡單的生活和快樂十分羡慕，似乎已經有了歸隱之意。我想這主要得益於蘇軾博覽群書，除了為應試涉獵必讀的儒家著作，他對佛、道書籍的濃厚興趣和鑽研，也影響著他的生活態度。

有了這樣的心理準備，在面對未來的一連串打擊時，蘇軾並不感到慌亂。

我們的主人公蘇軾波瀾壯闊又顛沛流離的人生大戲即將拉開序幕，讓我們往下看，看看他是如何書寫的。

2 少年蘇軾瞻仰諸葛亮

離開牛口後，老蘇家一行人來到了夔州。夔州名勝古跡眾多，尤其是八陣磧（地名，因諸葛亮曾在此排布古兵陣八陣圖而得名）、鹽井和白帝廟等。一家人上岸憑弔瞻仰，蘇軾在此留下了〈八陣磧〉、〈諸葛鹽井〉、〈白帝廟〉、〈永安宮〉等詩，此處之所以被稱為「詩城」，蘇軾有不小的貢獻。

柴米油鹽是百姓的生活日常，而在憑弔諸葛亮留下的鹽井時，蘇軾寫下了這首〈諸葛鹽井〉：

五行水本鹹，安擇江與井。如何不相入，此意復誰省。
人心固難足，物理偶相逞。猶嫌取未多，井上無閑綆。

我們先不急於弄清楚這首詩是什麼意思，先來看看諸葛亮留下的鹽井。

食鹽是日常生活中不可或缺之物，居家不能無鹽。成人體內所含鈉離子的總量約為六十克，其中八〇%存在於細胞外液，即血漿和組織液中，氯離子也主要存於細胞外液。

鈉離子和氯離子是維持細胞外液滲透壓的主要離子，所以，食鹽在維持人體滲透壓起著重要作用，影響人體內水的流向。鹽還參與體內酸鹼平衡的調節，氯離子在體內也參與胃酸的生成。

食鹽涉及千家萬戶、關係國計民生，歷代政權無不重視食鹽問題。在西漢漢武帝時期，鹽、鐵屬官營，朝廷有定價權。但到了東漢，由於政治越來越黑暗，中央政府逐漸失去政治控制權，加上在歷史上任何時期的政府壟斷都是一件招人謾罵的事，所以朝廷下令「罷鹽鐵禁，令民鑄鐵」。結果，貪官汙吏和地方豪強逐漸掌握了鹽、鐵的控制權和定價權，導致政府的收入大大減少。

蜀地物產富饒，井鹽為其主要物產，但由於豪強勢力壟斷，鹽價高漲，富鹽區的蜀地居然發生吃不起鹽的現象。

面對巴蜀地區井鹽管理的亂象，劉備、諸葛亮決定改變這種狀況，在益州（今雲南一帶）重新恢復鹽鐵專營，設立司鹽校尉專門管理鹽務，同時，還設立司金中郎將，專門管理兵器和農器的製造。諸葛亮還建議劉備發布命令，不准豪強們從事鹽鐵生產和經營，實行政府專營制度。諸葛亮理順了經濟發展中最重要的鹽鐵生產問題，蜀漢鹽價下降、人民受益，政府也從專賣中獲得了豐厚的收入，後世有人稱諸葛亮此舉為「以鹽立國」。

一九五四年，成都市郊羊子山的漢墓中，出土了鹽井畫像磚拓片，從中可以看到當時井鹽生產的整個工藝過程。

井鹽是掘井汲取地下鹽水熬製而成。汲井取鹽水、柴火煮鹽，這個過程成本不低，產量也有待提高。而諸葛亮的另一重大貢獻，是利用科學改進井鹽的生產技術。

有一次，諸葛亮得到報告，臨邛地區改進了煮鹽技術，用最先進的「火井」（天然氣）煮鹽。這項技術在當時可謂領先世界，諸葛亮也親自前往視察。火井煮鹽最大的特點是使煮鹽效率大大提高，相反的，傳統方法「家火煮之，得無幾也」。於是，諸葛亮把這一技術推廣到既有天然氣又有鹽井的地區。火井的成本低、產量比家火高一倍以上。

為了紀念諸葛亮對鹽的重視和貢獻，以這種方式煮鹽的鹽井又被稱作「諸葛鹽井」。

蘇軾瞻仰了諸葛鹽井遺址，在這首詩中自注「井有十四，自山下至山上，其十三井常空，每盛夏水漲，則鹽泉迤邐遷去，常去於江水之所不及」。諸葛亮生活的時代離蘇軾有八百多年，經過多年開採，鹽井從原來的十四個變成「十三井常空」，到了夏天漲水期，連那唯一產量穩定的鹽井也因含鹽量下降而產不了鹽。

蘇軾把這種現象歸因於人們對大自然的索取無度，於是寫了這首詩，大意是：五行中的水本身就是鹹的，又怎麼選擇流入江中還是井中呢？為什麼兩者沒有融合，此中的含義又有誰領悟到了？人心本來就難以滿足，事物的道理在偶然間才會表現出來。人們來來往往的取著井水，卻仍然覺得不夠多，以致井邊沒有閒著的井繩。

井鹽裡的鹽，雖然是從井水取得，但其實是水泡了鹽礦，水本身是沒有味道的。鹽礦裡的鹽也並非取之不竭，當江水上漲時，被稀釋後就難以提煉。這個道理現代人覺得很簡單，但古人哪懂？他們將鹽變少的原因歸咎於鹽泉，即便賢如蘇軾也是如此。但他對人與自然關係的思考、對人類應如何與大自然相處，以及反對過度使用自然資源的觀點，是適用於當下的。

起初蘇軾對官府壟斷食鹽專賣是沒有意見的，但後來王安石變法，以極低的價格收購鹽，且在鹽鐵專賣的基礎上，將專賣政策擴大到所有商品，推行市易法[3]，卻遭到蘇軾反對。但為何王安石堅持變法？答案只有一個：他認為應直接由政府實行壟斷。

早在漢武帝時就開始設立鹽法，實行官鹽專賣，禁止私產私營。《史記・平准書》中記載，當時誰敢私自製鹽，就施以割掉左腳趾的刑罰。除了鹽鐵官營，漢武帝還先後推行算緡（針對商人收財產稅）、告緡（打擊偷稅）、均輸、平準、幣制改革、酒榷（專賣）等一系列經濟政策。

這些政策雖然增加了政府財政收入，但弊端百出、激起民怨。漢昭帝始元六年（西元前八一年）二月，經諫大夫杜延年提議，霍光以昭帝名義，令丞相田千秋、御史大夫桑弘羊召集文學賢良六十餘人，就武帝時期的各項政策，特別是鹽鐵專賣政策，進行全面的總結和討論。同年七月，會議閉幕，取消酒類專賣和部分地區的鐵器專賣，但食鹽專賣卻一直保留了下來。

是加強國家權力宏觀調控，還是釋放市場活力，歷來都是令農業大國頭疼的問題，後來的王安石變法，其實是漢武帝時期國家壟斷經濟的翻版，司馬光和蘇軾反對王安石的政策，也是延續了西漢鹽鐵會議主張釋放市場活力的精神。

年輕時的蘇軾還沒有時間思考這個問題。幾年後，他卻不得不捲入這場變法之爭，並因此遍體鱗傷。但是，人對大自然要索取有度，國家也要善待百姓，蘇軾始終貫徹著這個思想。

3 由官府平價收購市上滯銷的貨物，並允許商賈貸款或賒貨，等市場短缺時再賣出。

3 惡劣天氣，是老天熱情留客

離開夔州後，蘇家一行人進入雄偉壯觀、驚濤駭浪的三峽。風華正茂、仕途可期的蘇家兄弟，面對三峽磅礴壯闊的自然風光，詩興大發，蘇軾作了〈入峽〉、〈巫山〉等詩，寫盡三峽之險、盡讚三峽之美。

三峽的地勢有多險峻？蘇軾在〈新灘〉如此描述：

扁舟轉山曲，未至已先驚。白浪橫江起，槎牙似雪城。番番從高來，一一投澗坑。
大魚不能上，暴鬣灘下橫。小魚散復合，瀺灂如遭烹。鸕鷀不敢下，飛過兩翅輕。
白鷺誇瘦捷，插腳還敧傾。區區舟上人，薄技安敢呈。只應灘頭廟，賴此牛酒盈。

前兩句從聽覺入手，船還沒到新灘，就被新灘雷鳴般的水聲嚇到了；接著從視覺入手：高高的白浪，就好像大雪堆成的城牆。繼而用了比喻，說船一艘艘從上游下來，就好像墜入深谷一樣飛快降落。接著寫魚兒跳澗，大魚跳不上來，都死在灘下；而小魚亂竄，就好像在熱鍋裡煮沸了一樣。即便是動物界的捕魚好手，鸕鷀都不敢停留，飛快的掠過新灘；白鷺憑著腿長，得以在此覓食，但也是搖搖擺擺，站得不是很穩。鳥獸尚且如此，我們這些可憐的船家和過客，怎麼敢狂妄自大？未兩句則寫大家到灘頭廟祭拜灘神，奉上牛肉、酒水，以求平安通過。

新灘在哪裡？宋孝宗淳熙四年（一一七七年），南宋文學家范成大自四川制置使召還，五月從成都起程，取水路東下，於十月抵臨安（今浙江杭州），根據所見所聞寫了《吳船錄》。范成大在書中對新灘的位置有詳細說明：「歸州下五里，至白狗灘，三十里至新灘。」原來，新灘就在現今湖北秭歸縣東三十里處。長江三峽之一的西陵峽香溪至廟河一段，由兵書寶劍峽、牛肝馬肺峽、崆嶺峽三個峽谷組成，新灘就在兵書寶劍峽和牛肝馬肺峽之間。

陸游《入蜀記》云：「新灘兩岸，南曰官漕，北曰龍門。龍門水湍急，多暗石，官漕差可行，故舟率由南上。然石多銳，易穿船，為峽中最險處。」新灘之險，主要是因江中的暗石，這些從山上滾下來的大石頭埋伏在水下，船一不留神撞到就可能導致沉船。老蘇帶著家人乘船經過，這在宋代船運還不發達的時候，其驚險程度可想而知。面對如此險境，蘇家人能做的只能到灘頭廟求神拜佛、奉上牛肉和酒以保平安。

和解的神器——酒

想要過新灘，還得看天氣。蘇軾一行人就因天氣過於惡劣，不敢貿然前進，在灘下停留三天，待天氣好轉。面對行程被迫暫停，前面又是驚險的「闖新灘」，蘇軾寫了一首〈新灘阻風〉：

北風吹寒江，來自兩山口。初聞似搖扇，漸覺平沙走。

飛雲滿巖谷，舞雪穿窗牖。灘下三日留，識盡灘前叟。
孤舟倦鴉軋，短纜困牽揉。嘗聞不終朝，今此何其久。
只應留遠人，此意固亦厚。吾今幸無事，閉戶為飲酒。

大意是：江水已寒、北風狂吹，夾在兩個山口之間，一開始好像聽到有人在搖扇，慢慢的卻覺得是飛沙走石。烏雲堆滿了巖谷，風雪穿過窗戶狂舞。如此情景，只能在灘下停留三天，等待天晴。自己無所事事，將灘下的老人都認識了一遍。孤舟困在風浪中疲憊的搖晃著，短短的纜繩被反覆牽扯揉搓。《道德經》中有「飄風不終朝，驟雨不終日」，可這次怎麼這麼久？應該是想讓我們這些遠來的客人多留幾天，這份好客的熱情真是深厚。反正我也沒什麼要緊的事，那就關起門來，好好的喝個小酒吧。

蘇軾博覽群書，他的第一位老師就是一位道士（張易簡），遇到這種極端惡劣的天氣，他想起了《道德經》裡的「飄風不終朝，驟雨不終日」。暴風驟雨終有時，即便當下不停歇，那又如何？就當是熱情留客，何必著急？不如喝個小酒！

此時的蘇軾只有二十四歲，心智卻是老成持重。只能說，蘇軾是個天生的樂天派。這樣的性格和修養，也使他在往後苦難的日子裡沉著冷靜，即便敵對勢力欲置他於死地，他也總能樂呵呵的苦中作樂，且筆耕不輟，成為一代文豪和後人的精神偶像。

作為一名頂級吃貨，所有的美食都逃不出蘇軾的法眼。形容新灘之險，他說大魚跳不上來，直接被拍死在灘下，亂竄的小魚就好像在熱鍋裡煮沸一樣，新灘之險躍然紙上。可如此恐怖的場面，再饞的人也不禁打了個寒顫。

面對無可奈何的困難，蘇軾選擇的是與困難和解，他有和解的神器——酒。

林語堂在評價蘇軾的特質時，就說他是個酒精成癮者。酒精會使人分泌內啡肽（Endorphin），讓人開心、興奮，再之後就是疲倦、安靜。有高興事的時候喝酒，那是讓開心加倍；遇到難處時喝酒，那是把憂愁拋到九霄雲外。面對凶險的新灘，蘇軾酒祭灘神，祈求保佑，順便把酒喝了，既能度無聊時光，又可以壯膽壓驚，可愛極了。

蘇軾極喜歡飲酒，這在後文會經常提到，但他不是酒鬼，不像李白一樣「但願長醉不復醒」，因為他的酒量有限。

人的酒量主要受遺傳因素影響，乙醇脫氫酶和乙醛脫氫酶分解乙醇和乙醛的能力是天生的，雖然可以後天培養，但提升空間有限。也幸好蘇軾酒量有限，我們才可以見到如此可愛的一代才俊。

宋代是中國歷史中，社會經濟發展的一個高峰，人民生活相對寬裕。此時的酒並非由政府專營，於是酒旗（古代酒店招牌）招展。

宋人張能臣在《酒名記》裡列舉了百餘種酒，分為王家、戚里、后妃、內臣、市店、三京、四輔等，且酒名雅致。如后妃家的香泉酒、天醇酒、瓊酥酒、瑤池酒、瀛玉酒等；親王家及駙馬家的瓊腴酒、蘭芷酒、玉瀝酒、金波酒、清醇酒等；開封府有瑤泉、南京有桂香、太原有靜制堂等。周密《武林舊事》卷六《諸色酒名》中，也記載了五十餘種名酒，可以說宋人飲酒成風。在這樣的氛圍下，蘇軾好酒也就不足為奇。

遊歷長江，特別是親歷三峽之險，且行且思考，對蘇軾的人生啟發良多。可以說，沒有這段經歷，蘇軾對長江就不可能有如此深刻的認識，也就不可能有後來的前後〈赤壁賦〉，甚至在面對後來跌宕起伏的人生旅程，此次的遊歷也有功勞。

讀萬卷書不如行萬里路，行萬里路還必須有所思。這些蘇軾都做到了，往後的日子，再難也只是「輕舟已過萬重山」（李白〈早發白帝城〉）。

4 世事易變，以史為鑑

老蘇一家從嘉州（今樂山市）出發，沿著長江水路東行，於嘉祐四年（一〇五九年）年底到達荊州。由於已近年關，一家人索性就在荊州過年，再擇日由陸路北上赴京。在荊州過年期間，蘇軾、蘇轍兩兄弟陪著老蘇遊覽了荊州的名勝古跡，蘇軾在遊歷渚宮後，留下了這首〈渚宮〉：

渚宮寂寞依古郢，楚地荒茫非故基。二王臺閣已鹵莽，何況遠問縱橫時。
楚王獵罷擊靈鼓，猛士操舟張水嬉。釣魚不復數魚鱉，大鼎千石烹蛟螭。
當時郢人架宮殿，意思絕妙般與倕。飛樓百尺照湖水，上有燕趙千蛾眉。
臨風揚揚意自得，長使宋玉作楚辭。秦兵西來取鐘簴，故宮禾黍秋離離。
千年壯觀不可復，今之存者蓋已卑。池空野迥樓閣小，惟有深竹藏狐狸。
臺中絳帳誰復見，臺下野水浮清漪。綠窗朱戶春晝閉，想見深屋彈朱絲。
腐儒亦解愛聲色，何用白首談孔姬。沙泉半涸草堂在，破窗無紙風颸颸。
陳公蹤跡最未遠，七瑞寥落今何之。百年人事知幾變，直恐荒廢成空陂。
誰能為我訪遺跡，草中應有湘東碑。

渚宮是春秋時期楚成王所建的離宮[4]，在今湖北荊州市江陵縣城南。《左傳．文公十年》中提到：「（子西，楚平王的兒子）沿漢溯江，將入郢，王在渚宮，下，見之。」[5]南朝梁元帝蕭繹也曾在此即位，並擴建宮苑。蘇軾開篇說「渚宮寂寞依古郢，楚地荒茫非故基。二王臺閣已鹵莽，何況遠問縱橫時」，指的就是這段歷史。

楚成王熊惲，與春秋首霸齊桓公生活在同一時代。楚成王很有一番作為，楚國的勢力迅速擴張，陳、蔡、鄭、衛、魯、曹等國均歸順於楚，形成能與齊國爭霸的局面。對楚國來說，這是一個偉大的時代，楚成王也是一代明君。楚成王的父親楚文王遷都於郢，楚成王則建了離宮渚宮。

對於渚宮之美，蘇軾詩曰：「當時郢人架宮殿，意思絕妙般與倕。飛樓百尺照湖水，上有燕趙千蛾眉。臨風揚揚意自得，長使宋玉作楚辭。」楚國人建這宮殿，工藝上可以媲美魯班和堯舜時代的偉大工匠倕。宮殿四面環湖、樓高百尺，燕趙美女眾多，楚成王洋洋得意，一眾文人歌功頌德，歌舞昇平、威武霸氣。

如此盛世，自然少不了美食，「楚王獵罷擊靈鼓，猛士操舟張水嬉。釣魚不復數魚鱉，大鼎千石烹蛟螭」，狩獵、捕魚，場面宏偉壯觀，收穫也非常多，多到魚和鱉都數不完。怎麼吃？「大鼎千石烹」就是一鍋煮熟了吃，估計味道不怎麼樣。古人的工具、食物和醬料的多樣性、烹飪技術，比不上今日的我們，在享受美食方面，我們比古人幸福太多了。

蘇軾寫這首詩時，距楚成王約一千七百年，這樣的場景當然只能靠想像，不過，蘇軾的想像是合理的。比如「楚王獵罷擊靈鼓」，這是先秦社祭的一種儀式，《周禮．地官．鼓人》中有「以靈鼓鼓社祭」，鄭玄注：「靈鼓，六面鼓也。」又比如楚國盛產鱉，《左傳．宣公四年》就有：「楚人獻黿於鄭靈公。」楚國與齊國爭霸的時候，鄭國夾在中間，只能選一邊站，而鄭國選擇與楚國結盟，所以楚國送了一隻大鱉給鄭靈公。鄭國甚至因為鄭靈公分配此鱉不均而引發政變，鄭國因此大亂。學富五車的蘇軾，想像起來當然有憑有據！

如此壯觀的渚宮，在秦滅楚後，卻是一片荒涼。荒草連天、禾黍遍地、池塘乾涸、樓閣塌陷、亂竹橫臥、狐狸出沒。「臺中絳帳誰復見，臺下野水浮清漪。綠窗朱戶春晝閉，想見深屋彈朱絲。腐儒亦解愛聲色，何用白首談孔姬。沙泉半涸草堂在，破窗無紙風颸颸」，蘇軾用一連串的排比，述盡世事滄桑。不僅楚王舊宮如此，連梁元帝也逃不過「百年人事知幾變」的自然規律。詩中的「七瑞」是梁元帝蕭繹的小字，他曾被封為湘東王，因此「草間應有湘東碑」也是指他。當年蕭繹在荊州登基時，破侯景、平建康，何等威風！可惜未到兩年，就兵敗身亡。博學的蘇軾，對前朝的典故信手拈來，讀來酣暢淋漓。

但如果只是瞻仰古跡、抒發一段幽思，那就不是偉大的蘇軾了。蘇軾是**從「百年人事知幾變」中發出「直恐荒廢成空陂」的警示**。值得注意的是，這裡用**「恐」，是對未來極端情況的提醒**。

蘇軾寫這首詩時，宋代正處於太平、繁華的仁宗時代。仁宗在位期間，北宋的經濟高度繁榮，科技、文化也有長足發展，史家將其統治時期譽為「仁宗盛治」。

---

4 設立在皇居、皇宮以外的宮殿。

5 子西沿漢江而下，逆長江而上，將要進入郢都。楚王正在渚宮，下來接見他。

蘇軾從歷史的角度居安思危，這種視野超越同時代的政治家。同時代其他大人物如司馬光，根本還沒有意識到潛伏的危機，仍抱著祖宗之法不可變的守舊思想不放，而即將登上歷史舞臺、把大宋政壇鬧得天翻地覆的王安石，只講宏偉理想，卻不講具體操作的可能性，小圈子用人，順我者昌、逆我者亡。此時蘇軾才二十四歲，還未正式走上工作崗位，就已經有如此格局和深刻的思考。

歷史的發展不幸被蘇軾言中，就在蘇軾發出這一警示後，大宋王朝迅速邁入衰落的軌跡：英宗僅在位四年，英年早逝，接著的神宗、哲宗雖然想靠變法挽救危機，但朝廷黨爭不斷，內耗幾乎讓大宋耗盡國運。

隨著昏君宋徽宗登場，北宋宣告結束，這個過程只歷時六十年左右，**蘇軾的政治生涯就是在這麼惡劣的環境中度過的，這是北宋歷史上的垃圾時間**[6]**，也註定蘇軾一生在政治上難以有所作為。**

古人重視歷史，也強調以史為鑑，但更多人是藉由歷史上的某人或某事來支持自己的觀點，屬於戰術層面；而**如蘇軾般以歷史視角，從戰略上思考國家興衰的，並不多見。**宋高宗說他「養其氣以剛大，尊所聞而高明。博觀載籍之傳，幾海涵而地負。遠追正始之作，殆玉振而金聲。知言自況於孟軻。論事肯卑於陸贄」，也稱讚他「王佐之才可大用」，直嘆與蘇軾「恨不同時」。

很遺憾，歷史不能重來，蘇軾這一曠世奇才沒被重用，北宋也就此邁入萬劫不復的深淵。儘管兩者沒有直接的果關係，但從宋高宗的嘆息中，我們也能體會到當中的遺憾。

6 中國流行用語，形容一個國家或地區的經濟或政治狀況已經嚴重惡化，且無法扭轉。

5 什麼都吃，唯獨不吃雁

在荊州過完年後，嘉祐五年（一〇六〇年）正月，蘇家從荊州啟程，經渭陽（今湖北鐘祥市內）渡漢水至襄陽，過南陽、唐州、許州、汝州，抵達京師開封，一路遊玩、詩歌。蘇軾自荊州至京師，共作詩三十八首，加上蘇轍《欒城集》中所存七篇，後人編為《南行後集》。一行人途中也吃了不少東西，作為一名吃貨，蘇軾記錄了不少美食。

在〈荊州〉十首其九中，他說到了吃雁：

北雁來南國，依依似旅人。縱橫遭折翼，感惻為沾巾。
平日誰能挹，高飛不可馴。故人持贈我，三嗅若為珍。

起因是「故人持贈我」：有一位老朋友送一隻雁給蘇軾，吃雁是當時荊州人的風俗，地處長江以南的荊州，正是大雁南遷越冬之地。然而，當地人捕殺大雁，卻被蘇軾痛斥一頓。他說：大雁從北方來到南方，就如一位不忍離別的客人，卻被你們荊州人折翅宰殺，這讓同是旅客的我起了惻隱之心，流下的眼淚連毛巾都沾溼了。大雁啊大雁，你平日高高的飛在天上，誰又能傷害你？只因你選擇了這個地方為棲息地，以為作為客人會得到善待，不料卻成為他們的盤中飧。老朋友抓了一隻大雁送給我，我怎麼忍心把牠當成珍饈美饌？

蘇軾在此詩中用了「三嗅」的典故，該典故出自《論語．鄉黨》：「色斯舉矣，翔而後集。曰：『山梁雌雉，時哉！時哉！』子路共之，三嗅而作。」這段話說的是，子路陪孔子在山裡走，在山澗的木橋上看到一隻雌野雞，野雞發現有人後警惕的向上飛，轉了一圈又落下來。子路感嘆這隻野雞真會掌握時機，儘管撒下誘餌，野雞聞了幾遍後還是飛走了。

蘇軾借用此典故，表達他只是聞聞大雁，表示對送禮人的尊重，但並不忍心吃，同時也傳達了野雞對人類險惡的用心，必須足夠警惕才能逃脫災難。他巧妙的用大雁對人類的信任、野雞對人類的警覺心而導致的不同結局，講出他所悟出的為人處世之道。

在宋代，大家是吃雁的，雖然好吃，蘇軾卻對此不感興趣。在〈荊州〉十首中，第六首也同樣說到吃雁：

太守王夫子，山東老俊髦。壯年聞猛烈，白首見雄豪。
食雁君應厭，驅車我正勞。中書有安石，慎勿賦離騷。

蘇軾到了荊州後，拜見了太守[7]王夫子。他稱讚王太守老而彌堅，是德高望重的傑出人物，壯年時以勇猛剛烈聞名，現在年紀大了，仍然雄壯豪放。王太守肯定也厭倦吃雁了。為了趕路，所以拜見王太守後只好匆匆忙忙的離開。當今朝廷裡有王安石這樣的人，千萬別寫出像〈離騷〉這樣的作品。

此詩裡「食雁君應厭」一句有一個典故，班固在《後漢書．王符列傳》載：「度遼將軍皇甫規解官歸安定，鄉人有以貨得雁門太守者，亦去職還家，書刺謁規，規臥不迎，既入而問：『卿前在郡食雁美乎？』」這段故事指後漢皇甫規很瞧不起來訪的雁門太守，他問這位用錢買官的太守說：「你在雁門時吃的雁，味道好不好？」諷刺雁門太守搜刮民財。這裡恰好**借用了雁門的地名，於是後人便以食雁嘲諷貪官汙吏。看來，蘇軾不吃大雁，還與廉潔自律有關。**

孔子送禮也送這個

大雁又稱野鵝，如今擅自捕食是違法的。全世界共有九種大雁，中國就有白額雁、鴻雁、豆雁、斑頭雁和灰雁等七種。大雁是大型候鳥，每當秋冬季節，牠們就會從西伯利亞一帶，成群結隊、浩浩蕩蕩的飛到中國南方過冬；第二年春天，牠們再一次長途旅行，回到西伯利亞產蛋、繁殖。大雁飛行速度很快，每小時能達六十至九十公里，而數千公里的漫長旅途必須飛一至兩個月。

大雁在長途旅行時，會保持整齊的隊形，排成「人」字形或「一」字形。這是因為牠們長途奔波，單靠一隻雁的力量是不夠的，必須互相幫助，才能飛得快、飛得遠。領頭的頭雁在飛行過程中，其身後會形成一個低氣壓區，緊跟其後的大雁就可以利用此區減少空氣阻力，有利於整個隊伍

7 郡、州、府等地方行政官的雅稱。

持續飛行。當然，頭雁的體力消耗得很快，因此必須經常與後方的大雁交換位置，幼鳥和體弱的鳥，大都插在隊伍中間。

大雁還很忠於愛情，一群大雁裡通常是一雌一雄配對，很少會出現奇數。如果其中一隻死去，另一隻也會隨其自殺或鬱鬱而亡。

古人看到這個現象，很自然的展開了豐富的聯想，比如稱大雁**「仁、義、禮、智、信五常俱全」**：一隊雁陣當中，總有老弱病殘之輩，不能夠憑藉自己的能力覓食為生，其餘的壯年大雁，絕不會棄之不顧，養其老送其終，此為仁；雌、雄雁相配，對感情從一而終，不論是雌雁死或雄雁亡，落單的另一隻孤雁至死也不會再找別的伴侶，此為義；天空中的雁陣，飛行時為一字或人字，古人以為牠們是依長幼之序而排，並由老雁引領，壯雁飛得再快，也不會超越老雁，此為禮；雁為難獵獲之物，大雁落地歇息時，群雁中會由孤雁放哨警戒，一旦發現危險，則鳴叫提醒夥伴們，此為智；大雁是南北遷徙的候鳥，因時節變換而遷移，從不失約，此為信。

儘管雁為五常俱全之鳥，但古人一邊讚賞，卻也一邊吃個不停。《莊子・山木》中講述了一個故事：莊子遊山玩水，投宿到友人家，其友為招待莊子，欲殺「不鳴之雁」。這說明先秦時大家就已經開始吃雁。

《儀禮・士相見禮》記載：「士相見，賓見主人要以雉為贄；下大夫相見，以雁為贄；上大夫相見，以羔為贄。」說明大雁是下大夫相見時贈送的禮物。

中國文化史上著名的孔子問禮於老子，年輕時的孔子向老子請教周禮之義，在出土的漢代石刻畫像中，孔子見老子時還帶了一份禮物，這被古人稱為「贄」的見面禮正是大雁。孔子以雁為贄見禮這件事，雖未有史料記載，但這一出土文物說明，用大雁作為見面禮，是漢代人常做之事，而且他們認為周代的人就已經這麼做了。

大雁不僅是士大夫的見面禮，同樣也適用於古代迎親禮，意為希望男子在家中不越序成婚，也向女方提出遵從三綱五常的要求。班固在《白虎通義．嫁娶》中解釋：「用雁者，取其隨時南北，不失其節，明不奪女子之時也；又取飛成行，止成列也，明嫁娶之禮，長幼有序，不逾越也。」一

我們熟知的名句「問世間，情為何物？直教生死相許」後面接著「天南地北雙飛客，老翅幾回寒暑」，出自金代文學家元好問的〈摸魚兒．雁丘詞〉，也完美解釋了古人用大雁迎親的用意。

博覽群書的蘇軾，當然不可能不知道前人一邊在大雁身上寄託這些美好祝願，一邊又大口吃雁。**他之所以不忍吃雁，除了廉潔自律外，更多的是把自己代入大雁**，「同在異鄉為異客」，心生憐憫。大雁不知人間凶險、太過信任人，蘇軾對此沒有絲毫防備而引火燒身的行徑感到警惕。

蘇軾也做不到的事

對於為人處世的方法，很多人說起來頭頭是道，但能做到的少之又少，其中也包括蘇軾。才二十五歲的他，已經**從吃雁悟出防人之心不可無的道理，但是他灑脫不羈、對人毫無防備的性格，也是導致其人生顛沛流離的原因之一**，比如對待老同事沈括。沈括雖然是中國科學史上成就極大的科學家，但在政治立場上反覆無常。

蘇軾在三十歲那年進崇文院史館[8]，沈括大蘇軾五歲，比蘇軾早一年進入崇文院。蘇軾進館

後，兩人成為關係要好的同事。大約一年後，父親蘇洵去世，蘇軾依例丁憂三年。

三年孝期滿後，蘇軾重返朝堂，正逢當時的宰相王安石推行新法，曾經的同事沈括已經搖身一變，成為王安石推行新法的先鋒人物，而蘇軾則是反對變法，以司馬光為首的舊黨派。兩黨氣氛劍拔弩張，一度到了勢同水火的地步，都想將對方拉下馬，甚至置於死地。

面對這樣烏煙瘴氣的朝堂，蘇軾心底感到失望，於是自請出京，到地方外任。宋神宗任命他為杭州通判，相當於副地方首長。不久後，宋神宗欽差沈括為兩浙路[9]察訪使。沈括到了杭州，與蘇軾敘談論舊，表現得非常熱情和謙虛，在即將離開杭州時，要求蘇軾為他書寫幾首最近作的詩詞留念。這本是朋友間交往的常事，蘇軾也沒有多想，就寫了好幾首送給他。

沈括將蘇軾送給他的詩，逐首加上批註和解釋，附在察訪報告裡面進呈給宋神宗，狀告蘇軾「詞皆訕懟」[10]。

沈括這一招真的太絕情，幸好宋神宗看到後置之不問，而滿朝文武也都知道沈括幹了一件見不得人的事。蘇軾呢？倒是認為這種捕風捉影的忌謗之言，英明的皇上不會相信，因此並不放在心上，在寫給好友劉恕的信中還自嘲道，以後不愁沒人把他的作品呈給皇帝御覽。

雖然新黨並沒有馬上致蘇軾於死地，但在元豐二年（一〇七九年），御史中丞李定和御史舒亶、何正臣等人誣害蘇軾所用的手段，完全就是從沈括身上學來的。這次宋神宗很生氣，多半也記起了沈括以前告的狀，新舊帳一起算，最終引發烏臺詩案，蘇軾的人生因此跌入了第一個低谷。

然而，這一切對蘇軾來說彷彿沒有發生過一樣。在舊黨重新執政、新黨下臺後，沈括被貶潤州。某次蘇軾路過潤州時，沈括親自接待，還送了他延州（今陝西延安）石墨，蘇軾收下後回贈了一首〈書沈存中石墨〉，誇讚沈括的功績，自始至終都非常客氣。只是在此之後，兩人再無交集。

人生的道理千千萬，雖然能明白，但發生在自己身上時，卻不一定能做到。蘇軾不吃雁、提醒自己要對人有防備，但他根本就做不到。**有些代價，必須親自經歷，不是懂得道理就可以解決，**與吃不吃雁沒有關係。

8 宋代儲藏圖書的官署。
9 路為行政區劃名稱。
10 訕，諷刺；懟，怨恨。

6 空有龍鱗，卻沒有化龍之命

在荊州，蘇軾還吃到了黃魚。在這一路寫成的《南行後集》裡沒有詩文記載，卻出現在四年後，蘇軾在鳳翔判官任上所作的〈渼陂魚〉中，以下節錄與黃魚有關的一段，看看蘇軾怎麼描述他在荊州吃黃魚的經驗：

早歲嘗為荊渚客，黃魚屢食沙頭店。濱江易采不復珍，盈尺輒棄無乃僭。

大意是：幾年前我路過荊州時，多次在沙頭的店家吃到黃魚。此魚在江邊很容易抓到，人們不覺得珍貴，一尺多長的動不動就扔了，這可不是胡說八道。

蘇軾吃黃魚，就在荊州的沙頭（今湖北荊州市沙市區）。杜甫〈送王十六判官〉有「買薪猶白帝，鳴櫓少沙頭」，蘇軾〈荊州〉十首其五的「沙頭煙漠漠，來往厭喧卑」，都是指同一個地方。荊州、沙市，這都容易理解，但黃魚是什麼魚？**顯然不是我們今天所指的小黃魚**。

如今的黃魚是鱸形目石首魚科黃魚屬魚類的統稱，生活於黃海、東海和南海。蘇軾說「濱江易采」，指這種魚生活在江裡，所以可以排除今天的黃魚。

拿黃魚來寫詩的還有杜甫，詩名就叫〈黃魚〉：

日見巴東峽，黃魚出浪新。脂膏兼飼犬，長大不容身。
筒桶相沿久，風雷肯為神。泥沙卷涎沫，回首怪龍鱗。

巴東峽指的就是三峽。歷史上的巴東郡有二：一是東漢巴東郡，後改為夔州；二是唐天寶年間巴東郡，即歸州，而杜甫寫這首詩時已客居夔州，因此指前者。

杜甫說巴東峽有許多黃魚，因為這些黃魚長得太大，不適合人食用，當地人拿牠來餵狗。當地用竹筒木桶捕黃魚的歷史悠久，牠不是雷一劈就可以化為龍的鯉魚，只落得在泥沙裡滾來滾去、口吐白沫，空有龍鱗，卻沒有化龍之命。**杜甫以黃魚自喻，悲嘆自己的命運如黃魚，無人提攜，不能如鯉魚般化為龍**。杜甫寫的黃魚在巴東峽，也就是生活在江裡，與蘇軾筆下的黃魚應是同一物種。

古人所謂的黃魚，其實就是鱘魚。而鱘魚，在古代叫鱣魚。《爾雅．釋魚》裡就有鱣，晉代郭璞注：「鱣，大魚，似鱘而短鼻，口在頷下，體有邪行甲，無鱗，肉黃，大者長二、三丈，今江東呼為黃魚。」看來**鱣魚之所以稱為黃魚，原因是肉黃**。

三國陸璣的《毛詩草木鳥獸蟲魚疏》說：「鱣出江海，三月中從河下頭來上，形似龍，銳頭，口在頷下，背上腹下皆有甲。今於盟津東石磧上鉤取之，大者千餘斤，可蒸為臛。」長度達二、三丈，重達幾百斤，形似龍，口在頷下、背上腹下皆有甲，且生活在長江裡，這些特點都直指鱘魚。

比蘇軾稍晚的馬永卿在《懶真子》中也說：「黃魚極大，至數百斤，小者亦數十斤。」李時珍在《本草綱目．鱗三．鱣魚》中提到「黃魚、蠟魚、玉版魚」，也印證了黃魚就是鱘魚這一說。

鱘魚的特點就是大，所以蘇軾說「盈尺輒棄無乃僭」，一尺多都要扔掉，是因為不夠大。〈詩經・衛風・碩人〉就有：「河水洋洋、北流活活。施罛濊濊、鱣鮪發發、葭菼揭揭。庶姜孽孽、庶士有朅。」這首詩描寫了齊女莊姜出嫁衛莊公的壯闊場面和她的美貌。大意是：你看那黃河之水白茫茫，北流入海浩浩蕩蕩。下水漁網嘩嘩動，戲水魚兒唰唰響，兩岸蘆葦長又長。陪嫁的姑娘身材高挑，隨行的男士相貌堂堂！此詩**以鱘魚之大襯托莊姜的身材和身分的高貴**。那時的黃河，是有鱘魚的。

鱘魚是現存起源最早的脊椎動物之一，隸屬於條鰭魚綱軟骨魚鱗亞綱鱘形目。世界上現存二十七種，僅分布於北半球中九個自然分布區，包括太平洋東岸、西伯利亞及北冰洋流域、黑龍江水系和日本海、長江和珠江水系等流域。

由於自然環境改變、水利工程設施修建和過度捕撈等原因，近年來野生鱘魚資源明顯減少，處於瀕危狀態。中國境內野生鱘魚有八種，包括分布於黑龍江、松花江、烏蘇里江流域的史氏鱘、達氏鰉和庫頁島鱘，長江、金沙江流域的中華鱘、達氏鱘和白鱘，新疆伊寧等地水域中的裸腹鱘，新疆額爾齊斯河、布倫托海、博斯騰湖的西伯利亞鱘。如今中國也從國外引進了俄羅斯鱘、歐洲鰉、小體鱘、匙吻鱘等十幾個品種以研究或人工養殖。

蘇軾和杜甫所說的黃魚，是生活在長江的中華鱘或達氏鱘。中華鱘為底層、洄游或半洄游性魚類，每年五、六月群集於河口，秋季上溯到江的上游。以搖蚊和水生昆蟲幼蟲、軟體動物等為主要食物。常見個體重量為五十公斤到三百公斤，最重可達六百公斤。生長較快，但性成熟較晚。生命週期較長，最長壽命可達四十年。

達氏鱘也叫長江鱘，為淡水定居性魚類，是長江獨有的珍稀野生動物。長江鱘出生和成長都在長江上游至金沙江下游，受人類活動的影響較大。從二十世紀後期開始，長江鱘自然資源規模急劇縮小。到了二〇〇〇年左右，自然繁殖活動停止，面臨絕跡風險。

在蘇軾生活的時代，鱘魚「濱江易采不復珍，盈尺輒棄無乃僭」，到了現代卻瀕臨滅絕，已被中國列為一級保護動物。好消息是，鱘魚已經實現人工養殖，想吃的話可以吃到，只是價格不菲。

蘇軾沒說怎麼烹鱘魚，因此，我們只能憑藉想像。健碩的鱘魚，蛋白質含量非常高，比一般魚類高得多，肝臟中的蛋白質含量為一〇・三一％到一六・二六％，而肌肉中的蛋白質含量為一六・四二％到二〇・四一％。魚卵中的蛋白質含量則可達到二六・二％，也就是大名鼎鼎的魚子醬。

鱘魚身上另一個值錢的部位是「龍筋」。龍筋是鱘魚脊骨的骨髓，質地柔韌、潔白如雪，其乾製品在高級餐廳中的價格高昂，一般用來燉湯或者紅燒。鱘魚肉也可做刺身、入火鍋、紅燒、清蒸，肉鮮味香。估計蘇軾當時吃的就是鱘魚肉，而在荊州吃到紅燒的機率更高。

7 李白愛孟夫子，我也愛

蘇軾三人一路北上，抵達漢江。漢江是長江最長、最大的支流，流經陝西、湖北兩省，在武漢市漢口龍王廟匯入長江。漢江盛產鯿魚，這回蘇軾捨得吃，還寫了一首詩叫〈鯿魚〉：

曉日照江水，游魚似玉瓶。誰言解縮項，貪餌每遭烹。
杜老當年意，臨流憶孟生。吾今又悲子，輟筋涕縱橫。

大意是：早上的太陽照耀著江水，水裡游的魚兒張開嘴巴，就像玉瓶。鯿魚啊鯿魚，你就是因為貪吃，所以才遭遇被烹飪的下場。這話是誰說的呢？對著鯿魚，我想起當年杜甫憶孟浩然寫鯿魚的詩句。我為鯿魚的命運感到悲傷，不禁放下筷子，淚流滿面。上述是這首詩表面的意思，要理解蘇軾的真實用意，我們還需要先了解他在詩裡寫到的孟浩然。

在漢江邊長大的盛唐詩人孟浩然，是個極其可愛的人。李白浪遊四海，向來目空一切，「仲尼且不敬，況乃尋常人？」但當他在旅途中遇到了孟浩然時，便產生了宿醉般的敬意，李白在〈贈孟浩然〉中說「吾愛孟夫子，風流天下聞」，孔夫子可以不敬，孟夫子卻不得不服。

後來，孟浩然要去揚州，李白便約孟浩然在武昌相會。他們在武昌玩了一個多月，還一起遊歷黃鶴樓。黃鶴樓上崔顥的題詩，讓李白惋惜的說：「此處有景道不得，崔顥題詩在上頭。」不過，在孟浩然出發前，李白還是以黃鶴樓為題，作詩為他送別，於是就留下了家喻戶曉的「故人西辭黃鶴樓，煙花三月下揚州。孤帆遠影碧山盡，唯見長江天際流」，而詩名則是〈送孟浩然之廣陵〉。

同樣忘不掉孟浩然的還有杜甫，他在孟浩然去世後所寫的〈解悶〉，共十二首，其六中說：

> 復憶襄陽孟浩然，清詩句句盡堪傳。即今耆舊無新語，漫釣槎頭縮項鯿。

以「復憶」二字起筆，可見這不是杜甫第一次想起孟浩然。杜甫對孟浩然佩服得五體投地，說孟浩然的詩，句句都值得流傳下來，且當今許久無人寫出好詩句，更別說跟孟浩然的「漫釣槎頭縮項鯿」相比。在這裡，杜甫連綴孟浩然的兩句詩句，而這兩句詩分別是〈峴潭作〉中的「試垂竹竿釣，果得槎頭鯿」與〈冬至後過吳張二子檀溪別業〉中的「鳥泊隨陽雁，魚藏縮項鯿」。

孟浩然流傳下來的詩不多，提到「槎頭縮項鯿」的卻有好幾首，比如〈送王昌齡之嶺南〉寫得極為真切：

> 洞庭去遠近，楓葉早驚秋。峴首羊公愛，長沙賈誼愁。
> 土毛無縞紵，鄉味有槎頭。已抱沉痾疾，更貽魑魅憂。
> 數年同筆硯，茲夕間衾裯。意氣今何在，相思望鬥牛。

「土毛無縞紵，鄉味有楂頭」，意思是我這個地方雖無白絹、細麻衣服之類的名貴土產，好在有一種「楂頭縮項鯿」還算拿得出手。

據《新唐書》記載，開元二十八年（七四〇年），王昌齡遇赦北上，再度路過襄陽時，專程赴南園拜訪孟浩然。大概是受王昌齡如釋重負的心境感染，加之自己身上的痼疾頗有行將痊癒之勢，孟浩然亦大感歡欣，於是用鯿魚招待王昌齡。這一年，王昌齡四十三歲、孟浩然五十二歲，但誰都沒有想到，這次竟是兩人的最後一次相見。

據唐人王士源《孟浩然集序》所記：「開元二十八年，王昌齡遊襄陽，時浩然疾疹發背，且愈。相得歡甚，浪情宴謔，食鮮疾動，終於冶城南園。」原來孟浩然詩中所言之痼疾正是背疽，這在古代是一種棘手的毒瘡，古人醫療水準有限，醫不好總得找個理由，於是便怪罪於魚蝦、牛肉等發物。但孟浩然不是一個願意受疾病束縛的人，更何況他與平生知己歡聚於峴山腳下、漢水之畔的澗南園，豈能少了那尾鮮美絕倫、名動天下的「楂頭縮項鯿」？大快朵頤之後，孟浩然背疽復發，不久後就去世了，終年五十二歲。

一條鯿魚，何以讓蘇軾淚流滿面？**他悲的不是鯿魚，而是孟浩然**。

不才明主棄，多病故人疏

孟浩然生於盛唐，早年有志用世。四十一歲時，遊長安應進士舉不第，後於太學賦詩，憑「微雲淡河漢，疏雨滴梧桐」，名動公卿，一座傾服，為之擱筆。他和王維交誼甚篤，據《新唐書》

載，王維曾邀請孟浩然到翰林院，唐玄宗卻突然到來。孟浩然趕緊躲到床下避讓，沒想到還是被唐玄宗看出異樣，王維不敢隱瞞，據實奏聞並大力推薦。唐玄宗命孟浩然出來見面，並給他表現的機會。孟浩然自誦其詩**「北闕休上書，南山歸敝廬。不才明主棄，多病故人疏。白髮催年老，青陽逼歲除。永懷愁不寐，松月夜窗虛」**。大意指：我的命運好苦啊，皇帝看不上我，朋友也離我遠去，眼看蹉跎半生卻一事無成，愁得都睡不著覺了！

聽到「不才明主棄」[11]，唐玄宗不太高興的說：「卿不求仕，而朕未嘗棄卿，奈何誣我。」於是下令放歸襄陽，永不錄用。孟浩然本就不是很看重仕途，於是乾脆漫遊吳越，只短暫擔任過幕僚，很快又窮極山水之勝。他的一生率真，也很糾結，想出仕做官卻又不願迎合官場；渴望成功，但彎不下腰；別人想提攜他，他又不能抗拒內心的真性情。

既喜歡山水，又想出仕做官，這種矛盾心境，也正是蘇軾的心理寫照。這樣一個有才之人卻鬱鬱不得志，最後還因吃鯿魚致死，這樣的結局，蘇軾「推人及己」，不禁為之流淚。

鯿魚屬條鰭魚綱鯉形目鯝科鯿屬，俗稱長春鯿、草鯿、油鯿、長身鯿，古名槎頭鯿、縮項鯿。體高側扁，呈長菱形、頭小，近似三角形，頭後背部隆起。古人根據這種既方且扁的體形特徵，取名為鯿、魴。李時珍在《本草綱目》中寫道：「魴，方也；鯿，扁也。」鯿魚廣泛分布於中國主要水系的江河、湖泊中，北至黑龍江、南到珠江及海南等地，都可以看到牠的身影。

11 依後文語意判斷，「不才」應指孟浩然形容自己沒有才能，卻被玄宗認為他在諷刺自己。

鯿魚在各地生長，形狀也稍微有些不同，著名的武昌魚也是鯿魚。三國時期，東吳最後一任帝王孫皓決定從建業（今南京）遷都武昌，試圖開啟王朝的新篇章，但是他的丞相陸凱卻堅決反對，而且還在上奏的文書中寫了「寧飲建業水，不食武昌魚」這樣的話。

陸凱之所以反對遷都，是因為在他的心中，遷都並不會讓東吳王朝再度興盛，眼下唯一可以做的事情，就是好好守住建業，不要有逃避的心態，倒不是真的嫌棄武昌魚。

南北朝時的文學家庾信在嘗了一口鯿魚肉後，也發出「還思建業水，終憶武昌魚」的感慨，這讓武昌魚大出風頭。毛澤東也借用此句，寫了「才飲長沙水，又食武昌魚」，更使武昌魚成為武漢的地標性食物。

廣東也有鯿魚，「春鯿秋鯉夏三黎」，春天是鯿魚的繁殖季節，最為肥美。廣東的鯿魚是大眼華鯿，也叫廣東魴、大眼鯿，牠還有一個名字——海鯿。其實，鯿魚是淡水魚，根本不可能生活在海裡，海鯿這個名字，騙了不少喜歡海鮮的廣東人。

蘇軾吃鯿魚正是在春天，這時的鯿魚味道應該不錯。這是蘇軾第一首以食為名的詩作（作於一〇六〇年）。後人據此做出了一道東坡鯿魚，有清蒸、油燜、紅燒三種料理方式。

清蒸做法：將魚去鱗、鰓，剖腹去內臟後洗淨，在魚身兩面剞花，撒上鹽，盛入盤中；香菇和熟火腿切成薄片，互相間隔著擺在魚上面；冬筍切成柏葉形的薄片，鑲在魚的兩邊，加蔥、薑和紹興酒，大火蒸熟；另外，準備鐵鍋置於旺火上，下豬油燒熟，沁入蒸魚的湯汁，下雞湯燒沸後，加入味精、雞油，起鍋，最後澆在魚上面，撒上胡椒粉即成。

油燜做法：將魚去鱗、鰓，剖腹去內臟，洗淨，在魚身兩面剞斜十字刀花，每面剞五六刀，用醬油抹魚身，醃漬五分鐘；豬板油、紅辣椒、小蔥、筍片，都切成一寸長的粗絲；炒鍋置旺火上，下芝麻油，燒至八成熟，將魚下鍋，用勺撥動翻面，待魚兩面炸成淡黃色時撈出；原炒鍋倒去餘油後，再放入肥肉、紅辣椒、小蔥、筍片，炒兩分鐘，至蔥散發出香味時將魚下鍋，加入紹興酒、薑末、醬油、白糖、味精、鹽、清水，燜燒三分鐘；待魚汁漸濃，即移至微火上，加蓋燜八分鐘至魚已透味、湯汁濃稠時，再重新端鍋至大火上，下豬油繼續燜兩分鐘，起鍋裝盤即成。

紅燒做法：同樣先將魚去鱗、鰓，剖去內臟洗淨，在魚身兩面剞斜十字刀紋，每面也剞五六刀；筍片切成薄片；炒鍋置大火上，下芝麻油燒熱，把魚下鍋兩面煎黃，加入紹興酒、薑末、醬油、鹽、蔥段、筍片、清水等一起烹燒；待湯汁燒沸後，移至中火上燒十分鐘至魚入味，再端鍋於大火上，繼續燒三分鐘，直到湯汁濃稠，即將魚起鍋，盛入盤內；將原炒鍋連湯汁置於大火上，下味精、白糖，用溼澱粉調稀勾芡，放入熟豬油，起鍋，澆在魚上即成。

此時的蘇軾有些多愁善感，吃條鯿魚就想到孟浩然，看來，偉大的人物吃吃喝喝，有時還不如我們純粹。

8 不願被馴服的志士

蘇家繼續北上，吃過鯿魚後，蘇軾又記下了另一道美食：雉，也就是野雞，詩名為〈食雉〉：

雄雉曳修尾，驚飛向日斜。空中紛格鬥，彩羽落如花。
喧呼勇不顧，投網誰復嗟。百錢得一雙，新味時所佳。
烹煎雜雞鶩，爪距漫槎牙。誰知化為蜃，海上落飛鴉。

大意是：美麗的雄雉拖著修長的尾巴，一路驚叫著朝夕陽的方向飛去。牠們擅於在空中格鬥，彩色的羽毛如花一樣紛紛落下。雄雉們大聲鳴叫、不管不顧、勇往直前，落入網中又有誰為之感嘆、憐惜呢？我花了一百文錢買了兩隻，新鮮的野雞肉是大家都喜歡的。烹飪時夾雜雞和野鴨，滿鍋都是參差不齊的爪子，可以用牙齒慢慢啃。有誰知道入海成蜃的就是這種野雞呢？即便化為蛤蜊，也會引來飛鴉紛紛落到海灘上覓食。

詩寫得貌似平淡，其實藏著深意。

野雞，是鳥綱雉科雉屬的一種走禽。雖然叫野雞，但不是指未馴化的家雞，家雞是由雞形目雉科原雞屬的原雞馴化而來，一個是雉科雉屬，一個是雉科原雞屬，算是遠房親戚。

雉雞原本是雉屬的一個單種屬，二〇一四年，雉雞日本亞種被正式確定為一個獨立的物種——綠雉。自此，雉屬便有了兩種，一是雉雞（即環頸雉），另一則是綠雉。儘管如此，綠雉僅分布於日本，遍布全球其他溫帶地區的雉雞，仍是人們最熟悉的野雞。

雉雞原產於亞洲，後作為捕獵對象被引入歐洲、北美、澳洲、紐西蘭及夏威夷等地，迅速成為幾乎遍布全球的物種，並分化出三十多個亞種，中國有其中十九個亞種。

蘇軾詩中寫的是雄雉。雄雉的羽毛非常漂亮，前額和上嘴基部為黑色，富有藍綠色光澤。頭頂為棕褐色、眉紋白色，眼先和眼周裸出皮膚為緋紅色。在眼後裸皮上方，白色眉紋下還有一小塊藍黑色短羽，眼下亦有一塊更大一點的藍黑色短羽，耳羽叢亦為藍黑色。頸部有一黑色橫帶，一直延伸到頸側與喉部的黑色相連，且具綠色金屬光澤。在此黑環下有一比黑環更窄一些的白色環帶，延伸到前頸，形成一完整的白色頸環，其中前頸白帶比後頸的更為寬闊。

上背羽毛基部呈紫褐色，具白色羽幹紋與黑色端部羽幹紋，兩側為金黃色，背和肩為栗紅色。下背和腰兩側藍灰色，中部灰綠色，且具黃黑相間排列的波浪形橫斑。尾上覆羽黃綠色，部分末梢沾有土紅色。小覆羽、中覆羽灰色，大覆羽灰褐色，具栗色羽緣。飛羽褐色，初級飛羽具鋸齒形白色橫斑；次級飛羽外翈具白色蟲蠹斑和橫斑；三級飛羽棕褐色，具波浪形白色橫斑，外翈羽緣栗色，內翈羽緣棕紅色。尾羽黃灰色，除最外側兩對外，均具一系列交錯排列的黑色橫斑，黑色橫斑兩端又連結栗色橫斑。

頦、喉黑色，具藍綠色金屬光澤。胸部呈帶紫的銅紅色，亦具金屬光澤，羽端具有倒置的錨狀黑斑或羽幹紋。兩脅淡黃色，近腹部栗紅色，羽端具一大黑斑。腹黑色，尾下腹羽棕栗色。

蘇軾說「雄雉曳修尾」、「彩羽落如花」，都是極準確的。劉邦的皇后呂后本名就叫呂雉，正是因為古人覺得**雉是漂亮的象徵**。

雉雞腳強健，擅於奔跑，特別是在灌木叢中奔走，也擅於藏匿，但並不擅於飛行，在迫不得已時才會起飛；飛行速度快，也很有力，但飛行時間不持久；飛行距離也不長，多為拋物線飛行，一邊飛一邊發出「咯咯咯」的叫聲。因此，蘇軾說牠「驚飛向日斜」，受驚才飛，也是極為準確的。

雉雞為一夫多妻制，發情期間雄鳥各占據一定領域，並不時在自己的領地內鳴叫，如有別的雄雉侵入，則會發生激烈的鬥毆，直到將其趕走。蘇軾看到了這一幕，寫下了「空中紛格鬥，彩羽落如花」，雄雉這樣做，都是因為愛情。

古人很早就食雉，對底層貴族來說，送禮物時若沒有幾隻野雞，還真拿不出手。《儀禮．士相見禮》就記載：「士相見，賓見主人要以雉為贄。」之所以選擇雉雞，除了野雞的味道不錯以外，更重要的是因為牠獨特的個性：**雉雞難以馴服，不受人施捨，被人抓住不久後往往會餓死**。

這可不是瞎說，班固在《白虎通》就提到：「士以雉為摯者，取其不可誘之以食，懾之以威，必死不可生畜，士行威介，守節死義，不當轉移也。」東漢薛方丘、薛漢父子合撰的《韓詩章句》就說：「雉，耿介之鳥也。」《禮記．曲禮》也說：「凡摯士，雉謂其守介節，交有時，別有倫也。」古人認為，**雉雞的這個特點好比高潔之士的品性，因此被視為士的精神象徵**。

但蘇軾這次吃的野雞，不是別人送的，「百錢得一雙」，他花了一百文錢買了兩隻。野雞個頭不大，一家子當然不夠吃，因此，「烹煎雜雞鶩」就是加了普通的雞和野鴨，將這些不同的肉共冶一爐，多種胺基酸協同作戰，鮮味大大提高。野雞脂肪含量少，加上普通的雞和野鴨，帶來更多的脂香，也更加美味。

蘇軾這一烹飪手法是符合現代烹飪科學的，這位美食家很有天賦！加了雞和野鴨，爪自然也就多了，「爪距漫槎牙」，蘇軾慢慢啃著長短不一的各種爪，雞爪也是肉，其他肉則讓給家人們吃。

野雞的特點和怎麼烹雉，都不是蘇軾寫這首詩的本意，他想說的是野雞「喧呼勇不顧，投網誰復嗟」和「誰知化為蜃，海上落飛鴉」。為了目標大喊大叫，奮不顧身、一往無前，即便自投羅網也在所不辭，哪怕沒人嘆息、憐惜。野雞的這種精神，蘇軾是讚賞的，他自己也是這麼做的。

心裡有話，就一定要說

就在這首詩九年後，宋神宗啟用王安石實行變法，與王安石政見相左的大臣們，如富弼、張方平、司馬光、趙抃，有的稱病求退，有的自請外放，以求明哲保身。自知人微言輕、不足挽救危機的蘇軾，在求見宰相曾公亮，希望他能挺身而出、救國救民被婉拒後，仍如雉雞一樣奮不顧身。

熙寧四年（一〇七一年）二月，蘇軾進言長達八千餘字的〈上神宗皇帝書〉。三月，又有〈再上皇帝書〉，全面批判王安石的新政，並斷言「今日之政，小用則小敗，大用則大敗，若力行而不已，則亂亡隨之」。最後，他竟直指神宗「人皆謂陛下聖明神武，必能徙義修慝，以致太平。而近日之事，乃有文過遂非之風，此臣所以憤懣太息而不能已也」。這種話，放在任何時代，殺頭尚有餘辜，蘇軾如此奮不顧身，豈不就如他筆下的雄雉？

性格決定命運，而蘇軾的本性就是一個爽直的人。早在剛登進士第時，歐陽修介紹他的門人晁端彥到興國寺浴室院[12]拜訪蘇軾，一來二去，兩人也成了好朋友。晁端彥經常勸蘇軾要謹慎言語，蘇軾卻說：「我性不忍事，心裡有話，如食中有蠅，非吐不可。」此時，蘇軾眼見國家到了生死存亡之際，其他人不說，他也非說不可。

蘇軾太能寫、太能說，雖然只是八品閒官，但王安石認定蘇軾就是反對派的「狗頭軍師」，若要順利推行變法，就必須先將其趕走。蘇軾一生顛沛流離的生活，禍根就是在這時種下的。

蘇軾只求一吐為快，不知說真話會帶來的風險嗎？當然不是！在這首詩裡，他說雉雞「誰知化為蜃，海上落飛鴉」。蜃指的就是大的蛤蜊，即使化為蛤蜊，也擺脫不了被飛鴉吃掉的命運。

古人認為立冬有三候：「一候水始冰，二候地始凍，三候雉入大水為蜃。」知識有限的古人，相信海裡有些生物是陸地動物演化而成。立冬之後很少見到雉雞，而海中則開始出現大蛤蜊，由於蛤蜊的花紋和雉的羽毛顏色有幾分相似，於是古人就把這兩者連結起來，認為是雉跑到海裡。

蘇軾不相信在這個開明的時代，自己直言進諫會惹來殺身之禍，最多就如雉雞一般化為蜃，雖然命運好不到哪去，「海上落飛鴉」，也會被收拾，但他不是沒想到，而是根本不怕！

寫下此詩的蘇軾才二十五歲，卻已經為他的一生終局寫下註解。

12 蘇軾等人赴京趕考時的住處。

9 一撮鹽，一碟生蘿蔔，一碗飯

到了京師，蘇洵在汴京買了一棟房子。這房子的環境不錯，傍依高槐古柳，前有花園可以種菜。蘇軾在給朋友的信中這樣描述他們的新家：

> 都下春色已盛，但塊然獨處，無與為樂。所居廳前有小花圃，課童種菜，亦少有佳趣。傍宜秋門，皆高槐古柳，一似山居，頗便野性也。

蘇軾兩兄弟參加吏部的典選（相當於面試）後，任職通知來了，蘇軾授河南府福昌縣主簿[13]、蘇轍授澠池縣主簿，官階等級均為最低的從九品。

三年前，蘇軾兩兄弟名譽京城，因母親去世而未能及時獲得任職，這次是補缺。但這樣的低起點，或許是低於兄弟兩人的預期，於是兩人選擇放棄，決定等第二年由仁宗特詔舉行的制科考試。

13 主管文書簿籍及印鑑。

這種考試的門檻高，要由朝中大臣推薦，先經祕閣試，過關後再由皇帝親自策問。策問的內容每次都不一樣，從六個方面出題：一、賢良方正，直言極諫；二、博達墳典，明於教化；三、才識兼茂，明於體用；四、詳明政理，可使從政；五、洞識韜略，運籌決勝；六、軍謀宏遠，材任邊寄。這就是「六科取士」。

蘇軾兩兄弟這次策問的考題是賢良方正、直言極諫，共有四人報考。此次制科考試祕閣試，主考官是司馬光、楊畋、沈遘，蘇軾兩兄弟也因此成為司馬光的門生[14]。

這次考試的難度，就連蘇軾都說：**「特於萬人之中，求其百全之美……又有不可測知之論，以觀其默識之能，無所不問之策，以效其博通之實。」**意即在萬人之中選拔一人，考試沒有範圍、無所不問，答案還要完美無瑕，這必須好好準備。

於是，兩兄弟從家裡移往汴河南岸的懷遠驛讀書，目的是求清靜。在懷遠驛的日子裡，清靜歸清靜，但還多了清苦。南宋朱弁《曲洧舊聞》對這段日子有這樣的記載：

東坡嘗與劉貢父言：「某與舍弟習制科時，日享三白，食之甚美，不復信世間有八珍也。」貢父問：「三白何物？」答曰：「一撮鹽，一碟生蘿蔔，一碗飯，乃三白也。」貢父大笑。久之，以簡招坡過其家吃皛飯。坡不復省憶嘗對貢父三白之說也，謂人云：「貢父讀書多，必有出處。」比至赴食，見案上所設，唯鹽、蘿蔔、飯而已，乃始悟貢父以三白相戲，笑投匕箸，食之幾盡。將上馬，云：「明日可見過，當具毳[15]飯奉待。」貢父雖恐其為戲，但不知毳飯所設何物。如期而往，談論過食時，貢父飢索食，坡云：「少待。」如此者再三，坡答如初。貢父曰：「飢不可忍矣！」

坡徐曰：「鹽也毛[16]，蘿蔔也毛，飯也毛，非毳而何？」貢父捧腹曰：「固知君必報東門之役，然慮不及此。」坡乃命進食，抵暮而去。

蘇軾和他的好友劉攽（字貢父）談起過去在懷遠驛讀書時，**每日三餐只有白飯、白蘿蔔和鹽，戲稱為「三白飯」**。劉攽是個愛開玩笑的人，過了一段日子，他發請柬請蘇軾去他家吃「皛飯」。蘇軾已經忘記前事，以為劉攽讀書多，所謂皛飯必有典故，於是欣然前往。待見到飯桌上只有白飯、白蘿蔔和一碟鹽時，才發覺被劉攽所戲，不過蘇軾還是吃得津津有味。

蘇軾也是愛開玩笑的人，當然會還手。於是，吃完飯後蘇軾準備上馬告辭時，對劉貢父說：「明天到我家，我準備毳飯款待你。」劉貢父害怕被蘇軾戲弄，但又想知道毳飯到底是什麼，第二天便如約前往。

兩人聊了很久，早過了吃飯時間，劉貢父肚子餓得咕咕叫，便問蘇軾為何還不吃飯。蘇軾說：「再等一會兒。」劉貢父又問了好幾次，蘇軾也都給予同樣的答覆。最後，劉貢父說：「我餓得受不了了！」蘇軾才慢吞吞的說：「**鹽也毛，蘿蔔也毛，飯也毛**，豈不是『毳』飯？」劉貢父捧腹大笑，說：「我就知道你一定會報昨天的一箭之仇，但萬萬沒想到這一點！」蘇軾這才傳話擺飯，兩

14 科舉時代，考試及第者對主考官的自稱，並非指門下學生。
15 音同脆。
16 音同某，沒有的意思。

人一直吃到傍晚，劉貢父才回家。

經過認真的準備，加上這對兄弟是學霸，考試當然難不倒他們，最後仁宗皇帝評蘇軾為最高等級——三等。沒錯，三等已是當時最高。在宋代，制科一、二等是個虛設，以示皇帝並沒有那麼多不足供士人指摘，另一個用意思是「你再厲害也還是有很大進步空間」。同時參加考試的王介得了四等，而蘇轍經過一番爭議，最終也奪得四等，總共就錄取了這三個人。

仁宗皇帝在考試後高興的對皇后說，他為子孫得到兩個太平宰相：「昔仁宗策賢良歸，喜甚，曰：『吾今又為吾子孫得太平宰相兩人』，蓋軾、轍也。」（陳鵠《耆舊續聞》）

但並不是所有人都喜歡蘇軾，比如王安石。此時的王安石為翰林院的知制誥，這是一個負責為皇帝起草重要文件的職位，據南宋邵博《邵氏聞見後錄》載：

> 東坡中制科，王荊公問呂申公：「見蘇軾制策否？」申公稱之。荊公曰：「全類戰國文章，若安石為考官，必黜之。」

王安石私底下對呂公著表示自己不喜歡蘇軾，看來蘇軾與王安石的矛盾，不僅僅是門戶之爭，還有文章風格之異，蘇軾註定一輩子與王安石水火不容。幸好此時王安石說了不算，仁宗說了才算。當然，仁宗說的太平宰相是期貨，做官還是要從基層開始歷練，蘇軾被授「將仕郎守大理寺評事簽書鳳翔府節度判官廳公事」：將仕郎和大理寺評事是蘇軾的本官，又稱寄官，決定文官的工資待遇與品級，這個級別是八品；鳳翔府節度判官才是他的實職，比之前的福昌縣主簿高了不少。

第三章

風雨磨練真性情

1 習慣吃肉的人難改吃素

嘉祐六年（一〇六一年）十二月十四日，才二十六歲的蘇軾到任鳳翔府簽判。宋代的鳳翔位於陝西西部，緊鄰西夏，已是邊塞要地，雖然此時宋夏已和議，北宋得到了「面子」，西夏成為北宋的封國，但西夏得的是「裡子」。北宋每年要「歲賜幣帛」，也就是向西夏交「不騷擾費」。

儘管戰爭已經結束，歷年的戰事還是使前線的鳳翔滿目蕭條。此時的鳳翔知府宋選，是位仁厚且十分欣賞蘇軾的長者。鳳翔有個官方驛站鳳鳴驛，五年前蘇軾兩兄弟赴京趕考路過此地時，這個驛站破敗得無法住人，宋選一到任，就修繕一番，鳳鳴驛簡直改頭換面。蘇軾看到驛站翻天覆地的變化，非常激動，為此寫了〈鳳鳴驛記〉：

> 始余丙申歲舉進士，過扶風，求舍於館人。既入，不可居而出，次於逆旅。其後六年，為府從事。至數日，謁客於館，視客之所居，與其凡所資用，如官府，如廟觀，如數世富人之宅。四方之至者，如歸其家，皆樂而忘去。將去，既駕，雖馬亦顧其皂而嘶。余召館吏而問焉。吏曰：「今太守宋公之所新也。自辛丑八月而公始至，既至逾月而興功，五十有五日而成。用夫三萬六千，木以根計，竹以竿計，瓦甓、坯、釘各以枚計，秸以石計者，二十一萬四千七百二十有八，而民未始有知者。」余聞而心善之。

其明年，縣令胡允文具石，請書其事。余以為有足書者，乃書曰：古之君子，不擇居而安，安則樂，樂則喜從事，使人而皆喜從事，則天下何足治歟？後之君子，常有所不屑，使之居其所不屑，則躁，否則惰。躁則妄，惰則廢，既妄且廢，則天下之所以不治者，常出於此，而不足怪。今夫宋公計其所歷而累其勤，使無齟齬於世，則今且何為矣，而猶為此官哉。然而未嘗有不屑之心。其治扶風也，視其尯𩪓者而安植之，求其蒙茸者而疏理之，非特傳舍而已，事復有小於傳舍者，公未嘗不盡心也。嘗食芻豢者難於食菜，嘗衣錦者難於衣布，嘗為其大者不屑為其小，此天下之通患也。《詩》曰：「豈弟君子，民之父母。」所貴乎豈弟者，豈非以其不擇居而安，安而樂，樂而喜從事歟？夫修傳舍，誠無足書者，以傳舍之修，而見公之不擇居而安，安而樂，樂而喜從事者，則是真足書也。

六年前，蘇軾參加科舉考試路過鳳翔時，鳳鳴驛破敗不堪，現在經宋選改造，簡直就像官府、廟觀或者富人的豪宅。蘇軾簡要說明前因後果，自然要感嘆議論一番，他說：「嘗食芻豢者難於食菜，嘗衣錦者難於衣布，嘗為其大者不屑為其小，此天下之通患也。」意思是：**習慣吃肉的人，讓他吃素很難；習慣穿絲綢的人，讓他穿布衣很難；做慣大事的人，就不屑於做小事**。這是世人的通病。**對於宋代普通人而言，吃肉並不是一件容易的事，蘇軾用吃肉與吃菜打比方**，通俗易懂。但不知寫這段話時，他肚裡的饞蟲有沒有在叫？

不得不說，**蘇軾這篇文章多少有點拍馬屁的成分，而且拍得很有藝術**。

一方面，從上司宋選修鳳鳴驛這件小事，說到他對其他小事盡心盡力，他認為為官者「躁則妄，惰則廢」，若不屑於從小事做起，「則天下之所以不治者，常出於此」，而宋選卻並非這種人。

另一方面，蘇軾對宋選的讚美也是認真的，他確實從宋選身上學到了務實勤勉、從小事做起的實幹精神。這種精神貫穿了蘇軾的仕宦生涯，他每到一個地方任職，都踏踏實實的做事，造福地方百姓。一個年輕人剛剛踏入官場就遇到伯樂，這種崇拜會讓人不自覺的神化或誇大對方，而**上級的優秀特質也會影響自己**，這並不矛盾。事實上，在做官這件事上，宋選對蘇軾有很大的影響。

蘇軾與宋選共事的時間不長，大約只有一年多，蘇轍說蘇軾這段時間「公盡心其職，老吏畏服」，連年紀較大的部屬對蘇軾都敬畏又服從。這離不開宋選的「長吏意公文人，不以吏事責之」。意思是宋選認為蘇軾是個文人，就不以官場上的規矩要求蘇軾。在如此寬容的上級領導下，蘇軾當然辦了不少小事，也幹了不少大事。

蘇轍〈亡兄子瞻端明墓誌銘〉及《宋史》中都提到一件事：「修衙規，使衙前得自擇水工。」原來，鳳翔府的衙前役[1]是從終南山伐木，編成木筏，沿河從水路運木到京城。由於任務繁多，運木不擇季節，遇到河水湍急的季節時，很多運木的人都葬身河底，或者因完成不了工作而賠得傾家蕩產，甚至坐牢。

還記得蘇軾過三峽時寫的〈新灘〉嗎？親身經歷過三峽之險的蘇軾，太明白衙前役運木工身處何種危險，於是他在向宰相韓琦上書的〈鳳翔到任謝執政啟〉中反映了這一情況，並改進這種制度——挑選有經驗的百姓服役，選擇河水平緩的季節運輸，「自是衙前之害減半」。這種改革，既需要智慧，也需要勇氣。

這段時間，蘇軾還記錄他與宋選一起執行的另一件事：求雨。

古人會把求雨當成一件大事，大書特書。位於西北的鳳翔，一向乾旱，就在蘇軾到任後的第二年，乾旱十分嚴重。蘇宋兩人到太白山求雨，蘇軾還為此寫下〈鳳翔太白山祈雨祝文〉，又到真興寺禱告。說來奇怪，還真下了一場大雨，連綿數日。蘇軾為此將落成於後花園的亭子命名「喜雨亭」，也寫了一篇〈喜雨亭記〉刻在柱子上。

現位於鳳翔東湖公園內的喜雨亭，已非當年的建築，但對於求雨之事也是有跡可循。儘管從今天來看，這事與宋選和蘇軾的「呼風喚雨」沒什麼關係，但也可以印證當時蘇軾關心民間疾苦。

蘇軾的第一份工作看似完美，而這麼好的開局，對他來說究竟是福是禍？

1 負責購買地方官府所需的物資。

2 不等魚煮熟，先偷吃一口

蘇軾在鳳翔太守宋選手下做事，宋選很欣賞他，對他百般愛護。核判五曹[2]文書雖然是繁瑣的工作，但對蘇軾來說是小菜一碟。除了落實起來令人頭疼的衙前役，蘇軾也做了其他大膽的改革，工作極其順利。

嘉祐八年（一〇六三年）正月，宋選三年任期屆滿，接替他的是眉州青神縣人陳希亮，字公弼。雖說是老鄉，但蘇軾與他簡直就是八字不合。陳希亮不苟言笑、為人嚴厲、說話斬釘截鐵，常常當面指責部屬過錯，不留情面。士大夫宴遊時，只要聽說陳希亮到來，部屬們立刻正襟危坐，連喝酒都不自在。許多部屬都不敢仰視他，對陳希亮唯唯諾諾。而蘇軾性格豪闊、不拘小節，敢做事也敢於擔責，即便陳希亮有不同意見，他也會據理力爭。兩人的性格完全相反。

陳希亮有意打壓鋒芒畢露的後輩蘇軾，既然大家都說蘇軾的文章好，他便毫不客氣的反覆塗抹刪改蘇軾的公文。

先前蘇軾參加仁宗皇帝的賢良方正、直言極諫科考試，因此，府衙裡的吏役尊稱蘇軾為「蘇賢良」。陳希亮聽到後，大罵吏役「府判官就是府判官，有什麼賢良不賢良的」，甚至打了吏役一頓。板子打的雖是別人的屁股，實際上卻是打在蘇軾臉上！

然而，陳希亮是上級，蘇軾也無可奈何。但無可奈何不等於無動於衷，不反抗那就不是蘇軾了，他一直在找機會。

陳希亮架子大，蘇軾與同僚晉見時，他習慣讓人坐冷板凳等候，甚至有人因此在候客位打起瞌睡。對此，蘇軾作了一首諷刺詩〈客位假寐〉：

謁入不得去，兀坐如枯株。豈唯主忘客，今我亦忘吾。
同僚不解事，慍色見髯須。雖無性命憂，且復忍須臾。

大意是：拜見太守卻被冷遇，傻乎乎的像一株枯樹一樣坐著冷板凳。豈止是主人把客人忘了，我現在也把自己給忘了。不懂事的同僚們啊，臉有怒色的看著自己的鬍子。雖然不會要了小命，但也只能繼續忍耐。不能指名道姓說是陳希亮，那就拿坐冷板凳的同僚來說！

既然惹不起，那就躲著。蘇軾不願與陳希亮同時出現在一個場合，官府請客吃飯時，蘇軾不參加，連中元節也藉故不去。然而，陳希亮抓住這個把柄，上奏朝廷彈劾蘇軾，蘇軾因此受了處分：罰銅八斤。這相當於一千六百文錢，按〈食雉〉裡的價格（五十文一隻），可以買三十二隻雉了。

陳希亮對蘇軾的打擊，蘇軾身為部屬，除了不合作以外，也只能透過文字發發牢騷。

2　指田曹、兵曹、集曹、倉曹和金曹，泛指各種行政工作。

陳希亮在官宅後面修建了一座淩虛臺，儘管他平時對蘇軾的公文總是雞蛋裡挑骨頭，但論寫文章，他還是打從心底是佩服蘇軾的，於是請蘇軾寫一篇建臺記。

蘇軾的〈凌虛臺記〉是一篇名作。他先寫鳳翔的地理形勢、凌虛臺的建造、結構特徵與文章的原委，然後筆鋒一轉，發起議論：

軾復於公曰：「物之廢興成毀，不可得而知也。昔者荒草野田，霜露之所蒙翳，狐虺之所竄伏。方是時，豈知有凌虛臺耶？廢興成毀，相尋於無窮，則臺之復為荒草野田，皆不可知也。嘗試與公登臺而望，其東則秦穆之祈年、橐泉也，其南則漢武之長楊、五柞，而其北則隋之仁壽，唐之九成也。計其一時之盛，宏傑詭麗，堅固而不可動者，豈特百倍於臺而已哉？然而數世之後，欲求其髣髴，而破瓦頹垣，無復存者，既已化為禾黍荊棘，丘墟隴畝矣，而況於此臺歟？夫臺猶不足恃以長久，而況於人事之得喪，忽往而忽來者歟？而或者欲以誇世而自足，則過矣。蓋世有足恃者，而不在乎臺之存亡也。」既以言於公，退而為之記。

上級求文原是希望得幾句吉利的話，蘇軾卻借此大講興廢之理，把陳希亮罵了一頓：在凌虛臺的東、南、北面，曾有秦穆公、漢武帝、隋文帝和唐太宗修建的壯麗宮殿，其壯麗堅固，豈止凌虛臺的百倍有餘？可它們現在都不見蹤影，你一個小小太守建一個小小的土臺，有什麼了不起？過幾年就什麼也沒了！有些人想借凌虛臺向世人誇耀其功績，這就太超過了吧？

蘇軾這是直接撕破臉了，沒想到陳希亮看後哈哈大笑說：論輩分，你是我孫子輩，平時對你嚴厲是為你好。你小子少年成名，不知謙遜，如果不改，以後會栽得很慘！陳希亮將這篇〈凌虛臺記〉一字不改的刻了上去。

蘇軾率真的性格，不加掩飾喜怒哀樂。**對上一任太守宋選，他極盡讚美，〈鳳鳴驛記〉、〈喜雨亭記〉都不惜拔高奉承；對這一任太守陳希亮，他不惜貶低詆損。雖然稱不上客觀，但蘇軾損起人來，也是有板有眼、有理有據。**

陳希亮就是想挫一挫蘇軾的銳氣，但蘇軾此時才二十八歲，哪能理解？

治平元年（一〇六四年）初，蘇軾的同科進士、時任商洛縣令的章惇（字子厚）帶著同僚蘇旦、安師孟來訪，蘇軾陪他們玩了好幾天。還記得蘇軾的進士考試嗎？這一科共八百七十七人參加殿試，蘇軾、章惇、章衡都在列，蘇軾得中二甲，得中一甲的是浦城人章衡，蘇軾對他的評價是「子平之才，百年無人望其項背」。

章衡是章惇的族侄，章惇從小就被人說是當大官的料，且文采飛揚、英俊瀟灑，特別自負。考中進士這已經是特別不容易的事，但章惇羞於考不過自己的侄子，拒不受敕，扔掉敕誥回家。兩年後再考，奪一甲第五名、開封府第一名。

章惇是一個狠角色，但與蘇軾關係不錯。他們同遊樓觀，訪老子出關時的關令尹喜舊宅與授經臺，遊五郡城、大秦寺、仙遊潭南北二寺。這些遊跡蘇軾都留下了詩作。在仙遊潭時，面對只有一座獨木橋可達的懸崖峭壁，章惇邀蘇軾過橋去山壁題字，蘇軾「猶有愛山心未至，不將雙腳踏飛梯」[3]，而章惇平步過橋，乘索挽樹，以黑漆濡筆，在石壁上大書「蘇軾章惇來」，再面不改色的大搖大擺原路返回。

蘇軾拍拍章惇的後背說：「子厚他日必能殺人。」章惇問他為什麼這麼說，蘇軾答：「能自判命者，能殺人也。」能說出這麼隨意且掏心掏肺的話，可見他們之間的友誼深厚。

後來章惇官拜宰相，蘇軾第一次被貶時他仗義執言，但他也主導蘇軾第二次、第三次被貶，且屢次想要他的性命。

與陳希亮和解

章惇一行人回長安時路過渼陂，在朋友的莊園裡鑿冰，釣到了一條紅鯉魚，便派人送給蘇軾。蘇軾收到魚時，魚鰓用紫荇（紅莧菜）穿著，魚兒還是活蹦亂跳的。於是他馬上洗手下廚，做了一道菜請客人品嘗，並且寫了這首〈渼陂魚〉：

霜筠細破為雙掩，中有長魚如臥劍。紫荇穿腮氣慘淒，紅鱗照坐光磨閃。
攜來雖遠鬣尚動，烹不待熟指先染。坐客相看為解顏，香粳飽送如填塹。
早歲嘗為荊渚客，黃魚屢食沙頭店。濱江易采不復珍，盈尺輒棄無乃僭。
自從西征復何有，欲致南烹嗟久欠。遊儵瑣細空自腥，亂骨縱橫動遭砭。
故人遠饋何以報，客俎久空驚忽贍。東道無辭信使頻，西鄰幸有庖齏釅。

渼陂是古代湖名，在今西安市鄠邑區澇河西畔，是秦漢上林苑（皇家園林）、唐代遊覽勝地，匯終南山諸谷水，西北流入澇水，經錦繡溝後蓄積成湖，因所產魚味美得名。杜甫〈渼陂行〉就有「岑參兄弟皆好奇，攜我遠來遊渼陂」；宋代吳曾《能改齋漫錄・事實一》說「唐元澄撰《秦京雜記》載，渼陂以魚美得名」。

而蘇軾的這首詩大意是：渼陂湖結冰了，鑿開冰面，裡面有一如長劍的大魚。用紫色的草穿過魚鰓，讓魚的氣色慘淒，紅色的魚鱗照著房間，金光閃閃。送來的路雖然遙遠，但魚頜旁的小鰭還會動，不等煮熟，我已迫不及待的先嘗一口了。座中客人看到我這個樣子哈哈大笑，大快朵頤、如填溝壍般填飽了肚子。想想幾年前路過荊州，在沙頭的店家多次吃到鱘魚，在江邊捕撈鱘魚太容易了，一尺多長的嫌太小就扔了，這可不是瞎說。自從來到西部鳳翔，哪裡還有這種好事？連南方的食物都好久沒吃過了。我啊，就如會游的鱉魚，又小又腥、空有一副骨頭，動不動就遭人一頓亂砍。老朋友啊，你從那麼遠的地方送來這條魚，我的砧板已經空著很久，今天忽然豐盛起來，有點受寵若驚。東邊的朋友啊，有好東西記得送到我這裡，沒有的話也不要緊，我這住在西邊的人，廚房裡還有醃菜和濃濃的醬汁，也不至於餓死！

是不是寫得很調皮且生動？這是蘇軾第一次這麼詳細、具體的寫美食。「紅鱗照坐光磨閃」，只有紅鯉魚才有這一特徵；「烹不待熟指先染」，不等煮熟就迫不及待先嘗了一口。饞成這樣，引來客人哄堂大笑。

3 雖然愛此風景，卻因其凶險不忍渡橋。

蘇軾的詩，白描如此生動，裡頭的典故也不少：「中有長魚如臥劍」，典出孟浩然〈夏日與崔二十一同集衛明府宅〉「舞鶴乘軒至，遊魚擁釣來」；「香粳飽送如填塹」，典自曹植〈與吳季重書〉「食若填巨壑，飲若灌漏卮」。

讀蘇詩，難又不難。但這些都不是重點，他寫這首詩是為了表達對現狀的不滿：「遊鯈瑣細空自腥，亂骨縱橫動遭砭。」他自比鰷魚，動不動就遭人一頓亂砍。誰敢「砭」他？自然是指他的頂頭上司陳希亮！

這說明他還有氣！但蘇軾是一個善於和自己和解的人，這一年他才二十九歲，已經會開自己的玩笑「東道無辭信使頻，西鄰幸有庖齏甕」，朋友們送來的美食，可以治癒「淡出鳥來」[4]的腸胃；朋友們的溫暖，可以抵禦上級的挑刺。他是**借渼陂魚發洩自己的不滿**。

蘇軾年少得志，這是他遇到的第一個小挫折，對比他之後人生路上摔的一個又一個跤，陳希亮給他的這個小教訓實在算不上什麼。不知陳希亮是不是看到了這首詩，主動改變了對蘇軾的態度，並邀請蘇軾到凌虛臺飲宴。蘇軾賦詩〈凌虛臺〉，提到「才高多感激，道直無往還」、「青山雖雲遠，似亦識公顏」、「是時歲雲暮，微雪灑袍斑。吏退跡如掃，賓來勇躋攀。臺前飛雁過，臺上雕弓彎。聯翩向空墜，一笑驚塵寰」，看來已盡釋前嫌。再後來，陳希亮去世後，蘇軾應其子陳慥之請，作〈陳公弼傳〉，其中就說到：

> 公於軾之先君子，為丈人行，而軾官於鳳翔，實從公二年。方是時，年少氣盛，愚不更事，屢與公爭議，至形於言色，已而悔之。

陳希亮的兒子陳慥，是蘇軾的好朋友之一，河東獅吼就是形容陳慥的老婆，陳慥被蘇軾塑造成一個怕老婆的模範。蘇軾寫這段話時，已經是經歷烏臺詩案、被貶黃州後。經歷生死之劫、大風大浪、吃過大虧，蘇軾才真切體會到陳希亮的一片用心良苦。

4 出自《水滸傳》，形容任何無趣、無味的東西。

3 一首竹鼠詩，兄弟倆各抒己見

蘇軾在鳳翔的日子，除了與上級陳希亮不太合拍，其他的還算愜意。蘇軾修葺了自己的住所，弄了個小園、築了個小亭、挖了個水池，種蓮養魚、栽樹種花。雖然是「三年輒去豈無鄉」[5]，但畢竟是自己的居所，所以「種樹穿池亦漫忙」[6]，辛苦一點，自己享受，也還值得。閒時遍遊鳳翔附近名勝古蹟，也算過得有滋有味。

除了精神層面，蘇軾在物質上也享受不少，有人送了竹鼠，他便為此寫了一篇〈竹𪕬〉：

野人獻竹𪕬，腰腹大如盎。自言道旁得，采不費罝罔。
鴟夷讓圓滑，混沌慚瘦爽。兩牙雖有餘，四足僅能髣。
逢人自驚蹶，悶若兒脫襁。念此微陋質，刀幾安足枉。
就禽太倉卒，羞愧不能饗。南山有孤熊，擇獸行舐掌。

𪕬這個字，左邊是鼠、右邊是卯，其實就是竹鼠。清代筆記小說《清稗類鈔》說：「竹鼠，一名竹⿰鼠留，亦作竹𪕬，似家鼠而大，毛蒼色，尾極短，目細而長，前足不分趾爪，行極遲鈍。」

這首詩大意是：有人送我一隻竹鼠，說是從路邊輕易得來，連網都不用下。這竹鼠比皮製的口袋還圓潤滑溜，混沌（神話中獸名）跟牠比太瘠瘦。這傢伙雖有兩顆大牙，四個爪足卻僅粗具模樣。一遇到人，牠就驚倒顛撲在地，像個剛出襁褓的嬰兒。看牠這呆萌的樣子，哪忍心揮起刀刃？看牠這倉皇就擒的樣子，怎忍心吃牠的肉？聽說南山有頭孤熊，還是去抓來吃熊掌吧！

竹鼠是哺乳綱齧齒目鼴形鼠科，中國境內的竹鼠一共有五種，包括中華竹鼠、銀星竹鼠（又叫花白竹鼠）、大竹鼠、暗褐竹鼠和小竹鼠。竹鼠雖然帶個鼠字，但與人人喊打的老鼠只是遠房親戚，牠們同目不同科。竹鼠又別名芒狸、竹狸。

與翻垃圾、偷糧食、鑽下水道、髒兮兮又傳播疾病的老鼠不同，竹鼠生活在南方清幽的竹林裡，吃的是竹根、竹筍或其他植物的地下根莖等「高級」食物；老鼠一般只有幾十公克，最多幾百克，太小，沒什麼吃法，而竹鼠的平均體重能達二至四公斤，體長在三十至四十公分，跟家兔的體型差不多，肉多骨少。竹鼠不論紅燒還是燒烤、燉湯還是煮火鍋，都十分美味。竹鼠肉沒有腥膻氣味、肉質細膩鮮美，和兔肉一樣，屬於低脂肪、低膽固醇、高蛋白質的肉類，「天上斑鳩，地下竹鼬」，竹鼠的美味和營養價值，歷來為人所稱道。

中國人吃竹鼠，至少有六千年歷史，考古學家在半坡遺址[7]發現了大量竹鼠骨頭，這些骨頭大都是碎的，說明這些竹鼠是被人吃過的。

---

5 三年來去如此頻繁，難道就沒有一點思鄉之情嗎？
6 種樹、修池，這些事也讓我忙碌不已。現在隨便欣賞一下。
7 位於陝西西安半坡村，距今約六千五百五十年至六千八百二十年前。

反映周代貴族生活的《儀禮》記載，能吃上竹鼠肉的必須是三鼎[8]以上。當時竹鼠肉叫「璞肉」。漢代揚雄〈蜀都賦〉中所列珍饈「春兔秋鼠」中的秋鼠，應該也是竹鼠。唐代張鷟的《朝野僉載》記載「嶺南僚民，好為蜜唧」，蜜唧是以蜜飼的鼠，敢吃的廣東人民早就發現了竹鼠這種美味。蘇軾生活的時代，人們也是吃竹鼠的，所以才有「野人獻竹鼩」。那麼，蘇軾吃竹鼠嗎？

詩中說「就禽太倉卒，羞愧不能饗」，為什麼會羞愧？先看「就禽太倉卒」，有人將此解釋為蘇軾此行太倉促，所以沒來得及享用竹鼠肉，並深以為憾，這是錯誤的。倉卒亦作「倉猝」，意即匆忙急迫，或指非常事變，說的是萌萌呆呆的竹鼠被抓得太突然，有點勝之不武，所以才「羞愧不能饗」。而蘇軾想表達的重點在「南山有孤熊，擇獸行舐掌」：吃個呆萌、惶恐就擒的小竹鼠算什麼？獵殺野熊吃熊掌才算真本事！**蘇軾想借此表達對欺善怕惡、挑軟柿子吃、避重就輕之流的不屑**，順便對上級陳希亮說：你欺負我這個老實人算什麼本事？有種你去惹朝廷裡的大官！寫這首詩時，蘇軾和陳希亮的關係還很僵，至於是否吃竹鼠，不是他想表達的主題。

蘇軾將這首詩寄給了弟弟蘇轍，蘇轍依韻和了詩〈次韻子瞻竹鼩〉：

野食不穿囷，溪飲不盜盎。嗟鼩獨何罪，膏血自為罔。
陰陽造百物，偏此愚不爽。肥痴與瘦黠，稟受不相仿。
王孫處深谷，小若兒在繈。超騰避彈射，將中還復往。
一朝受羈絏，冠帶相賓饗。愚死智亦擒，臨食抵吾掌。

蘇轍說，竹鼠不鑽穀倉、不偷嘴，牠有何罪？倉皇的竹鼠像小嬰兒，處在磨難中的王孫不也是如在襁褓中的嬰兒嗎？竹鼠啊，即便會蹦跳幾下，也逃不出獵人的手掌心，一旦被抓住，衣冠楚楚的人們可不會放過大快朵頤的機會。

蘇轍在感嘆這個弱肉強食的世界，不論愚蠢的還是有智慧的，都抵擋不住更強大的力量。蘇轍此詩似乎在勸蘇軾：竹鼠愚蠢才遭此厄運，你是個有智慧的人，與陳希亮鬥爭不會有好結果，是不是該改變策略？

圍繞著竹鼠，兩兄弟各抒己見，表達了他們處世的觀念：蘇軾不畏強權、敢於戰鬥，充滿鬥爭精神，結果傷痕累累；蘇轍比蘇軾好些，知道弱不敵強、須審時度勢，但奈何他是蘇軾的弟弟，結果也是一榮俱榮，一損俱損。

從這首詩中，我們似乎可以看到，蘇軾的命運早已被「安排」好了，而安排他命運的，就是他的性格和價值觀。

8 按當時規定，天子用九鼎、諸侯七鼎、卿大夫五鼎、士三鼎。

4 我的才華豈能只當個小官

蘇軾在鳳翔時期寫的詩，基本上都是作好後第一時間寄給蘇轍，除了上一節的〈竹𩡧〉，蘇轍也和了一首〈次韻子瞻渼陂魚〉：

渼陂霜落魚可掩，枯芡破盤蒲折劍。巨斧敲冰已暗知，長叉刺浪那容閃。
鯨孫蛟子誰復惜，朱鬣金鱗漫如染。邂逅相遭已失津，偶然一掉猶思塹。
嗟君遊宦久羊炙，有似遠行安野店。得魚未熟口流涎，豈有哀矜自欺僭。
人生飽足百事已，美味那令一朝欠。少年勿笑貪七箸，老病行看費針砭。
羊生懸骨空自飢，伯夷食菜有不贍。清名驚世不益身，何異飲醯徒醅釅。

最懂蘇軾的，當然是弟弟蘇轍了，兩人一起長大、一起參加科舉考試，踏入仕途之前，兩人所受的教育和經歷一模一樣，政治理念一致。但兩兄弟的人生道路有很大不同，畢竟決定人一生的，除了家庭背景、教育、觀念，還有性格和那不可捉摸的命運。

蘇軾心直口快、勇往直前的性格，必然導致命運多舛；蘇轍沒那麼激昂，生活自然也安穩很多，儘管他一生也多次遭貶，但更多是因為他是蘇軾的弟弟而受到牽連。

蘇轍和蘇軾一起參加制科考試，蘇軾拿下宋代史上最佳的三等，而蘇轍所寫文章卻飽受爭議。初考官胡宿認為蘇轍出言不遜，不應錄取，而覆考官司馬光則認為其對策極言盡諫、語甚切直，應定為三等。司馬光與另一名覆考官范鎮商量，范鎮主張降等錄取，另一初考官蔡襄則不發表意見。事情鬧到宋仁宗那裡，又經過一番覆議，還是統一不了意見，最終由宋仁宗拍板，定為四等[9]。

蘇轍的考試有爭議，職位也不是很順利。一番爭論後，蘇轍授祕書省校書郎、充商州軍事推官，前者是官職，後者是工作崗位，從八品，但這個任命被王安石攔住了。此時的王安石，為翰林院知制誥，負責起草官員任命文書，居然拒絕撰寫蘇轍的任命文件。

這件事耽擱了一段時間，最後蘇轍以在京陪父親為由，請求留京。當了幾年閒官的蘇轍跟父親學起《易經》，蘇軾寄詩安慰他「遠別不知官爵好，思歸苦覺歲年長」，說商州「夷音僅可通名姓，癭俗無由辨頸腮。答策不堪宜落此，上書求免亦何哉！」而「策曾忤世人嫌汝，《易》可忘憂家有師」，指的就是這件事（〈病中聞子由得告不赴商州〉三首）。

蘇轍回贈蘇軾的〈渼陂魚〉，是對蘇軾的理解，也是寬慰。「得魚未熟口流涎，豈有哀矜自欺僭。人生飽足百事已，美味那令一朝欠」，意為有好吃的就吃吧，別有太多的感慨和哀怨了。

與上級陳希亮的關係變得緩和後，蘇軾心境大為不同，反映在以下這首狩獵野味的詩裡，詩名

---

9 宋代制科考試先由兩名初考官初評等第，再由兩名覆考官覆考。若初考及覆考等第相同則確定，如不同則由兩名詳定官擇一定等。由於蘇轍文章爭議過大，遲遲無法定案，最終破例由仁宗定奪。由於有糊名，此時眾人尚不知試卷為蘇轍所寫。

為〈司竹監燒葦園因召都巡檢柴貽勖左藏以其徒會獵園下〉：

> 官園刈葦留枯槎，深冬放火如紅霞。枯槎燒盡有根在，春雨一洗皆萌芽。
> 黄狐老兔最狡捷，賣侮百獸常矜誇。年年此厄竟不悟，但愛蒙密爭來家。
> 風回焰卷毛尾熱，欲出已被蒼鷹遮。野人來言此最樂，徒手曉出歸滿車。
> 巡邊將軍在近邑，呼來颯颯從矛叉。戍兵久閒可小試，戰鼓雖凍猶堪撾。
> 雄心欲搏南澗虎，陣勢頗學常山蛇。霜乾火烈聲爆野，飛走無路號且呀。
> 迎人截來砉逢箭，避犬逸去窮投罝。擊鮮走馬殊未厭，但恐落日催棲鴉。
> 弊旗僕鼓坐數獲，鞍掛雉兔肩分麞。主人置酒聚狂客，紛紛醉語晚更譁。
> 燎毛燔肉不暇割，飲啖直欲追羲媧。青丘雲夢古所吒，與此何啻百倍加。
> 苦遭諫疏說夷羿，又被賦客嘲淫奢。豈如閒官走山邑，放曠不與趨朝衙。
> 農工已畢歲雲暮，車騎雖少賓殊佳。酒酣上馬去不告，獵獵霜風吹帽斜。

司竹監是唐代時就已設立的官署，專門負責皇宮內的竹、葦種植養護，以及供給簾篚之類的竹製物品，宋隨唐制，鳳翔府也弄了個「竹葦場」。每年冬天，收割完蘆葦，留下的枯枝必須燒了，第二年才會長得更好。而蘆葦場裡藏著的各種野味，此時四處逃竄，正是獵殺的好機會。

全詩分三段，第一段為前十二句，首四句寫燒葦，次四句寫各種野味，預作悼嘆之文，末四句寫狩獵，此三層如山澗中流水緩緩道來；第二段共十八句，寫的是狩獵的場面和吃野味的樂趣，蘇軾參與其中且身手不凡。蘇轍在〈和子瞻司竹監燒葦園因獵園下〉說：「吾兄善射久無敵，是日斂手稱不能。憑鞍縱馬聊自適，酒後醉語誰能應。」第三段最後十句以餘波收尾，蘇軾說「酒酣上馬去不告，獵獵霜風吹帽斜」。自己吃飽喝足了，上馬就走，也不告訴別人，寒風把帽子都吹歪了他也不管，瀟灑吧？

這頓野味，蘇軾是徹底吃開了。詩中說「鞍掛雉兔肩分麑」，雉是野雞、兔指兔子、麑是公鹿；「黃狐老兔最狡捷」，看來還有狐狸。做法是什麼？「燎毛燔肉不暇割」，就是先用開水燙後去毛，然後整隻直接燒烤，把肉扯下來大塊吃，連割小塊都覺得多餘，真夠豪邁！

蘇軾寫美食，不會單純為了美食而寫，他有想表達的心情：「苦遭諫疏說夷羿，又被賦客嘲淫奢。豈如閒官走山邑，放曠不與趨朝衙。」說的是國君狩獵。歷來此事經常被拿來說嘴，比如齊王也喜歡狩獵，就被西漢司馬相如的〈上林賦〉說成驕奢淫逸，「賦客」就是指司馬相如。

再看看夷羿，傳說中的夷羿就是夏代的后羿，有窮氏首領，篡奪夏國王位且在位八年。當時，夏啟的兒子太康耽於遊樂田獵、不理政事，有窮氏首領羿趁夏國統治力量衰弱的時機發難，驅逐了太康。太康死後，羿立太康之弟仲康為夏王，實權則操縱於后羿之手。仲康死後，其子相繼位，后羿又驅逐了相，自己當起國君，這在史書上被稱為太康失國、后羿代夏。但后羿只顧四處打獵，將政事交於寒浞打理，後為寒浞所殺。

蘇軾從這次狩獵想到同樣是喜歡狩獵的后羿和齊王，說他們哪有自己這閒官瀟灑自如，於是心情大好。但說自己是閒官，也是對自己目前處境的不滿：我此等才華，怎麼能只在鳳翔這個地方當個小官？

蘇軾的牢騷來自工作，不過這次與陳希亮無關。在這次狩獵之前，治平元年（一〇六四年）八月，西夏大舉犯邊，入寇靜邊寨、圍童家堡，朝廷調集大軍應對。鳳翔為邊軍的糧草供應中心，蘇軾日夜忙於「飛芻挽粟，西赴邊陲」（〈鳳翔到任謝政啟〉），疲憊不堪，哪裡是閒官？

朝廷一陣胡亂指揮後，幸好北宋詔端明殿大學士王素再知渭州。老將重來，士氣大振，西夏也趕緊撤兵。蘇軾見宰相韓琦應對失據，只知將任務丟到陝西人民頭上，即便司馬光反對也無效，身為下層官員的他，一點辦法也沒有。所以，閒官暗指自己只能執行錯誤命令，幹不了正確的事。

幸好西夏最終撤兵，而這次吃野味之後，當年十二月十七日，蘇軾在鳳翔三年任期屆滿。宋代有磨勘[10]之法，資歷三年一遷，蘇軾從將仕郎大理寺評事升官為殿中丞。這個職位掌奉天子玉食、醫藥、服御、幄帟（帷幕）、輿輦（人力車）、舍次（臨時住宿）之政，然而實際上有官無職，真正的工作崗位還是得等回京後安排。

當了三年的基層，蘇軾積累了豐富的經驗，帶著對老父親和弟弟的思念，終於回到京師。

10 登記官員的考課情況，比如政績、功過、保舉情況、保舉人姓名等。

第四章

動盪政局中的堅守與取捨

1 心情好就是要喝酒

治平二年（一〇六五年）早春二月，三十歲的蘇軾抵達京師開封。殿中丞是一個八品的職位，而蘇軾最初被安排在判登聞鼓院。自唐代起，**為了方便臣民申冤，或者進獻奇珍異寶等，宮門外豎立了一面大鼓，名曰登聞鼓**。只要你敲了這面鼓，登聞鼓院就會直接呈報給皇帝。

讓一個大才子去處理這些雞毛蒜皮的事，連皇帝宋英宗都覺得不合適。英宗還是藩王時，就已聽聞蘇軾的大名，於是他想任命蘇軾為知制誥，這是一個極有前途的職位——皇帝的首席祕書兼筆桿，很多宰相都做過這個職位（如先前提到的王安石）。

宋代的制度，皇權受相權制約，宋英宗這一提議遭到宰相韓琦反對，理由是蘇軾雖是大才，但突然間擔任如此要職，恐怕人心不服。宋英宗退而求其次，想安排蘇軾負責修起居注[1]的工作，但也遭到反對。

為了說服眾人，宋英宗安排蘇軾再考，最終蘇軾拿到最高的三等，進入史館工作，職稱為**殿中丞直史館。這個職位不錯，負責修史和整理書籍，古時是文人的象徵，隨時有機會被重用**。

蘇軾回京後，兄弟兩人終於團聚，可惜時間不長。由於蘇軾回京，蘇轍無法再以陪老父親為由，拒絕到地方任職，三月時蘇轍被任命為大名府推官。大名府是現在的北京、河北一帶，推官負責司法工作，屬於知府的幕僚。

這時，有一個叫蘇自之的人寄了幾瓶酒給蘇軾，蘇軾寫了一首詩表示感謝，詩題為〈謝蘇自之惠酒〉：

高士例須憐曲蘖，此語嘗聞退之說。我今有說殆不然，曲蘖未必高士憐。
醉者墜車莊生言，全酒未若全於天。達人本自不虧缺，何暇更求全處全。
景山沉迷阮籍傲，畢卓盜竊劉伶顛。貪狂嗜怪無足取，世俗喜異矜其賢。
杜陵詩客尤可笑，羅列八子參群仙。流涎露頂置不說，為問底處能逃禪。
我今不飲非不飲，心月皎皎長孤圓。有時客至亦為酌，琴雖未去聊忘弦。
吾宗先生有深意，百里雙罌遠將寄。且言不飲固亦高，舉世皆同吾獨異。
不如同異兩俱冥，得鹿亡羊等嬉戲。決須飲此勿復辭，何用區區較醒醉。

蘇軾喜歡喝酒，但酒量不大，他不追求醉酒，更不是酒鬼。在這首詩裡，他先是對韓愈說文人雅士都愛飲酒的說法提出異議，他認為天下文人雅士各有所愛，未必都愛酒，順便把史上愛喝酒的名人都批評了一遍：徐邈違禁令喝酒、阮籍醉臥六十天不醒、畢卓身為吏部郎偷酒喝被吏卒抓到且被捆起來、劉伶要酒不要命。這些人都是怪人，而世人喜歡獵奇的故事，於是記住了他們，主要是

1 史書的一種形式，按時記錄皇帝每日的言行。

憐憫他們的賢能不被任用。杜甫的〈飲中八仙歌〉，把長安城中八位酒鬼說成八仙，這也很可笑：汝陽王李璡在路上遇到運酒車，口水當眾流了出來，多麼丟人啊！蘇晉貪杯不守戒律，那是為了逃禪，沒什麼可稱道的！

蘇軾是批評過度飲酒的行為，而不是反對喝酒：我今天不喝酒，不等於我就是個滴酒不沾的人，有時客人來了，也會陪著喝兩杯。這讓我想起了陶淵明，他不懂音樂，但收藏著一張素琴，連弦和琴徽都沒有。每次和好友歡聚飲酒，就會「撫而和之」，還說「但識琴中趣，何勞弦上聲」。

接著，蘇軾感謝了蘇自之一番，說不喝酒看似是高尚的行為，但自己這樣與眾不同也不好，既然你的酒寄來了，不如與大家一樣，向《列子．周穆王》裡獵到鹿卻以為是在做夢的鄭人學習，把喝酒當成一場遊戲，反正喝醉了也沒什麼大不了。

蘇軾一開始一本正經的批評了歷史上眾多酒鬼，可最後話鋒一轉，又說喝醉了也沒什麼大不了，可見他對喝酒這事不是持特別較真的態度。清代才子紀曉嵐讀這詩時說：「一路莊論，幾無轉身之地，忽化出此意作結，可謂辯才無礙。」蘇軾的辯才自然不用多說，但為什麼前後態度會有如此轉變？蘇軾這是在說：蘇自之啊，我本來是反對喝酒的，就是因為你送酒給我，我也變成贊成喝酒的了！不得不說，蘇軾感謝人的方法真有一套，蘇自之看了之後多半會覺得很有意思，時不時的送酒給他。

此時的蘇軾，可謂人生得意。宋代設集賢院、史館和昭文館，掌管典籍圖書，與今日不同，當時在這些地方工作的都是名流，是一些在皇帝身邊的「儲備幹部」，隨時可能被重用。他這首酒詩，正是心情極好的證明。

在〈夜直祕閣呈王敏甫〉一詩中，他更不經意的透露出些許滿意：

蓬瀛宮闕隔埃氛，帝樂天香似許聞。瓦弄寒蟾鶯臥月，樓生晴靄鳳盤雲。
共誰交臂論今古，只有閒心對此君。大隱本來無境界，北山猿鶴謾移文。

然而命運總愛開蘇軾玩笑，就在蘇軾進入仕途的「快車道」時，當年五月二十八日，**夫人王弗去世，年僅二十七歲，兒子還不滿七歲，兩人的婚姻生活只有短短十年**。蘇軾對王弗敬愛，念念不忘。十年後，他在密州任上夢見妻子，作了那首著名的〈江城子〉：

十年生死兩茫茫，不思量，自難忘。
千里孤墳，無處話淒涼。縱使相逢應不識，塵滿面，鬢如霜。
夜來幽夢忽還鄉，小軒窗，正梳妝。
相顧無言，唯有淚千行。料得年年腸斷處，明月夜，短松岡。

屋漏偏逢連夜雨，十一個月後，治平三年四月二十五日，父親蘇洵因病去世，享年五十八歲；六月，兄弟兩人扶護父親的靈櫬和王弗夫人柩，回到眉山老家。從治平二年二月回京，到隔年六月離京，蘇軾只待了一年四個月，又必須丁憂三年。順利的再次開局後，又一次被迫按下暫停鍵，等他再回來時，政局已全然不同。

2 曾鞏吃得到，我卻吃不到

治平三年（一〇六六年）六月，蘇軾和蘇轍護喪還鄉，遵禮在家守制，直到熙寧元年（一〇六八年）七月除喪。十月，蘇軾續娶王弗夫人的堂妹王閏之為繼室。十二月，蘇軾、蘇轍兩兄弟再攜家還京，於次年二月抵達汴京。此時蘇軾三十四歲，而朝廷相比於他上次離京時，已完全變了天。

十分欣賞蘇軾的英宗皇帝在治平四年正月去世，當時蘇軾還在眉州丁憂。繼位的神宗立志富國強兵，希望一改年年捐獻金帛給北遼、西夏的局面，任用王安石實施變法。**整個行政中樞只有王安石一人唱獨角戲**，時人說中書省裡有「生老病死苦」之分：安石生，公亮老，富弼病，唐介死，趙抃苦[2]。

王安石向來不喜歡蘇軾、蘇轍兩兄弟，除了崇尚學派不同，個性不合也是原因之一。

蘇軾是史學派，王安石是經學派；蘇軾愛開玩笑，王安石不苟言笑；在王安石眼裡，蘇軾是「學歪」了，不堪大任，而在蘇軾眼裡，王安石是個固執且自視過高的人，不值得欣賞。這兩位才華過人的人傑同朝為官，註定發生一場大戰。

蘇軾回到汴京時，王安石任右諫議大夫、參知政事，位居副相之位。王安石得宋神宗信任，而中書省裡其他人為求自保，都保持沉默，簡直隻手遮天。

有王安石在，蘇家兩兄弟沒什麼施展長才的機會，但蘇轍運氣好一點，上疏時「除冗官、冗兵、冗費」的觀點被宋神宗看到，神宗親筆批示：「詳觀疏意，知轍潛心當世之務，頗得其要，鬱於下僚，使無所伸，誠亦可惜。」用現在的話說就是：這人有水準、可靠！原來的官太小，沒有發揮的舞臺，實在可惜了！

求賢若渴的神宗立即召見蘇轍，親自任命他為三司條例司[3]的檢詳官。當時的朝政重心集中於三司條例司，而這個位置是負責監察。這麼突然的安排，即便王安石想不同意也沒機會。

王安石也安排了不少親信在三司條例司，包括他的智庫兼執筆呂惠卿、蘇軾的同年兼好友章惇，還有新政派的理論家曾布[4]。

蘇軾則沒有那麼幸運，他離京前的職位是殿中丞直史館，這次保留相同職務，工作崗位卻遷移官告院。這個機構隸屬於吏部，掌管官吏和將士的勳封、官告等事務，沒以前職位重要，是一個虛職，只是方便官府發工資。蘇軾被「閒置」了。

閒置並不一定是壞事，王安石當權，順我者昌，那些反對變法的，都被他趕出朝廷或主動要求外任地方。

2 銳意進取的王安石、老邁不理政事的曾公亮、長期稱病的富弼、早早去世的唐介，以及能力不及而時常叫苦的趙抃。
3 統領三司（戶部司、度支司、鹽鐵司）財政和審核國家一年預算的機構。
4 唐宋八大家之一曾鞏的弟弟，但兩兄弟政治理念完全不同。

變法將國家企業化

我們先花點時間，心平氣和的看王安石變法和當時背景。**宋太祖趙匡胤靠政變立國，之前的唐代和五代，各方軍事割據勢力左右著國家的命運，內憂才是主要隱患**。因此，**宋太祖立國時重文輕武**，「自廢武功」。

經過一百多年，內憂是消除了，外患卻冒了出來，北遼和西夏等遊牧民族屢次入侵，自廢武功的大宋當然打不過。在冷兵器時代，北方遊牧民族騎著馬衝鋒陷陣，大宋的步兵宛如刀俎魚肉。大宋雖然也有騎兵，但馬匹的速度和耐力根本不同在一個水準上，幾乎每戰必敗。既然打不過，那就談判吧，割地、納貢的成本比戰爭的成本低，而花費這些成本導致國庫空虛、人民稅負極重。北宋仁宗時期的稅賦，已經是唐代繁榮時期的四倍多。

王安石給宋神宗開出的藥方是一套「組合拳」，政策配套追責手段，以結果為導向。

一些改革措施在最初設計時，想法不錯，但執行時完全走樣。比如**青苗法**，**是發放貸款給農民**，國家收二〇%利息，一年兩次，共四〇%。這比市場上的利息低，貌似一舉兩得，但不論農民需不需要，都強制借貸。有些地方連一般的城市居民都需要分擔貸款。

均輸法「從貴就賤、用近易遠」，東西便宜的時候由官府收購，高價的時候則放出來，由官府出面調節物資、平抑物價，官府也能從中賺上一筆。但執行時卻變成幾乎所有商品都被官府壟斷，商賈不得利、物價沒能下降，且民間的利益全歸到官府手裡，市場一片蕭條。

免役法則從民戶分等服徭役[5]**，改為按家庭財富多寡出錢，另外由政府請人**，從中賺取價差。

實施後卻變成官府敲詐百姓的新方式，沒有判斷財力的方法，即便沒錢也必須按官府認定的比例交錢，否則就要坐牢，讓窮百姓難以生活。

保甲法本意是寓兵於民，各地農村住戶每十家（後改為五家）組成一保，五保為一大保，十大保為一都保。凡家中有兩丁以上，必須出一人為保丁。農閒時會集合各家保丁軍訓，夜間輪差巡查，維持治安。使各地壯丁接受軍訓，能在必要時輔助正規軍，節省國家的大量軍費，以及建立嚴密的治安網。但執行起來卻因為壯年勞動力被抽去訓練，妨礙農業生產。武器甚至得由人民向官府購買，價格高昂。且五日一練，這種民兵組織在打仗時除了虛張聲勢，又能派上什麼用場？

王安石的理念很好，一些政策也確實改革流弊，可效果卻不如人意，這主要是制度的設計方向以增加國庫收入為主，導致官府與民爭利。尚處於農業社會的宋代，官府不擴大開墾面積，提高生產力與積極生產，而是將自己變成一個「國營企業」，直接參與市場交易，必然導致國富民窮。

上層決定指標、完成期限，卻不問過程、只看結果、層層追責，這就導致**政策在執行環節走樣，違背制度設計的初衷**。

王安石剛愎自用、固執的性格，聽不進任何規勸和反對意見，使得「忠厚老成者，擯之為無能；俠少儇辯者，取之為有用；守道憂國者，謂之流俗；敗常害民者，謂之通變」。眾多大臣遭貶斥，王安石的身邊僅剩一群小人。

5 似今日募兵制。

俗話說「宰相肚裡能撐船」，但王安石沒有容人之量。不要說反對新政，只要對新政議論幾句，都會被王安石趕出朝廷。在這種情況下，與王安石理念不一的大小臣工紛紛離京：御史中丞呂誨出知鄧州，范仲淹次子知諫院范純仁和侍御史劉述、劉琦、錢顗也離京，蘇轍轉任河南府留守推官，富弼退休，張方平出知陳州，參知政事趙抃出知杭州，呂公著貶知潁州；審官院[6]的孫覺、宋敏求、蘇頌、李大臨，監察御史裏行（見習官吏）程顥、張戩，右正言李常，言官薛昌朝、林旦、蔣育等人都被趕出京城。

面對這萬馬齊瘖的局面，蘇軾忍不住了，錢藻出守婺州、劉攽貶為泰州通判時，他都作詩表達對新政的不滿。

歐陽修門下的大弟子曾鞏外任越州通判，蘇軾想到王安石正是由曾鞏介紹給歐陽修的，甚至可以說**沒有歐陽修的舉薦，就沒有今日的王安石；而王安石的得力助手呂惠卿，也是歐陽修介紹給王安石的**。求才若渴的歐陽修，門下魚龍混雜，最終甚至為弟子所害[7]。曾鞏如今被貶，多少有點打臉自己。凡此種種，蘇軾寫了一首〈送曾子固倅越得燕字〉：

醉翁門下士，雜遝難為賢。曾子獨超軼，孤芳陋群妍。
昔從南方來，與翁兩聯翩。翁今自憔悴，子去亦宜然。
賈誼窮適楚，樂生老思燕。那因江鱠美，遽厭天庖羶。
但苦世論隘，聒耳如蜩蟬。安得萬頃池，養此橫海鱣。

宋代文人聚在一起賦詩，會先抽籤決定韻腳，蘇軾抽到「燕」字，所以詩名有了「得燕字」，「倅越」則意為到越州擔任副職。

全詩大意是：歐陽修門下學生紛雜繁多，當然難以做到每個人都是賢能，你曾鞏卻高超、不同凡俗，就如一片美麗花海裡最芬芳的一朵。我當年從南方來到京城時，歐陽修和你同在館閣。如今，歐陽修屢屢受挫，你被趕去越州當副職，也好不到哪去。當年賈誼因遭詆毀而出任長沙王太傅、樂毅老了也是想著回燕地，人到哪裡都要過日子，哪會因為江裡的魚膾味道太美，而抱怨天帝的庖廚滿是膻味？只是朝廷胸襟褊狹，無容人之量，聒噪如蜩蟬之鳴。這班人是在亂來！你曾鞏是個大才，去哪裡找一個萬頃的池子，才能養得了你這條橫躺著都與海一樣大的鱘鰉魚？

「那因江鱠美，遽厭天庖膻。」鱠，指的是生魚片。宋代流行吃生魚片，蘇軾而後也曾為此作詩。**用江鱠之美對比天庖之膻，矛頭直指執政者**，厭惡之心昭然若揭。「但苦世論隘，聒耳如蜩蟬」則更是將對王安石之流固執己見的憎惡道出，就差指名道姓了。

這首詩具有鮮明的政治意味，所以在後來的烏臺詩案中，被列為蘇軾的罪證之一。蘇軾也如實交代了他的寫作動機：「譏諷近日朝廷進用多刻薄之人，議論偏隘，聒喧如蜩蟬之鳴，不足聽也。」（出自朋九萬《東坡烏臺詩案》）曾鞏也因收到這樣的贈詩沒有及時主動上報，案發後受到

6 負責考覆功過，定升降。

7 歐陽修曾被誣陷與外人有染。

責罰。這頓江膾的代價有夠大的，而且只是說說，並沒有吃到。

皇帝親見，還是八品

蘇軾太能說，也太能寫，因此王安石堅決不讓他有機會接近宋神宗。蘇轍外放時，宋神宗想重新任用蘇軾，但被王安石否決了。後來，王安石主張科舉改制，罷廢《春秋》與《儀禮》等明經科，宋神宗沒有把握，詔令兩制、兩省、待制[8]、御史、三司、三館雜議，徵求意見。蘇軾上疏〈議學校貢舉狀〉，神宗看到後即日召見，並讓蘇軾就政令得失發表意見。

蘇軾趁機指出，神宗「求治太急，聽言太廣，進人太銳」，這讓神宗為之動容，並表示會認真考慮。神宗這次見了蘇軾，有意起用蘇軾為修起居注，以便經常見到蘇軾，但王安石堅決反對，給蘇軾安排了太常博士（主管禮儀），「權開封府推官」。

太常博士也是八品，是蘇軾的本官，職務是開封府推官，但八品官一般做不了這個位置，所以加了個「權」字，指暫時代理，有待考察。這讓他忙於繁雜無比的行政事務，稍微遠離政治中心。

明哲保身這套人生哲學，蘇軾當然知道，好朋友劉攽上書反對新法後被貶為泰州通判，蘇軾就作送行詩相送：「君不見，阮嗣宗，臧否不掛口。莫誇舌在齒牙牢，是中唯可飲醇酒。」（〈送劉攽倅海陵〉）他在勸劉攽少說話、多喝酒。可是，面對這種局面，他自己也忍不住。

熙寧四年二月，蘇軾為民請命，進近九千字的〈上神宗皇帝書〉；三月又進〈再上皇帝書〉，全面討伐王安石新政，坦言「今日之政，小用則小敗，大用則大敗，若力行不已，則亂亡隨之」。

蘇軾火力太猛，且此時他在開封府任職，新黨無法把他趕往其他地方，便想辦法安了一個罪名。工部郎中兼侍御史知雜事謝景溫——他的妹妹嫁給了王安石的弟弟王安禮，是王安石的一名幹將，奏劾蘇軾丁父憂、扶喪歸蜀時，沿途假差事借兵卒，並於所乘舟中販運私鹽、蘇木和瓷器。

此案一開始聲勢嚴厲，先是逮捕當時的篙工水師，又對行經州縣的兵夫舵工進行偵訊，還找來當時途中相遇的天章閣待制李時中，要他做偽證。幸好李時中實事求是，當時還在朝的范鎮、司馬光也為蘇軾辯誣，最後查無實據，此事才暫告一段落。

新黨認定蘇軾是舊黨的狗頭軍師，誓言要將他趕出京師。蘇軾從這一誣陷案中看到了巨大的風險，又看到范鎮申請退休獲批，司馬光也回到洛陽、從此不談時事。局面至此已無可挽回，於是他也上書乞請外調。

神宗還是欣賞蘇軾的，於是批示「與知州差遣」，但王安石不同意，想讓他到潁州任通判，當個副職。神宗想了想，決定給蘇軾一個好一點的地方，最終批示「通判杭州」。

熙寧四年七月，三十六歲的蘇軾攜一家老小乘舟離開汴京，到杭州赴任，這次他不用羨慕曾鞏可以吃到江膾了，杭州好吃的東西更多！

8 等待詔命之官員。

3 風浪太大，那就回頭吧

宋代的交通不算便利，因此對文官到地方上任的時間很寬容。**蘇軾從汴京赴杭州期間，四處探親訪友，一路「摸魚」，居然走了四個多月才到杭州。**

雖逃過謝景溫誣告一關，但王安石屢在御前詆毀蘇軾不是個純正的士人，有缺私德，蘇軾能夠以八品官身分出任杭州通判，這與神宗對蘇軾的賞識脫離不了關係。

朝中老臣們和反對新法的朋友一個個離京，這令蘇軾十分鬱悶和難受，〈送呂希道知和州〉中說：「年年送人作太守，坐受塵土堆胸腸。」送劉恕出監南康軍酒時說：「交朋翩翩去略盡，唯我與子猶彷徨。」**蘇軾甚至羨慕他們**，為錢藻送行時，他說：「子行得所願，愴悢居者情。」

現在輪到他出京了，他帶上妻兒老小，和搭順風船一同去杭州的親戚乘舟出都，先到陳州（今河南周口市），拜謁張方平，也與在張方平身邊做學官的蘇轍聚首。在船上，蘇軾做了八首小詩，詩題全名為〈出都來陳，所乘船上有題小詩八首，不知何人有感餘心者，聊為和之〉，其二寫道：

> 鳥樂忘罝罘，魚樂忘鉤餌。何必擇所安，滔滔天下是。

剛逃出政敵織的羅網，一出汴京，蘇軾覺得換了天地，一心想求個安身之處，天下到處都可以，應該不難。然而，蘇軾想得有些簡單，往後的日子並不容易。

張方平在陳州過得並不順心，他的部屬都被換成新黨的新進後生。道不同不相為謀，張方平乾脆向朝廷請示，希望能在南京留守告老，蘇軾作〈送張安道赴南都留臺〉：「我亦世味薄，因循鬢生絲。出處良細事，從公當有時。」

此時的蘇軾方才三十六歲，已有步張方平後塵致仕的想法，**出世和入世這兩種矛盾的想法，一直在蘇軾心裡並存**。離別之際，張方平作詩〈送蘇學士錢塘監郡〉：「趣時貴近君獨遠，此情於世何所希。車馬塵中久已倦，湖山勝處即為歸。洞庭霜天柑橘熟，松江秋水鱸魚肥。地鄰滄海莫東望，且作阮公離是非。」張方平勸蘇軾遠離是非、避禍，多賞湖光山色，飽嘗柑橘、鱸魚等美食，別再問政事，可惜蘇軾做不到。

蘇軾在弟弟的陳州家中住了七十多天，到了九月，兄弟相偕同往潁州（今安徽阜陽市）。他們的老師歐陽修退休後就住在這裡，兩兄弟在歐陽修家住了二十天。

歐陽修文章風節，負天下重望，桃李滿天下，但也不乏「爛桃爛李」。前文提到蘇軾送曾鞏去越州時說：「醉翁門下士，雜遝難為賢。」指的是王安石和呂惠卿，而害慘歐陽修的蔣之奇，也是他的門生。蔣之奇誣告歐陽修與自家的外甥女通姦，歐陽修心灰意冷，說：「某平生名節，為後生描摹殆盡。唯有速退以全節，豈能更待驅逐乎！」

歐陽修自治平四年出知亳州，後調知蔡州（今河南汝南縣），在此期間下定決心退休。蘇軾見到的歐陽修，身體狀況差到令他吃驚，面色發白、牙落，兩耳重聽、幾近失明，且患有嚴重的糖尿病，終年牙痛，自言「弱脛零丁，兀如槁木」。**蘇軾彷彿從老師身上看到了自己的未來**，在〈潁州初別子由〉二首其二中說：「悟此長太息，我生如飛蓬。多憂髮早白，不見六一翁。」

再怎麼省，也不能少了白魚

在潁州告別歐陽修和弟弟蘇轍後，蘇軾過泗州（今江蘇盱眙），進入了江蘇。從淮陰（今江蘇淮安）前往杭州時，他在洪澤鎮遇到大風，無奈返回，作了一首〈發洪澤中途遇大風復還〉：

風浪忽如此，吾行欲安歸？掛帆卻西邁，此計未為非。
洪澤三十里，安流去如飛。居民見我還，勞問亦依依。
攜酒就船賣，此意厚莫違。醒來夜已半，岸木聲向微。
明日淮陰市，白魚能許肥。我行無南北，適意乃所祈。
何勞弄澎湃，終夜搖窗扉。妻孥莫憂色，更有篋中衣。

大意是：風浪忽然大了起來，我能怎麼辦？只能往回走。洪澤鎮的居民們見我又回來了，各種噓寒問暖，拿著酒問我買不買，如此深情厚誼，不買就太過不去了。一覺醒來，夜已過半，岸上打更的聲音隱隱約約可聽見，明天淮陰市上售賣的白魚應該很肥！此行很隨意，早點或晚點都無所謂，去到哪開心就好。風浪啊，你們別鬧了，連我老婆、孩子都不懼怕你們，正在整理衣服呢！

這個吃貨半夜醒來，想起了白魚。白魚是鯉形目鮊科。這種魚適溫能力強，中國各地有河流的地方幾乎都可以看到牠的身影，大的能長到二、三十斤，而三、四斤就已經可以稱為上品。各地稱呼也多，比如翹嘴紅鮊魚、嬌魚、白鯿魚、翹嘴白、黃白魚、翹嘴、和順、拗勁、翹嘴鱊等。

白魚吃小魚小蝦，不吃藻類，所以沒有土腥味，肌間刺較多，但只要魚夠大，肌間刺也會變大，吃起來並不麻煩。在捕撈技術有限的古代，海魚並不多見，而**淡水魚中，白魚就已經是上品**。

段成式在《酉陽雜俎》中說了個故事：「何胤侈於味，食必方丈。後稍欲去其甚者，猶食白魚。」當著大官「侈於味」的何胤，在吃吃喝喝方面很講究，每餐飯菜都擺一大桌，「食必方丈」。即便要歸隱了、節約一下，各方面能省就省，就是不能少了白魚，可見白魚之高貴。

北魏賈思勰在《齊民要術》炙法一節中，詳細記載了用白魚製作餅炙和釀炙[9]的烹飪方法。

在北宋，白魚到處都有，公認以淮之白魚為佳，通常做法是糟淮白魚：把白魚用酒糟、鹽等調料醃製起來，入壇封固，放置於陰涼處。可以長期保存，食時取出烹飪。

北宋邵伯溫《邵氏聞見錄》記載了一個故事：北宋時期，呂夷簡任宰相期間，有一天他的夫人馬氏去宮中為皇后賀節。皇后問她：「上好食糟淮白魚，祖宗舊制，不得取食味於四方，無從可致。相公家壽州，當有之。」[10]馬夫人回答：「有。」並立即回家去拿。

9 「白魚長二尺，淨治，勿破腹。洗之竟，破背，以鹽之。」魚去鱗洗淨後，以刀破背，取出內臟。再用剁碎的幼鴨肉，以薑、葱、豉汁等調味，先煮熟，後釀魚，再穿籤掃汁燒炙。

10 宋仁宗喜歡吃白魚，但朝廷規定王公貴族不得向地方索要特產或美食。

馬夫人在家中找出十盒糟白魚，準備將這些糟白魚全部送到宮中。呂夷簡制止她：「皇家一條糟白魚都沒有，而我家卻有這麼多，比天子還多，這還得了！」他考慮再三後，只讓馬夫人送兩盒進宮，並表明自己家中沒有多少。那時的淮白魚很珍貴，難怪蘇軾半夜肚子餓，會想到第二天要買一條來吃。但提到白魚並不是蘇軾的目的，表達他面對大風大浪的態度，才是他寫這首詩的本意：**遇大風，只能往回走**。

儘管行程受阻，卻是一副平和的心態：村民兜售酒，他不覺得礙事，而是說「此意厚莫違」；夜半醒來，聽到打更聲，不是說吵死人了，而是說「岸木聲向微」，簡直像催眠曲；醒來肚子餓了，不是抱怨沒東西吃，而是想到「明日淮陰市，白魚能許肥」，明天再去買來吃。既然自己不在乎行程、無所求，自然也就無所畏懼，連妻兒都很安心，更別說蘇軾自己！

其實，說風浪也不是蘇軾的本意，他是**用對風浪的蔑視，表達對以王安石、呂惠卿為首的新黨興風作浪、排斥異己的不滿**。蘇軾對新黨的態度溢於言表，好朋友劉恕——當時著名的史學家——公開拒絕王安石讓他到三司條例司任職的邀請，蘇軾作詩說「孔融不肯下曹操，汲黯本自輕張湯。雖無尺箠與寸刃，口吻排擊含風霜」，以孔融、汲黯比劉恕，以曹操、張湯比王安石，並對新黨的所作所為感到憤怒。

世間有各種困難，比如大風大浪。人間有各種險惡，比如王安石、謝景溫之流，但世間也有各種美好，比如美酒、白魚。只要不懼困難、不懼險惡，享受各種美好，你又奈我何？

這就是蘇軾！拜謁過退休的恩師張方平和歐陽修後，蘇軾心中只有更多不忿，但他不會像恩師們一樣求退。他對新黨不僅無懼，而且準備用他擅長的方式，與他們鬥爭！

第五章

做有溫度的官

1 文學史最美西湖詩

蘇軾不疾不徐的帶著家人，直到熙寧四年（一〇七一年）十一月二十八日才抵到杭州。當時的杭州是東南第一大都會，**時任杭州太守沈立，政治主張與蘇軾高度相似，也勤於政事，與蘇軾相處甚好**。

通判是太守的副手，通常有兩個通判，而蘇軾只是其中一位。到了杭州，蘇軾作了兩首詩給蘇轍，既說明情況，也表達了不滿。〈初到杭州寄子由〉二絕其一：

眼看時事力難勝，貪戀君恩退未能。遲鈍終須投劾去，使君何日換聾丞。

針對新法，蘇軾說自己的才華不足以勝任，遲早會被彈劾，「使君」指的是皇帝。《漢書．循吏．黃霸傳》中有「許丞老，病聾，督郵白欲逐之」。蘇軾以「聾丞」自稱，說自己總有一天會被趕走，這首詩後來也成為烏臺詩案中蘇軾譏諷新法的罪證之一。而〈初到杭州寄子由〉二絕其二：

聖明寬大許全身，衰病摧頹自畏人。莫上岡頭苦相望，吾方祭灶請比鄰。

蘇軾說聖上對自己還是不錯的，他雖然衰老有病，越顯困頓失意，不喜歡應酬，但新來乍到杭州，還是請大家吃了一頓飯。剛到杭州，蘇軾把家裡安頓好、祭灶王爺，向神明報到，宴請同事和鄰居，希望與工作夥伴和生活夥伴們搞好關係。此時的蘇軾才三十六歲，居然說自己「衰病」。

宋神宗還是善待蘇軾的，杭州是經濟中心，其繁華程度不在汴京之下；而**杭州的湖光山色，簡直是人間天堂，讓蘇軾來杭州，絕對是一種優待**。我們從蘇軾的詩詞中，可以確實感受到**蘇軾打從心底喜歡這個地方**。比如他剛到杭州第三天，就前往西湖孤山尋訪惠勤、惠思二僧，並作〈臘日遊孤山訪惠勤惠思二僧〉：

天欲雪，雲滿湖，樓臺明滅山有無。水清出石魚可數，林深無人鳥相呼。
臘日不歸對妻孥，名尋道人實自娛。道人之居在何許？寶雲山前路盤紆。
孤山孤絕誰肯廬？道人有道山不孤。紙窗竹屋深自暖，擁褐坐睡依團蒲。
天寒路遠愁僕夫，整駕催歸及未晡。出山回望雲木合，但見野鶻盤浮圖。
茲遊淡薄歡有餘，到家恍如夢蘧蘧。作詩火急追亡逋，清景一失後難摹。

臘日這一天天氣不太好，好像要下雪了，烏雲密布，亭臺樓閣若隱若現，魚在水中游、鳥在林中鳴。山前山後，林木幽深。蘇軾在僧舍的紙窗竹屋盤桓了一天，流連忘返。但這只不過是一日的歡娛而已，回到了家裡，彷如莊周之夢。《莊子．齊物論》中有：「昔者莊周夢為胡蝶，栩栩然胡蝶也。自喻適志與！不知周也。俄然覺，則蘧蘧然周也。」一夢醒了，還得回到殘酷的現實。**蘇軾的**

心情，就是在欣賞西湖美景的愉悅和現實工作的無聊與厭惡中拉扯著。

說到西湖，少不了那首著名的〈飲湖上初晴後雨〉：

水光瀲灩晴方好，山色空濛雨亦奇。欲把西湖比西子，淡妝濃抹總相宜。

此詩一出，所有寫西湖的詩詞都黯然失色。**蘇軾是真的喜歡杭州的景色，讚美杭州的詩詞多不勝數**，在〈六月二十七日望湖樓醉書〉五絕其三中，他忍不住又露出了吃貨的本色：

烏菱白芡不論錢，亂繫青菰裹綠盤。忽憶嘗新會靈觀，滯留江海得加餐。

湖裡生長的黑色菱角和白色芡實隨處可見，不需花錢就唾手可得，水中的菰就像包裹在綠盤裡。回憶起在京師會靈觀時人們都爭著買、嘗鮮，現在卻遍地都是，多得可當飯吃。

菱角是草本水生植物菱的果實，中國是它的原產地之一，長江下游太湖地區栽培尤多。之所以名「菱」，是因為它的葉呈菱形。一般在五、六月開小白花，且在夜裡綻放、白天闔上，我們白天時看不到菱花。菱角又稱為「水中落花生」，與花生的生長規律頗為相似。菱花授粉後，果實就埋於水下、垂生於密葉下水中，必須全株拿起來倒翻才看得見。

芡是睡蓮科芡屬水生植物，其種子芡實別名雞頭米。睡蓮又大又圓的葉子平鋪在水面上，像一個個碩大的圓盤。葉子直徑可長達兩公尺，葉脈粗壯。新葉蓋著老葉，將整個水塘蓋得密不透風。

幽藍的花，貫穿整個夏天，一開始只是小花蕾，藏在水下，越長越大後鑽出水面，高高揚起滿身尖刺，「頭角」崢嶸，形如雞喙。授粉之後，花萼慢慢合攏並膨脹，形成如雞頭般的果球，又垂入水下。打開雞頭般的果球，裡面藏著一顆顆外殼堅硬的褐色果實，如同石榴籽般排列。從魚皮花生般的果實中剝取的果仁，渾圓、雪白，形似薏仁，這就是雞頭米。

菰是多年生淺水草本禾本科植物。直到唐代，人們還經常吃它的果實菰米，也叫雕胡。唐代末年，菰被一種叫黑穗菌的真菌感染，隨後嫩莖膨大變形，再也不能孕穗揚花結出菰米。顆粒無收的人們，看著那變得粗大肥嫩的莖稈，在飢餓的驅使下取來嘗試，發現還相當美味，且無毒無副作用，於是將其當作蔬菜食用。由於感染黑穗菌後的菰莖嫩芽又白又胖、地下根莖互相糾纏，所以取「交」和「白」兩個字，叫茭白。

以上這三種蔬菜，就是江南水八仙[1]的重要成員，來歷有趣且好吃，蘇軾當然喜歡。他在其他詠西湖的詩中，也會時不時提到，比如「香風過蓮芡，驚枕裂魴鯉」，又比如這首〈夜泛西湖〉五絕之三：

蒼龍已沒牛斗橫，東方芒角升長庚。漁人收筒及未曉，船過唯有菰蒲聲。

1 其餘為蓮藕、水芹、慈菇、荸薺、蓴菜。

蒼龍星已經消失，牛斗星橫著移動，時間已經很晚了，東方晨光升起了長庚星。而夜裡，漁人盜魚，天還沒亮就收起盜魚的竹簡，船隻駛過湖面，只聽到船擦到菰和蒲的聲音。在這首詩後面，蘇軾自注：「湖上禁漁，皆盜釣者也。」

西湖是唐穆宗長慶二年（八二二年），白居易任杭州刺史時為解決錢塘（杭州）至鹽官（海寧）間農田灌溉問題所開挖，經歷代修築，湖產魚鮮，腴美自不待言。宋真宗時，指定西湖為皇家放生池，禁捕魚鳥。蘇軾作為杭州通判，對民間盜魚睜一隻眼、閉一隻眼，還將其寫入詩中，無他，就只是此時的杭州人民太苦了。

王安石推行的青苗法，由官府放貸給農民，不但利息高，政府從中獲利，甚至不管農民是否需要都強制放貸。蘇軾到杭州時，農民還不起貸款，被官府逮捕、拷打，許多擔保人連同入獄。這樣的慘劇，卻要由蘇軾這個負責問囚決獄的通判來執行。

蘇軾反對新法，尤其反對青苗法，現在卻要他執行他所反對的法令，看著衙役「鞭箠」這些窮人、簽署無情的判詞。他曾在詩中說「誤隨弓旌落塵土，坐使鞭箠環呻呼」（〈李杞寺丞見和前篇復用元韻答之〉）、「執筆對之泣，哀此繫中囚」（〈除夜直都廳，囚繫皆滿，日暮不得返舍，因題一詩於壁〉）、「平生所慚今不恥，坐對疲氓更鞭箠」（〈戲子由〉），說自己「如今衰老俱無用，付與時人分重輕」。除了同情和內心隱隱作痛，他一點辦法也沒有。

老百姓偷點魚，這不在新法關注的範圍內，所以蘇軾不管。遊山玩水，「百日愁嘆一日娛」，於自己厭惡的公事之外看看山水，解脫一下，這些都不過分。

今天我們大談蘇軾寫西湖寫得如何好，可誰又理解蘇軾當時的心境呢？

2 杭州無鹽，但我無所不言

嘉祐四年（一〇五九年），二十四歲的蘇軾在丁母憂三年後重回汴京，途經夔州時，憑弔了諸葛亮的鹽井，就鹽的問題題了一首〈諸葛鹽井〉，寫下他對鹽政的初步思考。

到熙寧五年（一〇七二年），時隔十三年，蘇軾已是杭州通判，鹽政問題擺在他的辦公桌上，這次不能只是發首詩感慨一下，他必須面對一個兩難的問題。

人是無法離開鹽生活的，對窮人來說，其他開支可以盡量節省，唯獨鹽省不了，且由於沒有其他富含鹽分的食物可吃，日常用鹽量反而比富人高。

宋代對鹽實行專賣，政府的收入中，公賣鹽的收益占相當大的比例，王安石新法中的市易法，就包括低價收購鹽民生產的鹽，然後高價賣出。鹽民和用鹽的人都苦，只有政府得利。蘇軾的〈山村〉五絕其三就談到這個問題：

> 老翁七十自腰鐮，慚愧春山筍蕨甜。豈是聞韶解忘味，爾來三月食無鹽。

七十歲的老人腰裡帶著鐮刀，到山中去割筍蕨充飢，哪裡是像孔子聽《韶》樂而三月不知肉味？山民因鹽價昂貴，已經三個月沒有吃到鹽了。

杭州是食鹽的主產地之一，政府在各地設置榷場，統一低價收購食鹽，杭州鹽民「苦不堪鹽」，因此，有的鹽民就販運私鹽。

王安石的嚴刑峻法特別苛刻，小民偶犯鹽例，立即流配充軍。但上有政策，下有對策，杭州等地的做法就是睜一隻眼、閉一隻眼，於是私鹽比例大增。熙寧五年，兩浙發運使報告，杭、越、湖三州不行新法，導致公鹽收益不足，王安石於是派盧秉提舉兩浙鹽務。

盧秉是王安石破格提拔，輔佐其議行新法的幹將，為變法制置條例司派遣的八人之一[2]。盧秉一方面從北方調來一千人的軍隊，負責兩浙緝私，不讓地方插手；另一方面，對鹽戶的產量進行推算，清算鹽戶歷年虧欠，限令如期清償，否則刑獄追索。

這兩招當然奏效，公鹽收入大增，但也刑獄累累，史載「持法苛嚴，追胥連保，罪及妻孥，一歲中犯者以千萬數」，**《宋史》在給予盧秉定評時，寫下了「不免於阿徇時好，行鹽法以虐民」的評價**。

盧秉督導兩浙鹽務，蘇軾只能服從。杭州仁和縣的湯村，有赭山、岩門鹽場，盧秉在該村開鑿一條運鹽河，徵召民夫千餘人開河。奉命督導工程的蘇軾，作了這首〈湯村開運鹽河雨中督役〉：

居官不任事，蕭散羨長卿。胡不歸去來，滯留愧淵明。
鹽事星火急，誰能恤農耕。薨薨曉鼓動，萬指羅溝坑。
天雨助官政，泫然淋衣纓。人如鴨與豬，投泥相濺驚。
下馬荒堤上，四顧但湖泓。線路不容足，又與牛羊爭。

歸田雖賤辱，豈識泥中行。寄語故山友，慎毋厭藜羹。

做官還不用做事，羨慕司馬相如；棄官歸去，慚愧不如陶淵明。開鑿鹽運河的任務這麼急，誰又管會不會耽誤農事？服勞役的百姓已經這麼苦了，老天爺還下雨，導致百姓疲憊，就如豬、鴨一般在泥水中互相濺了一身。我也在泥中，與牛、羊爭路而行，如果我早點辭官回鄉種田，也不至於如此狼狽。老家的鄉親們啊，千萬別嫌棄食物粗劣，那比吃官家飯強多了。

蘇軾損人有一套，譏諷起事情來，連貫而有邏輯。像司馬相如一樣做官又不做事，這哪裡是蘇軾的作風，他是覺得新政嚴苛的鹽法，還不如不幹！像陶淵明一樣不為五斗米折腰，他常常掛在嘴邊，但也僅此而已。這詩後來也成為烏臺詩案的證據之一，說他「譏諷朝廷開運鹽河不當，又妨農事也」。

督導工程不僅讓蘇軾目睹老百姓的辛苦，作為地方官，自己的日子也不好過，食無定時、居無定所，狼狽不堪是常態。有一天，蘇軾寄宿在附近的水陸寺，他想起了生活清苦但創作出許多佳句的西湖北山僧人清順，於是寫下〈是日宿水陸寺寄北山清順僧〉二首，其二寫道：

2 其餘七人為劉彝、謝卿材、侯叔獻、程顥、王汝翼、曾伉、王廣廉。

長嫌鐘鼓聒湖山，此境蕭條卻自然。乞食繞村真為飽，無言對客本非禪。
披榛覓路沖泥入，洗足關門聽雨眠。遙想後身窮賈島，夜寒應聳作詩肩。

貴為一州之通判，為了不餓肚子，居然要向村民討吃的。披著榛葉做成的蓑衣，在雨中左衝右突，沾了一身泥濘，幸好有一個居所能把腳洗乾淨，關好門，聽著外面的雨聲入睡。如此惡劣的天氣還要開鑿運河，鹽政之不人性、只要結果不論百姓死活的做法可見一斑。

百姓是如此辛苦，地方官疲於奔命，負責督查的鹽官老爺們又怎麼樣呢？蘇軾在〈鹽官部役戲呈同事兼寄述古〉中這麼寫：

新月照水水欲冰，夜霜穿屋衣生稜。野廬半與牛羊共，曉鼓卻隨鴉鵲興。
夜來履破裘穿縫，紅頰曲眉應入夢。千夫在野口如麻，豈不懷歸畏嘲弄。
我州賢將知人勞，已釀白酒買豚羔。耐寒努力歸不遠，兩腳凍硬公須軟。

詩中寫道：月光照在水面上，水差不多要結冰了，夜裡結霜，衣服都凍起了稜角。自己與牛羊共住在野外的破屋，一大早鼓聲與烏鴉、麻雀的鳴叫聲一同響起。天氣如此寒冷，而且靴子穿破了洞，皮袍也裂開了縫，臉頰都凍紅了、眉毛皺彎。儘管如此，因為太累也很快就睡著、做夢。做這些事是為了什麼？不趕緊辭歸故里是怕被人取笑嗎？州衙裡那些新進賢良幹將們，知道上面來的督鹽官們辛苦，已經釀好了酒、買好豬肉和羔羊，就等著慰問高層的官老爺。我努力的忍著，練出了耐寒的本領，看來離我辭歸故里也不遠了。我的雙腳雖然凍硬了，但上面派來的官老爺你們可得照顧好，讓他們腳軟才行。

蘇軾與府裡積極落實新法、向新黨靠攏的同僚處得並不好，他巧妙的**用自己腳硬對「軟腳」，借此把同僚與督鹽官一併嘲諷了一番**。軟腳在這裡不僅指接風洗塵，而且與反面人物相關聯，《新唐書・外戚傳・楊國忠》載：「帝常歲十月幸華清宮，春乃還，而諸楊湯沐館在宮東垣，連蔓相照，帝臨幸，必遍五家，賞賚不訾計，出有賜曰『餞路』，返有勞曰『軟腳』。」**蘇軾借此罵這幫人與唐代奸臣楊國忠一樣禍國殃民**。

在蘇軾眼裡，美食與美酒一向是美好的，這一次卻是例外：「我州賢將知人勞，已釀白酒買豚羔。」好好的美酒和美食都被狗吃了！

蘇軾對新政鹽法之憤怒，已到了忍無可忍的地步，而新黨看到這樣的言論，豈會毫不在意？

3 在一盞好茶前，所有煩惱都不見

作為反對新法的代表人物，蘇軾激烈而一針見血的言論，使他被新黨視為舊黨的智囊，官位品級雖小，但他與舊黨重臣交往密切，更坐實了「狗頭軍師」的嫌疑。**蘇軾被派到江南重鎮杭州執行新法，這讓他異常痛苦：違抗命令是瀆職，執行命令卻又違心**，簡直就是折磨自己。

這種精神上的折磨，可不是西湖山水可以排解的，**蘇軾找到了另一排解方式——與僧人交往**。在與他們的交流中，蘇軾獲得精神上的解脫，他在〈懷西湖寄晁美叔同年〉中說：「三百六十寺，幽尋遂窮年。所至得其妙，心知口難傳。」

今天我們從蘇軾的詩文中，還可以明確的整理出曾與他對話的僧人名單：惠勤、惠思、清順、可久、辯才、宗本、山榮、昭素、慧覺、文及等。

僧人不喝酒，但喝茶，蘇軾好酒但沒什麼酒量，所以他也愛喝茶，僧人們知道他喝茶很講究，也都以好茶好水接待他。有一天，他在西湖逛寺廟，一日之間居然喝了七盞釅茶，於是作詩〈遊諸佛舍，一日飲釅茶七盞，戲書勤師壁〉：

示病維摩元不病，在家靈運已忘家。何須魏帝一丸藥，且盡盧仝七碗茶。

前兩句典出《維摩詰所說經》和《景德傳燈錄》，大意指：把病當成病才是一種病，哪需要魏文帝的藥丸？盧仝在〈走筆謝孟諫議寄新茶〉裡早就說了，只要喝七碗茶，想要啥有啥。茶仙盧仝是與韓愈同時期的詩人，唐元和六年（八一一年），盧仝收到好友諫議大夫孟簡寄送來的茶葉，邀韓愈、賈島等人在桃花泉煮飲時，寫下了這首詩，其中「一碗喉吻潤，二碗破孤悶。三碗搜枯腸，唯有文字五千卷。四碗發輕汗，平生不平事，盡向毛孔散。五碗肌骨清，六碗通仙靈。七碗喫不得也，唯覺兩腋習習清風生」，就是被後世傳頌的「七碗茶歌」。

蘇軾借用這麼多典故，表達的是：**有病沒病、在或不在、煩惱是非，在一盞茶面前，都可以視而不見**。茶禪一味，寺廟和茶給蘇軾帶來的享受，被他毫不誇張的寫在了詩裡，比如〈佛日山榮長老方丈〉五絕其四：

食罷茶甌未要深，清風一榻抵千金。腹搖鼻息庭花落，還盡平生未足心。

在寺裡飽食齋飯，飯後睡一覺、起來一甌清茶，這比千兩黃金還令人舒服。挺著大肚子，聞著院裡的落花，平生未了的心願，此刻都已經得到了滿足。快哉！樂哉！

宋人喝茶，和我們現代人喝茶不一樣。宋人喝茶叫「點茶」：把茶葉磨成粉，加水調成膏狀，再注入沸水，用茶筅（茶刷）來回攪動，直到茶湯上出現白色泡沫，然後才喝下去。遇到好茶，蘇軾和我們一樣異常珍惜，不同的是他還要吟詩作對，比如這首〈月兔茶〉：

環非環，玦非玦，中有迷離玉兔兒。
一似佳人裙上月，月圓還缺缺還圓，此月一缺圓何年。
君不見鬥茶公子不忍鬥小團，上有雙銜綬帶雙飛鸞。

月兔茶是產於四川都濡團茶中的一種名茶，蘇軾得到此茶倍感珍惜。這種茶是做成小圓團狀的。古人說的「環」，是圓形封閉、中間有孔的玉；「玦」則是圓形而有缺口的玉。

環狀的團茶要烹煮，就必須「磨圭碎璧」，自然就有了缺口，由環變成玦。這種情況與月的陰晴圓缺同又不同，月缺了還會圓，團茶缺了就無法，無論多久都無法復原。愛茶的即便是鬥茶[3]，也不忍心把小團茶拿出來鬥——它們上面有雙銜綬帶雙飛的鳳凰，怎麼捨得棒打鳳凰兩處飛！蘇軾把對月兔茶的喜愛，昇華到月圓月缺、棒打鳳凰，可見是真喜歡。

蘇軾是真愛茶，對煮茶也很有心得，甚至可以說是個中高手，看他這首〈試院煎茶〉：

蟹眼已過魚眼生，颼颼欲作松風鳴。
蒙茸出磨細珠落，眩轉繞甌飛雪輕。
銀瓶瀉湯誇第二，未識古人煎水意。
君不見昔時李生好客手自煎，貴從活火發新泉。
又不見今時潞公煎茶學西蜀，定州花瓷琢紅玉。
我今貧病常苦飢，分無玉碗捧蛾眉。

且學公家作茗飲，磚爐石銚行相隨。
不用撐腸拄腹文字五千卷，但願一甌常及睡足日高時。

這首詩中有一系列關於煎茶的專業名詞和典故，可見蘇軾喝茶之專業。所謂蟹眼[4]、魚眼[5]是煮水的方法；「颼颼欲作松風鳴」是用聲音辨識水的溫度；「蒙茸出磨細珠落」指研磨茶葉；「眩轉繞甌飛雪輕」是將茶攪動，讓茶湯上出現白色泡沫，釋放出茶皂素（Saponin）。

平時點茶，先略傾瓶中熱水，再倒進水，謂之第二湯，所以有「銀瓶瀉湯誇第二」。古人煎茶，從煮水、用火「茶須緩火炙，活火煎」等古訓，到茶盞的講究，蘇軾都很熟悉。但這些都不是蘇軾寫這首詩的本意，他想說的是自己身體不好，且在試院煎煎茶混日子吧。

試院是考試的地方，此詩是蘇軾主持本州鄉試時所作。在蘇軾任杭州通判的這一年，王安石變法之一的科舉法實施，廢明經諸科，罷進士之試詩賦，只考《易》、《詩》、《書》、《周禮》及《論語》、《孟子》。

蘇軾反對這一變法，但作為一州副手，新任太守陳襄要他主持鄉試，他也不能推辭，只能應

3 以比賽形式品評茶質優劣的一種風俗。起源於唐代並盛行於宋代。
4 在水沸之前，開始冒出如蟹眼大小氣泡的階段。
5 蟹眼的下個階段，氣泡變大、稍有沸聲。

付了事、發發牢騷。此詩中蘇軾說自己又病又貧，不能如宰相文彥博那樣，用名貴的定窯花瓷作飲器，也沒有豔麗如花的美女侍茶，只希望有煎茶的工具，能在睡足一個好覺後，有一甌好茶喝，不必再為那五千份考卷牽掛。

這已經**不僅是在品茶，而是在宣洩滿腹不合時宜的牢騷**。此時的蘇軾，率真的個性讓他口無遮攔，而危機也在一步一步向他靠近。

4 若論時事，罰酒一大杯

面對王安石新法，蘇軾也不是每條都反對，比如免役法，他後來是贊成的；水利法他也不反對，只是對於如何治水、派懂水利的人治水，他偶爾會在詩文裡說一說他的看法。

江南是宋代的糧倉重地，自然也是王安石實施變法的重要陣地，青苗法、市易法把民脂民膏搜刮了一遍，免役法和水利法相對來說應該算是惠民措施。

興修水利是王安石變法的重點工作，而江南的水利工程更是重中之重，其中側重太湖。

太湖跨越江浙兩省，在宋代，太湖流域幾乎每年都發生湖水氾濫的災害。太湖之害原因在於圍湖造田，大家圍墾沼澤地，導致水道堵塞，而若要治水必須先治田。王安石一開始任命水利學家郟亶主持江南水利治理，就是按照這一思路，奈何變法派一向不屑於宣傳，只是一味採取強硬措施，對須退田還湖的耕種戶也沒有給予任何補償，這必然引起大地主和農戶的強烈反抗，不到半年，郟亶的治水以失敗告終。

替郟亶善後的，是中國歷史上屈指可數的科學家沈括。蘇軾與沈括曾在京城崇文館共事，兩人在一起工作一年多，雖分屬新舊兩黨兩個不同的陣營，但並沒有什麼磨擦。作為曾經的老同事，沈括到了杭州後還專程拜訪蘇軾，虛心的請求蘇軾為他書寫幾副最近的詩詞作品，以留紀念，並請蘇軾支持和協助他的治水工作。

沈括的方法是築堤，以防止洪水氾濫，但這只是一個權宜之計，若真的下起大雨，大水漫灌，一樣會釀成災害。蘇軾不認可這種治水方法，在沈括邀請他赴湖州考察治水工程時，他留下了這首〈贈孫莘老〉七絕其二：

天目山前綠浸裾，碧瀾堂上看銜艫。作堤捍水非吾事，閒送苕溪入太湖。

蘇軾認為自己不適合辦水利事務，沈括要他幫忙，實在是難為他，明知不可為而不得不為。可是沈括既是老同事，又是欽差大臣、新黨的先進，蘇軾不好也不敢頂撞，但還是忍不住要發牢騷。贈詩的對象孫莘老，時任湖州太守，是蘇軾的老朋友、蘇門四學士之一黃庭堅的岳父，他也是因為反對王安石變法而被趕出汴京。此行既然已是推託不了的工作，但只要可以見到老朋友，蘇軾還是很開心，於是作詩〈將之湖州戲贈莘老〉：

餘杭自是山水窟，仄聞吳興更清絕。湖中橘林新著霜，溪上苕花正浮雪。
顧渚茶牙白於齒，梅溪木瓜紅勝頰。吳兒鱠縷薄欲飛，未去先說饞涎垂。
亦知謝公到郡久，應怪杜牧尋春遲。鬢絲只可對禪榻，湖亭不用張水嬉。

蘇軾在這首詩中徹底露出吃貨本色。湖州出產的橘子很有名，境內顧渚山上的紫筍茶更是貢品，當時的人已經會將紙鏤花貼在梅溪的木瓜上面——紅色木瓜就有了圖案。吳興廚師生魚片的手藝更是名聞天下，魚片切得很薄，就像快要飛起來一樣。

蘇軾將這些美食一一列出，並說「未去先說饞涎垂」，還沒到就先流了一地口水，你孫莘老不好好請客說不過去吧？蘇軾又提到幾個典故，東晉謝安做過吳興太守、杜牧做過湖州地方官。杜牧在湖州做幕僚時，遇見一美女，雙方約定十年時間，杜牧一定爭取做郡守，如果沒做到，「從所適」——你想去哪就去哪。然而，等杜牧任湖州郡守時，這女子已出嫁三年，杜牧賦〈悵詩〉：「自是尋春去較遲，不須惆悵怨芳時。」蘇軾這是跟老朋友說，你在湖州這個好地方，我早就該來敲你竹槓[6]了。

湖州還出產刀魚，蘇軾來湖州的路上，船泊駱駝橋邊，見到有人在捕刀魚，於是在〈贈孫莘老〉七絕其五中，向老朋友開出了菜單：

三年京國厭藜蒿，長羨淮魚壓楚糟。今日駱駝橋下泊，恣看修網出銀刀。

說的是：我在汴京吃了三年粗茶淡飯，常常想起楚地用酒糟醃魚和淮地的魚，今天看到銀刀魚，好開心啊！毫無疑問，孫莘老肯定會弄個刀魚宴讓蘇軾過過癮。

刀魚主要分布於中國渤海、黃海以及東海區域，大都棲息於淺海及河口一帶。每年春季，成

6 中國俗語，指利用他人的弱點或把柄來為自己謀取錢財或利益。

熟期的刀魚聚集成群，自海游入長江，逆流而上進行生殖洄游。棲息於江內及其支流等水域中的刀魚，以長江刀魚為佳。

刀魚體型狹長側薄，頗似尖刀，銀白色，所以蘇軾說是「銀刀」。在古代，刀魚還被稱為「鮆魚」。刀魚肉質細嫩，但多細毛狀骨刺，肉味鮮美、肥而不膩、兼有微香，歷來為吃貨們所追捧。

蘇軾是刀魚的狂熱愛好者，在這次吃湖州刀魚後不久，他又在另一首詩〈和文與可洋川園池·寒蘆港〉中說到刀魚：

> 溶溶晴港漾春暉，蘆筍生時柳絮飛。還有江南風物否，桃花流水鮆魚肥。

文與可是他的好朋友，也就是善畫竹的文同。鮆魚就是刀魚。「蘆筍」不是今日的蘆筍，我們如今吃的蘆筍，要等到清代時才從歐洲傳進來，這裡說的蘆筍，是蘆葦的嫩芽。

有了刀魚，還必須有美酒，蘇軾此行心情大好，在〈贈孫莘老〉七絕其六中，還約孫莘老一醉方休：

> 烏程霜稻襲人香，釀作春風霅水光。時復中之徐邈聖，無多酌我次公狂。

蘇軾詩中提到了徐邈和次公，我們得掉一下書袋[7]：三國時，魏國能史徐邈嗜酒，但曹操執政時法令禁止酗酒，徐邈卻經常私下痛飲、喝到酩酊大醉。當校事趙達詢問政事時，徐邈自稱「中聖人」。平常飲酒的人稱清酒為聖人，濁酒為賢人[8]，好在他辦事非常妥當，曹操也就睜一隻眼、閉一隻眼。《漢書．蓋寬饒傳》說：「蓋寬饒，字次公，時稱酒狂。」自知酒量有限的蘇軾提到這兩個人，無非是準備豁出去，一醉方休。

雖然可以恣意喝酒，但酒後亂言可不行，為此蘇軾在〈贈孫莘老〉七絕其一與孫莘老約定：

嗟予與子久離群，耳冷心灰百不聞。若對青山談世事，當須舉白便浮君。

只賞美景、只吃美食，若論時事，罰酒一大杯！

這首詩後來也成為烏臺詩案定罪的證據之一：**說不談時事，就是對時事有意見！**真是欲加之罪，何患無辭。

7 譏笑人喜歡引經據典，咬文嚼字的毛病。此處單純指介紹典故。
8 漢代末年因飢荒而禁止釀酒，飲酒的人諱稱酒，因此以聖人、賢人代稱。

5 無肉令人瘦，無竹令人俗

忙完鹽事和太湖水利工程，熙寧六年（一〇七三年）正月下旬，蘇軾到杭州下屬的富陽和新城兩縣巡視政情。作為文人兼官員的蘇軾，在這一路上寫下的詩詞，既有關於山水，也有關於百姓的汗水和淚水。

寫山水，比如〈行香子．過七里瀨〉：

一葉舟輕，雙槳鴻驚。水天清、影湛波平。魚翻藻鑑，鷺點煙汀。過沙溪急，霜溪冷，月溪明。重重似畫，曲曲如屏。算當年、虛老嚴陵。君臣一夢，今古空名。但遠山長，雲山亂，曉山青。

大意是：乘一葉小舟，划著雙槳，像驚飛的鴻雁一樣，飛快的掠過水面。天空碧藍、水色清明，山色天光盡入江水，波平如鏡。水中游魚，清晰可數，不時躍出明鏡般的水面；水邊沙洲，白鷺點點，悠閒自得。白天之溪，能見沙底而流水急；清曉之溪，清冷而有霜意；月下之溪，是明亮的水晶世界。兩岸連山，往縱深看則重重疊疊，如畫景；從橫列看則曲曲折折，如屏風。笑嚴光當年白白的在此終老，不曾真正領略到山水佳處。皇帝和隱士，而今也已如夢一般消失，只留下空名而已。只有遠山連綿，重巒疊嶂；山間白雲，繚繞變幻；曉山晨曦，青翠欲滴。

蘇軾寫湖光山色，詞之文雅、景之驚豔，都不在話下，所發的感嘆才是他想表達的主題：「算當年、虛老嚴陵。君臣一夢，今古空名。」說的是嚴子陵隱居之事。嚴光，字子陵，少有高名，與光武帝劉秀同學，亦為好友。劉秀即位後，多次延聘嚴光，但他隱姓埋名、退居富春山。嚴子陵這種不慕富貴、不圖名利的品格，一直受到後世的稱譽。范仲淹曾撰〈嚴先生祠堂記〉，有「雲山蒼蒼，江水泱泱。先生之風，山高水長」的讚語，更使嚴光的高風亮節聞名天下。

然而，蘇軾卻不這樣看，他笑嚴光當年枉在此終老，未曾領略到山水佳景。**蘇軾總是時不時將歸隱掛在嘴邊，但人生在世，還是應該有所作為，這才是蘇軾的真實想法。**

新法置百姓於水深火熱之中，蘇軾作為反對派，儘管無力改變，卻也在自己能力所及的範圍內，盡力減輕百姓的痛苦，再不濟也會在文字裡表達出同情。

有情懷、有責任感、憐天憫人的蘇軾，不可能只縱情於山水，在〈新城道中〉二首其一中，蘇軾寫道：

東風知我欲山行，吹斷檐間積雨聲。嶺上晴雲披絮帽，樹頭初日掛銅鉦。

野桃含笑竹籬短，溪柳自搖沙水清。西崦人家應最樂，煮芹燒筍餉春耕。

前六句寫山水，後兩句寫汗水和淚水：住在山裡的西崦百姓，在繁忙的春耕時節，為了節省來回時間，帶著飯到田間。做的是什麼菜？煮芹燒筍，沒有肉，這已經是最快樂的事了，生活就是如此清苦。

對我們來說，芹菜和竹筍都是健康食品，是不錯的飲食選擇。但在營養奇缺的年代，補充蛋白質和脂肪才重要。然而，即便是這些山貨，也並非隨便就可以得到，蘇軾在〈山村〉五絕其三中說：「老翁七十自腰鐮，慚愧春山筍蕨甜。豈是聞韶解忘味，爾來三月食無鹽。」為什麼會這樣？

若要不俗，哪有不瘦

市易法中，由政府廉價購入食鹽再高價賣出去，政府從中獲利，卻導致百姓買不起鹽；而青苗法強制百姓貸款，山裡的年輕人貸了青苗錢，就跑到城裡花天酒地，除了學得一嘴城市口音，什麼都沒得到，還背上一身債，到了還債時候，又是家破人亡之時。蘇軾在〈山村〉五絕其四形容：

杖藜裹飯去匆匆，過眼青錢轉手空。贏得兒童語音好，一年強半在城中。

百姓之苦，蘇軾都看在眼裡、寫在詩詞歌賦裡。此行蘇軾多次提到竹筍，身為一名竹子的狂熱愛好者，能充飢的竹筍讓蘇軾留下深刻的印象。巡完富陽和新城兩縣，蘇軾又前往於潛縣視察縣政，順便與寺僧慧覺同遊寂照寺，面對寺裡的綠筠軒，寫下了這首著名的〈於潛僧綠筠軒〉：

可使食無肉，不可居無竹。無肉令人瘦，無竹令人俗。
人瘦尚可肥，士俗不可醫。旁人笑此言，似高還似痴。
若對此君仍大嚼，世間哪有揚州鶴。

大意是說，寧願生活中沒有肉吃，也絕不能讓住處沒有竹子。**沒肉吃不過只是消瘦，沒竹子卻會變得庸俗不堪。瘦了還可以長肥，俗了就很難醫治。**如果常人不解還說這似高論又似痴言，那請問，如果面對此竹仍要大嚼，既想得到清高美名，也想享受甘味美食，世上哪有「揚州鶴」這樣魚與熊掌兼得的事？

在這裡，蘇軾用了兩個典故，一個是曹植在〈與吳季重書〉中提到的「過屠門而大嚼雖不得肉，貴且快意」；另一個典故則來自南朝梁文學家殷芸《小說》：「有客相從，各言所志，或願為揚州刺史，或願多貲財，或願騎鶴上升。其一人曰：『腰纏十萬貫，騎鶴上揚州。』蓋欲兼三人之所欲也。」

蘇軾讚賞慧覺的風雅高潔，也從側面提醒了有物欲俗骨、缺乏風節的人。後人在末句加上「若要不俗也不瘦，餐餐竹筍煮豬肉」，則是對這首詩的不理解。在此詩中，蘇軾將不俗和不瘦視為矛盾，沒有妥協方案。

竹，以神姿仙態、瀟灑自然、素雅寧靜之美，令人心馳神往；以虛而有節、疏疏淡淡、不慕榮華、不爭豔麗、不媚不諂的品格，與古代賢哲「非澹泊無以明志，非寧靜無以致遠」（諸葛亮〈誡子書〉）的情操相契合。

蘇軾非常愛竹，他說：「食者竹筍，居者竹瓦，載者竹筏，炊者竹薪，衣者竹皮，書者竹紙，履者竹鞋，真可謂不可一日無此君也。」愛竹成癖的他，甚至跟畫竹大家文與可學畫墨竹，他對文與可「胸有成竹」的繪畫理論推崇備至。〈書晁補之所藏與可畫竹〉三首其一云：「與可畫竹時，見竹不見人；豈獨不見人，嗒然遺其身；其身與竹化，無窮出清新，莊周世無有，誰知此凝神（一作疑神）。」

差旅生活十分艱辛，蘇軾在考察中更是體會了百姓的辛苦。想吃肉、過幸福的生活，對蘇軾來說一點都不難，只要向王安石靠攏就可以了。但是**蘇軾寧可食無肉，也不能沒有氣節、沒有正義感**，所以他總是忍不住在詩詞中留下那些呼號疾痛的字句，正如蘇轍為他所作的墓誌銘中所說：「初，公既補外，見事有不便於民者，不敢言、亦不敢默視也，緣詩人之義，託事以諷，庶幾有補於國，言者從而媒孽之。」

想做竹子，是需要付出代價的，新黨可不會放過蘇軾，因為他太有名、文章太有殺傷力。

6 不吃也是化作春泥，不如到我胃裡

在蘇軾杭州通判近三年的任期間，出差占了相當多的時間，而回到杭州對他來說就是休息，畢竟杭州的山水太迷人，家在那裡、朋友在那裡。整體而言，**杭州通判任上三年，蘇軾累卻快樂著**。代替沈立的太守陳襄，字述古，也是因反對變法而外放地方。蘇軾十分敬重陳襄，陳襄對蘇軾也十分友好，蘇軾只要出差回杭州，陳襄都少不了辦飲宴、吃吃喝喝、賦詩填詞，不亦樂乎。

蘇軾本身就是**喜歡熱鬧**的人，他在朋友間的聚會留下不少佳作，比如〈賀陳述古弟章生子〉：

鬱蔥佳氣夜充閭，始見徐卿第二雛。甚欲去為湯餅客，唯愁錯寫弄獐書。
參軍新婦賢相敵，阿大中郎喜有餘。我亦從來識英物，試教啼看定何如。

陳襄的弟弟陳章生了兒子，在蘇軾生活的時代，壽辰及小孩出生的第三天、滿月和周歲，有錢人都會舉辦慶賀晚宴。晚宴上少不了吃麵條，麵條又長又瘦，寓意長壽，而那時的麵條還不叫麵條，叫湯餅，所以蘇軾說「甚欲去為湯餅客」。

這首詩的精彩之處在下一句「唯愁錯寫弄獐書」，〈詩經．小雅．斯干〉載：「乃生男子，載寢之床，載衣之裳，載弄之璋。」意為生了男孩，就讓他睡在床上、穿華麗的衣服、玩白玉璋。璋是權力的象徵，**賀人生子送璋，寓意希望兒子將來有出息**。

唐玄宗朝權相、口蜜腹劍的李林甫，雖然不學無術，但是他為人很聰明，非常善於揣摩人心，他也憑著這身本事慢慢得到唐玄宗的重用。《舊唐書・李林甫傳》：「太常少卿姜度，林甫舅子，度妻誕子，林甫手書慶之曰：『聞有弄獐之慶。』客視之掩口。」不學無術的李林甫，把「璋」寫為動物的「獐」，成為歷史上的笑話。蘇軾說想去參加生子賀宴，弄碗麵條吃，但又怕像李林甫一樣寫錯字。蘇軾**既是嘲笑李林甫，也是藉機嘲諷王安石**。

王安石屢次在宋神宗面前說蘇軾做學問不正經，蘇軾也認為王安石食古不化，不達世務。王安石喜歡字源學，亂拆字予以解釋，曾說「波」為「水之皮」，被蘇軾回懟：那「滑」是不是就是水之骨？李林甫是唐代宰相，王安石是當朝宰相，蘇軾嘲笑李林甫的用意，在場的人都懂。

在杭州做通判，簡直酒食地獄

在蘇軾留下來的詩詞中，更不乏紅裙白酒、風花雪月。宋代士大夫飲宴，不像我們只是喝酒吃飯，他們筵席過程中還有歌舞表演、吟詩作對。公務應酬有官伎[9]、有錢人私人應酬則有家伎，蘇軾後來納的妾朝雲，就是在這時以家伎的身分到蘇軾家。隸身樂籍的官伎，由政府供養，非一州太守特批不得脫籍，工作由政府派遣，但只限於歌舞和陪酒，不得與官員私通。

宋代重文輕武，崇尚和平發展、不主動發動戰爭，社會安定、天下太平。士大夫的生活可謂自由、放浪、奢華，在女色方面尤其恣縱，蘇軾感嘆：「歷數三朝軒冕客，色聲誰是獨完人。」

（〈書寄韻〉）他歷仕三朝的同事，不沾聲色之好的「完人」，他還一個也不曾見過。

在這樣的大環境下，蘇軾也不能免俗，尤其是此時的蘇軾文名甚盛，絕對是那個時代的「網紅」。**名公巨卿、政治名流，各式名望出眾的人物，都以與蘇軾交往為話題**。杭州又是大都市，中央派駐杭州的機構本來就不少，從京城來杭的官員也多，作為一州的副職，迎來送往當然少不了。

據宋代朱彧《萍洲可談》載，面對應酬，蘇軾曾向朋友訴苦：到杭州做通判簡直入酒食地獄。常在河邊走，哪有不溼鞋？既然常參加飲宴，置身眾香國裡，蘇軾也不可能做到一塵不染，但我們還是可以看到，**蘇軾在欣賞少女風情、享受衣袂間的香氣時，還是克制感情、節制有度的**。

上級陳襄很喜歡在有美堂設宴，蘇軾在〈與述古自有美堂乘月夜歸〉中說「淒風瑟縮經弦柱，香霧淒迷著髻鬟」；在〈湖上夜歸〉中說「尚記梨花村，依依聞暗香」，他這是有距離的欣賞；在〈九日，舟中望見有美堂上魯少卿飲，以詩戲之〉二首其二中說「西閣珠簾卷落暉，水沉煙斷珮聲微。遙知通德淒涼甚，擁髻無言怨未歸」，他勸同為通判的魯有開趕緊回家，家裡的妻妾正等著！

蘇軾偶爾也會找理由逃避飲宴，在〈述古以詩見責屢不赴會，復次前韻〉中他說「我生孤僻本無鄰，老病年來益自珍。肯對紅裙辭白酒，但愁新進笑陳人」，居然用性格內向、老了、病了當藉口。此時的蘇軾才三十多歲就稱老病，說自己孤僻，誰信？

既然推不掉，那就中途溜了，在〈初自徑山歸，述古召飲介亭，以病先起〉中，他說「慣眠處

9 表演歌舞的專職藝人。

士雲庵裡，倦醉佳人錦瑟旁」，這等好事誰不想？可惜自己無緣享受，因為「遲暮賞心驚節物，登臨病眼怯秋光」。

蘇軾是清醒的，他曾說：「平生嗜羊炙，識味肯輕飽。烹蛇啖蛙蛤，頗訝能稍稍。」風花雪月誰不喜歡？他開玩笑說自己喜歡吃烤羊肉，可不是吃素的，又借用韓愈〈答柳柳州食蝦蟆〉中「余初不下喉，近亦能稍稍」，入鄉隨俗；「烹蛇啖蛙蛤」，說明逢場作戲也未嘗不可，但他雖處流俗，也不為流俗所汙。

對於風月，蘇軾是有節制的參與，但對賞牡丹花，蘇軾卻十分痴迷。西湖邊的吉祥寺種了不少牡丹，蘇軾從外地出差回來後，到吉祥寺賞花，聽聞太守陳襄今年還沒來賞花，牡丹花期短、稍縱即逝，他為此著急，於是寫了〈吉祥寺花將落而述古不至〉：

> 今歲東風巧剪裁，含情只待使君來。對花無信花應恨，直恐明年便不開。

這首詩很直白，也很直爽，陳襄第二天就邀請大家同往吉祥寺賞牡丹，蘇軾又賦詩〈述古聞之明日即至坐上復用前韻同賦〉：

> 仙衣不用剪刀裁，國色初酣卯酒來。太守問花花有語，為君零落為君開。

蘇軾一生寫了不少關於牡丹花的詩詞，作為一名吃貨，他**不僅欣賞牡丹花，還想吃牡丹花**。剛到杭州不久，他就到明慶寺賞牡丹，並寫下〈雨中明慶賞牡丹〉：

霏霏雨露作清妍，爍爍明燈照欲然。明日春陰花未老，故應未忍著酥煎。

牡丹花在密密的雨露中開得清秀美麗，夜晚在明亮閃爍的燈光下，它紅豔得像要燃燒一樣；明天，應該還是春天裡的陰天，花兒依然盛開不敗，所以不應忍心以酥煎而食之。是的，古人把牡丹花煎炸成酥吃。宋人祝穆《古今事文類聚》關於酥煎牡丹有軼聞：孟蜀時，兵部尚書李昊每次將牡丹花枝分遺朋友時，都以興平酥同贈，曰：「俟花凋謝，即以酥煎，食之，無棄濃豔。」

蘇軾希望姹紫嫣紅久駐人間，能盡情聞其香、睹其豔、賞其美，他不願設想明天的驕陽將會奪去花的芳姿，也不忍像古人那樣煎而食之，珍愛牡丹之情溢於言表。

說到吃牡丹花，蘇軾在〈雨中看牡丹〉三首其三中還提到「未忍汙泥沙，牛酥煎落蕊」。**宋人似乎很熱衷於酥炸牡丹花**，南宋林洪的《山家清供》裡有牡丹生菜，說的是宋高宗吳皇后不愛殺生，要求宮裡御廚進生菜，一定要採一些牡丹花瓣和在裡面，「或用微麵裹，煠之以酥」。這就是蘇軾說的牡丹酥，類似於今天日本料理中的天婦羅。

古人吃牡丹，除了憐香惜玉，覺得吃進肚子比化作春泥是更好的歸宿外，還有另一個原因，那就是據說吃牡丹可以治眼疾。

明代萬曆年間的戲曲作家高濂，杭州人，也是養生專家。他的《遵生八牋》是古代養生學的集大成。他幼時患眼疾等疾病，因此多方搜尋奇藥祕方，終得以康復，遂博覽群書，記錄成此書，其祕訣之一就是煎食牡丹花。

宋人不可能穿越到明代，但蘇軾在杭州時總掛在嘴邊的病就是眼疾，在《東坡志林》裡他說：

余患赤目，或言不可食膾。余欲聽之，而口不可，曰：「我與子為口，彼與子為眼，彼何厚，我何薄？以彼患而廢我食，不可。」子瞻不能決。口謂眼曰：「他日我痼，汝視物吾不禁也。」管仲有言：「畏威如疾，民之上也；從懷如流，民之下也。」又曰：「燕安鴆毒，不可懷也。」《禮》曰：「君子莊敬日強，安肆日偷。」此語乃當書諸紳，故余以「畏威如疾」為私記云。

蘇軾患結膜炎，有人告訴他不能吃生魚，他想聽勸，但嘴巴不同意，說：「我是你的口，它是你的眼，你不能厚眼薄口，眼睛患病關我什麼事，不應該廢我的口福。」蘇軾不知怎麼辦，嘴巴又對眼睛說：「改天我生病時，你看東西我也不攔你。」蘇軾想起管仲曾說：像怕生病一樣敬畏天威的人，是人中最上者；像流水一樣隨波逐流的人，則是人中的下等。貪圖安逸享樂如飲毒酒自殺，這是不應該的。《禮記》中說：君子能堅持莊嚴恭敬，就會在道德與事業上一天天強大，如果安樂放肆，就會一天天苟且偷安。我把這句話送給各位紳士，而自己以「畏威如疾」為行為標準。

連自己患病也拿來開玩笑，當然他也從病與吃中悟出一番人生道理，他眼中的風花雪月，風流得很有趣。

7 夢想的終老之地

熙寧六年（一〇七三年），蘇軾到杭州已經兩年。杭州這個江南糧倉發生災情，在言官上奏、沈括奉派察訪後，詔賜常州、潤州（今鎮江一帶）五萬石[10]米賑濟飢民，而蘇軾負責到常州、潤州一帶放糧。這一趟路途奔波，足足花了七個多月，連春節都是在差旅中度過的。

蘇軾常年在外奔波，這次時間還特別長，離愁別緒不招自來，蘇軾想像妻子在家思念自己的情景，寫了這首〈少年遊．潤州作〉：

> 去年相送，餘杭門外，飛雪似楊花。今年春盡，楊花似雪，猶不見還家。
> 對酒捲簾邀明月，風露透窗紗。恰似姮娥憐雙燕，分明照、畫梁斜。

大意是：去年相送於餘杭門外，大雪紛飛如同楊花。如今春天已盡，楊花飄絮似飛雪，卻不見離人歸來，怎能不叫人牽腸掛肚呢？捲起簾子舉杯，引明月作伴，可是風露又乘隙而入，透過窗

---

10 約三百七十九萬八千公斤。

紗，撲入襟懷。月光無限憐愛那雙宿雙棲的燕子，把它的光輝與柔情斜斜的撒向畫梁上的燕巢。

雖有酒，但「對酒捲簾邀明月」，**寂寞和無奈才是主基調**。蘇軾在杭州通判任上三年，這次賑災放糧是可圈可點的功績，即使上司陳襄催他早點回去，他也堅持要完成工作才回杭州。

陳襄為什麼催蘇軾回去？原來政局有變，王安石被罷相了。

熙寧七年春，天下大旱，飢民流離失所，群臣訴說新法之害。神宗滿面愁容，以為旱災是上天示警，所以開始對新法感到動搖。王安石則認為天災即使是堯舜也無法避免，派人治理即可。監安上門鄭俠反對變法，繪製〈流民圖〉獻給神宗，並上疏論新法過失，力諫罷相王安石。神宗不與王安石商量，停止了部分新法，王安石自知相位不保，於是上書請辭。神宗解除了王安石的相職，改任觀文殿大學士、知江寧府。

王安石雖被罷相，但大部分新法還在推行，神宗根據王安石的提議，以韓絳代王安石為同平章事、呂惠卿為參知政事，可謂換湯不換藥，舊黨空歡喜一場。

蘇軾的賑災任務還得繼續，他來到了宜興，就被這裡的一切迷住了。有江南「魚米之鄉」之稱的宜興，古稱陽羨，境內有三湖九溪，以荊溪最負盛名。今日宜興市城中橫貫東西的溪水——東氿、團氿、西氿，人們習慣稱之為「三氿」，也就是荊溪。

荊溪兩岸風景美不勝收，蘇軾泛舟溪上，心情大好：「一入荊溪，便覺意思豁然！」

十七年前，蘇軾登進士，進瓊林宴時與同年蔣之奇共席。蔣之奇是宜興人，向蘇軾盛讚家鄉之美，並約定退休後一同回宜興，比鄰而居。對這個約定，蘇軾應該沒放在心上，但這次親臨，**荊溪兩岸的風光、宜興出名的紫砂壺黏土、常州的大米、當地純樸的民風和低廉的物價，確實讓蘇軾覺**

得這裡是一個適合退休、安度晚年的地方。在〈常潤道中有懷錢塘寄述古〉五首其五中蘇軾寫道：

惠泉山下土如濡，陽羨溪頭米勝珠。賣劍買牛吾欲老，殺雞為黍子來無。

地偏不信容高蓋，俗儉真堪著腐儒。莫怪江南苦留滯，經營身計一生迂。

此時的蘇軾離退休還遠，但他已經厭倦仕途，對王安石離開後的政局也極不看好，於是在詩裡設想著退休後他就住在宜興，約陳襄到訪，他一定殺雞餉客！

應該說，蘇軾對對局勢的判斷極有遠見。接替王安石的韓絳，雖然政治主張上屬舊黨，但落實新黨推行的措施時，他也不遺餘力。他與王安石是同年進士，兩人私交極好。王安石執政時，韓絳就在其團隊中，**神宗把韓絳當作新舊兩黨衝突的緩衝區，因此他在新、舊兩黨中說話都頗有分量**。

從歷史發展來看，宋神宗的這一安排是有效果的。王安石執政期間，正是因為有韓絳從中說和，王安石雖然為了推行新法貶謫許多官員，但也只是趕盡不殺絕，並沒有將變法發展成太激進的朋黨之爭。這讓新法推行的政治鬥爭始終在可控範圍內，也有效避免了黨爭的出現。

保守派把矛頭對準王安石，以為趕走了王安石就天下太平，他們沒想到神宗才是變法的總設計師。王安石走後，**呂惠卿設法架空韓絳**、**趕走老搭檔曾布**，**甚至陷害王安石以防他東山再起**，**並挑起新舊黨爭**。這種安排比王安石在職時更糟糕。對此，蘇軾看得清清楚楚，於是借古諷今，寫了〈王莽〉：

漢家殊未識經綸，入手功名事事新。百尺穿成連夜井，千金購得解飛人。

又寫〈董卓〉：

公業平時勸用儒，諸公何事起相圖。只言天下無健者，豈信車中有布乎。

蘇軾在此時寫這兩首詩，是有所指的。**王莽也是推行新政，最後篡位成功，蘇軾用王莽譏諷王安石，說兩者都姓王**。據《後漢書．董卓傳》，王允與呂布謀誅董卓，有人書「呂」字於布上，負而行於市。有人告訴董卓，董卓不當回事，終致禍端。蘇軾用此詩譏諷王安石，信任的人背叛了他，其中**巧妙的用「呂布」二字，指呂惠卿和曾布**。罵人不帶髒字，蘇軾這一手可真厲害。

不能說蘇軾沒有政治嗅覺，他看問題極準：王安石被罷相，陳襄高興得想讓他中斷工作，回杭州一起開心一下，然而蘇軾並不看好未來的政局，想到的是在宜興終老。但是，他又忍不住要一下小聰明，寫詩把王安石、呂惠卿、曾布罵過一遍，口無遮攔，這讓一眾小人恨他恨得咬牙切齒，他們在等待一個機會，把蘇軾推向萬劫不復的深淵。

潤州、常州一行，蘇軾很辛苦、很努力，但從這一行的表現看，蘇軾的智商極高，情商卻極低，他又向危險境地走近了一步。

8 你生兒子，我怎麼可以有功勞

政局劇變，蘇軾的職業生涯也面臨巨大的改變。首當其衝的是太守陳襄，他的職位與應天府的楊繪對調。

陳襄是福建侯官（今福州）人，歷史對他的評價是**「其人公正廉明，識人善薦」**。蘇軾與陳襄都因反對王安石變法而來到杭州，他們共事的兩年多時間裡，能協調一致，組織治蝗、賑濟飢民，浚治杭州六井、興辦學校、提拔文學後進。在力所能及的範圍內，兩人做了不少好事，在共事的過程中也建立了深厚的友情，且相知甚深。如今陳襄要調離杭州，在有美堂設宴，告別僚佐。在推杯換盞之際，蘇軾有感於友情的珍重，隨即寫了這首〈虞美人．湖山信是東南美〉：

湖山信是東南美，一望彌千里。使君能得幾回來？便使樽前醉倒更徘徊。
沙河塘裡燈初上，水調誰家唱。夜闌風靜欲歸時，唯有一江明月碧琉璃。

大意是：從有美堂望杭州，湖山滿眼，一望千里，相信這是東南最美處。我的朋友啊，你此去何時方能回杭州？何時方能一起杯酒遣懷？沙河塘兩岸華燈初上，從江上傳來的曲調正是唐代流行的〈水調〉。夜深人靜、扶醉欲歸時，在一輪明月的映照下，只見錢塘江澄澈得像碧色的琉璃。

蘇軾用明澈如鏡、溫婉靜謐的江月，肯定陳襄高潔的特質，也象徵著他們純潔深摯的友情。

還有一首〈江城子．孤山竹閣送述古〉：

翠蛾羞黛怯人看。掩霜紈，淚偷彈。
且盡一尊，收淚唱〈陽關〉。漫道帝城天樣遠，天易見，見君難。
畫堂新構近孤山。曲闌干，為誰安？
飛絮落花，春色屬明年。欲棹小舟尋舊事，無處問，水連天。

幕僚們又一次在孤山竹閣為陳襄設宴餞行。竹閣在杭州西湖孤山寺內，白居易任杭州太守時所建，故又稱白公竹閣。竹閣的畫堂則是陳襄在任期內修建，還有精巧玲瓏的彎曲欄杆。

在竹閣餞行的宴會上，歌女吟唱送別詞，在場的所有人都被感動了。歌女在吟唱的時候落下了傷心的淚水，但又生怕增添憂傷的氣氛，所以她們用紈扇掩面，偷偷落淚、壓抑情感。繼而移宮換羽，不再唱傷感的詞，而是唱起唐代詩人王維的送別名曲〈陽關曲〉。

畫堂色彩斑斕，依山傍水在孤山上。前一年春天，蘇軾與陳襄等僚友曾數次遊湖、吟詩作詞，眼下已是花飛春盡，大好春色要等到隔年。歌女想像第二年春日，她們駕著小船在西湖尋覓舊跡歡蹤時，往事或許已如風，渺茫無處尋訪，唯有加倍想念與傷心而已。

看著陳襄離去的身影，蘇軾覺得此去一別，不知何時才能再見一面。這樣一想，不覺悲從中來，於是他又提筆填寫下〈南鄉子．送述古〉：

回首亂山橫，不見居人只見城。誰似臨平山上塔，亭亭，迎客西來送客行。
歸路晚風清，一枕初寒夢不成。今夜殘燈斜照處，熒熒，秋雨晴時淚不晴。

蘇軾對陳襄的離去特別戀戀不捨，一送再送，直到回頭不見城中的人影，而臨平山上亭亭佇立的高塔，似乎也在翹首西望陳襄離去的身影，不忍好友調離。歸途因思念友人而夜不成眠。晚風淒清、枕上初寒、殘燈斜照、微光閃爍，忍不住流下了思念的淚水，即便秋雨停了，淚也不停的流。這些意象組合營造出清冷孤寂的氛圍，烘托了蘇軾與陳襄別離淒涼、孤寂的心境。

寫離別、寫兒女情長，蘇軾絕對是一名好手，論感情的細膩、婉約，蘇軾也是數一數二，這也是蘇軾真實的一面。

送完陳襄，蘇軾又忙於治蝗災，同時新太守楊繪上任，也就是蘇軾在詩詞中所稱的楊元素。楊繪是四川綿竹人，蘇軾的老鄉，歷史上對他的評價「為吏敏強」、「表裡洞達，一出於誠」，也是因為反對新法而遭外放。這位聰明活潑、好酒多情的才子型人物，與蘇軾的關係也非常好，可惜兩人相處才兩個月，蘇軾就因為三年任期屆滿，調任密州。

蘇軾離開杭州赴密州之際，楊繪舉辦的遊宴不絕，蘇軾也寫了一系列的唱和詩詞，比如這首〈南鄉子・和楊元素（時移守密州）〉：

東武望餘杭。雲海天涯兩渺茫。何日功成名遂了，還鄉。醉笑陪公三萬場。
不用訴離觴。痛飲從來別有腸。今夜送歸燈火冷，河塘。墮淚羊公卻姓楊。

蘇軾借酒桌上對未來的展望想像離別、調任密州之後的情景：到了古稱東武的密州後，回望杭州，天涯一樣遙遠的距離，只能看到兩地之間茫茫無際的縹緲雲海。為官在外，去留都不是自己能控制的，再見面也不知是何年，一旦功成身退，一定回到杭州，和對方酣暢淋漓的喝上一場，一吐胸中的暢快。在這愉快的宴席上，就不要傾訴那些離別的傷感話語了，暢飲美酒的時候不需要牽腸掛肚。宴會結束，燈火依稀，你會送我回去，而杭州，會有一位像羊祜一樣感人淚下的好官留下來，真巧，這個官員也姓楊。

《晉書》記載，羊祜鎮守襄陽有功，死後襄陽人為他立碑，「望其碑者，莫不流涕，杜預因名為墮淚碑」。蘇軾**巧用「楊」與「羊」同音，用羊祜稱頌楊繪是一位有高尚情操的地方官；而「功成名遂」也不經意間透露出蘇軾有政治抱負**的真實一面，所謂酒後吐真言，蘇軾常掛在嘴邊的歸隱，只是說說而已；「不用訴離觴，痛飲從來別有腸」，蘇軾說喝酒是件賞心樂事，不帶憂愁和悲傷才能真正痛飲和享受喝酒的快樂。不拘於生活中的坎坷，一心向上的積極樂觀心態，這種豪邁的人生觀，才是蘇軾主要的人生態度。

蘇軾離杭赴密，楊繪雖甫到任杭州知州，但也在此時被調回京城任翰林學士，於是兩人同行一段，同僚張先、陳舜俞陪同。到了湖州，恰逢湖州太守李常（字公擇）生子，大宴賓客三日，蘇軾賦詞〈減字木蘭花（過吳興，李公擇生子，三日會客，作此詞戲之）〉：

維熊佳夢，釋氏老君親抱送。壯氣橫秋，未滿三朝已食牛。
犀錢玉果，利市平分沾四座。多謝無功，此事如何著得儂。

大意是：李常啊，你做了得子的好夢，佛祖和太上老君就親自把兒子給你送來了。這孩子生得氣宇軒昂，生下來不到三天就已經可以吃下一頭牛了。李常你擺下了「洗兒宴」，準備了豐厚的洗兒錢和洗兒果，讓來參加宴會的賓客都沾上了這好事的光，客人們收了洗兒錢，千萬別說客套話「幫不上忙，無功不受祿」，生兒子要是有你們的功勞，那還得了？

這首詞蘇軾極其幽默，用了各種典故開玩笑，分寸也把握得很恰當。

「維熊佳夢」典出〈詩經．小雅．斯干〉：「大人占之，維熊維羆，男子之祥。」說的是李常吉夢生子這一美事；「未滿三朝已食牛」典出杜甫〈徐卿二子歌〉：「小兒五歲氣食牛，滿堂賓客皆回頭。」人家是五歲食牛，李常的兒子是三天食牛，博眾一笑。

在詩的副題中，蘇軾還說了一個笑話：晉元帝生子，宴百官、賜束帛，殷羨謝曰：「臣等無功受賞。」帝曰：「此事豈容卿有功乎！」同舍每以為笑。生兒子擺酒慶祝是件極開心的事，蘇軾用玩笑為這件開心事錦上添花。

蘇軾在文字中把幽默發揮到極致。達觀之人，從不缺幽默，對他們來說，歡樂無處不在。

第六章

輾轉之間，依舊豁達精彩

1 窮到只能吃草，也不忘灑脫自嘲

熙寧七年（一〇七四年）十二月初三，在路上磨磨蹭蹭了兩個多月後，三十九歲的蘇軾來到了密州，即今天山東諸城。密州屬京東東路管轄，京東東路安撫使同時也兼青州知府，而蘇軾當知府的密州，下面則須管諸城、安丘、莒、高密四縣。

此時蘇軾的官職是「太常博士直史館權知密州軍州事」。在杭州三年，蘇軾沒升官，太常博士是正八品官，一般這個級別不能當太守，所以只是讓他「權知」密州軍州事。又「權」了一次，暫時做一段時間看看。

在杭州當通判，他是副手，不用負全責，太守叫他幹啥就幹啥，對朝政不滿就在詩文裡發發牢騷。可這次到密州當太守，雖然是權知，但必須負全責，問題就擺在那裡，這可不是發發牢騷就可以解決的，他必須面對問題。

一是**應對蝗災**。在初到密州之時，蘇軾就忙著滅蝗，而密州的蝗災比杭州更嚴重。新黨派來的官員習慣欺上瞞下、報喜不報憂，甚至說「蝗不為災」，只吃草、不吃苗。蘇軾到任後二十天就上奏朝廷，報告京東蝗災慘狀，請求中央政府豁免秋稅、救助百姓。

二是全力**抵制呂惠卿的「手實法」**。呂惠卿上臺後，為了擴大中央政府的收入，鑑於免役法核定免役徵收金額存在漏洞，推出了手實法：各戶主自報家產，並按政府標準物價折價，收二〇%財產稅；隱匿不報沒收所有財產，檢舉揭發可得沒收財產的三分之一獎勵；誣告則只須杖六十至八十大板。這個制度使中央政府收入大增，但中上之戶，卻被搜刮得徹徹底底，瞞報的無不傾家蕩產。

蘇軾一面上書宰相韓絳，據理力爭，一面抓住手實法這一法令來自司農寺[1]的漏洞，對負責此事的提舉官說：「違制之坐，若自朝廷，誰敢不從？今出於司農，是擅造律也。」[2]負責此事的提舉官只能從緩。

三是**抵制食鹽專賣**。蘇軾在杭州時，杭州已實施食鹽專賣。到任密州時，朝廷正準備把這一政策推行到密州，他向宰相韓絳呼籲「願公救之於未行」，但是韓絳不予理會。他又上書侍中文彥博，以京東民風剽悍，實行官鹽制度禍不可測為理由提請三思。可是，負責推行此事的是以雷厲風行作風著稱、送過魚給蘇軾的老朋友章惇，蘇軾這些努力當然是螳臂當車、白費力氣。

四是**緝盜**。密州這個地方，民風剽悍，蘇軾在上給文彥博的書中說：「密州民俗武悍，恃好強劫，加以比歲薦飢，椎剽之奸，殆無虛日。」蝗災加旱災，官府又加重盤剝，一些人就選擇鋌而走險，走打家劫舍之路，**《水滸傳》裡的梁山好漢多出自這個地方，是有事實依據的**。

而此時，中央政府為了開源節流，將原來告發盜賊的賞金折半。蘇軾一面上書宰相韓絳和侍中文彥博，爭取中央政府的支持，一面積極緝盜，整治社會風氣。

---

1 掌管國庫收支穀物和貨幣，為推行新法的重要機構。

2 不立即依手實法申報者，以違反國家制度判罪。蘇軾認為如判罰出自朝廷，無人敢反對，但由司農寺決定判罰則形同擅自制定法律。

這些天災或者人禍，正是導致密州普遍貧窮的原因。對天災，蘇軾積極應對，捕蝗、求雨之法都用上；而對新法這一人禍，他挺身而出，積極上書爭取，有條件時堅決抵制。他盡力了。

吃得苦，反而更有氣色

與江南水鄉杭州不同，密州更窮更苦，連官府都窮。宋代重文輕武，立國之初就在各州郡設置公使庫，地方上交給中央的收入歸公使庫，地方官有權支配，吃吃喝喝、迎來送往都可以報銷，目的是厚養士大夫。但新法實施後，各種搜刮使地方公使錢銳減，密州這個窮地方更是生財無道。

蘇軾也不是貪官，相反的，他還要勒緊褲腰帶，想辦法籌措糧食，用於收養數千棄孩。與在杭州時吃香喝辣、飲宴多到令人頭痛相反，蘇軾來到密州，真可謂捉襟見肘，窮得很。

窮到什麼程度呢？他寫過一首〈到潁未幾，公帑已竭，齋廚索然，戲作數句〉：

我昔在東武，吏方謹新書。齋空不知春，客至先愁予。
采杞聊自誑，食菊不敢餘。歲月今幾何，齒發日向疏。
幸此一郡老，依然十年初。夢飲本來空，真飽竟亦虛。
尚有赤腳婢，能烹赬尾魚。心知皆夢耳，慎勿歌歸歟。

這是在知潁州時回憶密州的艱苦歲月：客人來了，但「齋廚索然」，啥都沒有，他和通判劉庭式，沿城尋覓廢圃中野生的枸杞和菊花來招待客人。這可不是偶爾為之的行為藝術，當時蘇軾常常這樣做，為此他還寫下有名的〈後杞菊賦〉，並為這個賦寫了序，大意是說：唐代陸龜蒙曾說他經常吃杞菊，一直到夏天五月，枝葉已經老硬，還是吃個不停。他還就此寫了〈杞菊賦〉寬慰自己。

起先我也懷疑他的說法，覺得一個讀書人，事業上不順心，生活貧困、節省一些就差不多了，說肚子餓到必須吃草木，似乎太誇張。我做官做了十九年了，家庭日益貧困，衣食穿著都不如以前。這次來到密州，以為飯總能吃飽，誰知廚房裡冷冷清清。隨後，我每天和通判劉庭式沿著城牆在荒廢的菜園裡找杞菊來吃，互相摸著肚子大笑，這才相信陸龜蒙說的話是真的。於是寫了這篇〈後杞菊賦〉寬慰自己，並做一些辯解。

這篇文章寫得很有意思，我們姑且錄之：

「吁嗟先生，誰使汝坐堂上稱太守？前賓客之造請，後掾屬之趨走。朝銜達午，夕坐過酉。曾杯酒之不設，攬草木以誑口。對案顰蹙，舉箸噎嘔。昔陰將軍設麥飯與蔥葉，井丹推去而不嗅。怪先生之眷眷，豈故山之無有？」

先生忻然而笑曰：「人生一世，如屈伸肘。何者為貧，何者為富？何者為美？何者為陋？或糠核而瓠肥，或粱肉而墨瘦。何侯方丈，庾郎三九。較豐約於夢寐，卒同歸於一朽。吾方以杞為糧，以菊為糗。春食苗，夏食葉，秋食花實而冬食根，庶幾乎西河、南陽之壽。」

大意是：「唉，先生。誰讓你坐在堂上，還自稱太守？前有賓客請你吃飯、後有手下官員跟從。早上到衙門待到中午，傍晚一直坐到酉時以後，這麼長的時間裡，沒有喝過一杯酒，就是拿草木騙騙自己嘴巴。對著飯桌，時時皺起眉頭，拿起筷子，卻難以下嚥。以前西漢的陰就將軍拿麥飯與蔥葉來招待井丹，井丹把飯菜推到一邊，看也不看。奇怪的是你好像對草木之食情有獨鍾，難道你們家鄉沒有這樣的草木？」

自己聽了之後，笑著說：「人活在這世界上，就像手肘一樣能能屈能伸。什麼叫貧困？什麼叫富有？什麼叫美豔？什麼叫醜陋？有的人吃粗糠照樣長得白白胖胖，有的人整天山珍海味卻還是很瘦。何曾飯菜每天花費萬錢，庾杲之翻來覆去還是吃韭菜。這只是在夢裡吃得比較豐盛，到頭來還是一死。我以杞菊為食，春天吃它的苗、夏天吃它的葉子、秋天吃它的花和果實、冬天吃它的根，說不定我還能像子夏和葛洪《抱朴子》裡所說，跟喝菊花水的南陽酈縣山人那樣長壽！」

「以杞為糧，以菊為糗，春食苗，夏食葉，秋食花實而冬食根。」枸杞葉味道微苦但有甘味，如今的粵菜還保留這道菜，枸杞則藥食皆用，有滋腎、潤肺、補肝、明目的功效；菊花的菊苗及嫩葉、部分品種的花瓣，可作蔬菜。菊花具有散風清熱、平肝明目、抗菌、抗腫瘤等功效。

枸杞葉和菊葉雖然可以做菜，但味道和口感確實不盡如人意，蘇軾生活的年代少有人食用，更不要說現代人了。**枸杞有甜味、菊花瓣有特殊的香味，倒是經常拿來入饌，但吃它們的根部，則純為醫藥用途。這兩種東西都有明目的功效，而蘇軾有眼疾**，倒還是挺合適的。

此時蘇軾雖是堂堂太守，但這是「低官高就」，他實際上只是一個八品官員。家裡人多，沒有了公務接待費，還要接濟棄嬰，所以窮到這種程度。這個窮太守，對付窮日子也不忘引經據典，上述文章裡就提到三個典故：其一，唐代詩人陸龜蒙，自號天隨子，在書齋前的空地上種枸杞和菊花當蔬菜吃，甚至在夏天枝葉又硬又苦時，他照吃不誤，還寫了一篇〈杞菊賦〉，所以稱蘇軾此作〈後杞菊賦〉。

其二，西漢扶風（今陝西省寶雞市）井丹，為人清高，從不趨近權貴。有五位好賓客的藩王想網羅他而不得，信陽侯陰將軍陰就自薦為五王邀請，實則派人劫持，並故意把麥飯、蔥葉之類的粗食給井丹吃。井丹不屑的推開說：「以為君侯能供甘旨，故來拜訪，相待何其菲薄？」陰就趕緊拿來大魚大肉，井丹這才開吃。

蘇軾援用故事是為了引出下面兩句：井丹被劫持了都會要求吃好的，你何必對這般清苦的生活如此眷戀，難道故鄉沒有一點家業，不可以辭官歸故里，回去吃飽飯嗎？

其三，《史記．仲尼弟子列傳》載，子夏「居西河教授，為魏文侯師」。西河指長壽的子夏。至於「南陽之壽」，據《抱朴子》：「南陽酈縣山中有甘谷，谷中皆菊，著花落水，居人飲之多壽，有及一百四五十歲者。」蘇軾說多食杞菊，可以像子夏和南陽人一樣長壽。用枸杞和菊花度窮日子，蘇軾這是有依有據。

蘇軾吃了一年的枸杞和菊花後，藥效顯著，據他自己說是「顏面加豐」，氣色旺盛，連他最擔心的白髮也日漸轉黑。

面對窮苦，心胸豁達的蘇軾超然物外，以灑脫的態度面對困難。此文後被誣為譏諷朝廷減削公使錢太甚，亦成為烏臺詩案罪證。

2 只要健在，彼此的心就能相互連結

蘇軾負一州之責，**面對天災人禍，沒有公務接待費，自己又特別窮，他應對的心態是超然。**

所謂超然，蘇軾在〈寶繪堂記〉中說得很清楚：「君子可以寓意於物，而不可以留意於物。」**「物」沒有對錯，人從物裡跳出來，居於物外欣賞，則天下沒有不可愛之物；相反的，人如果陷於物欲之中，則會患得患失，得之窮奢極侈，失之痛不欲生。**

這是與惡劣環境相處的人生智慧，是精神上的自我安慰。蘇軾不是聖人，在密州任上，他也有孤獨的時候，要不他怎麼會夢見亡妻，寫下那首著名的〈江城子．乙卯正月二十日夜記夢〉？

熙寧八年（一〇七五年）除夕，蘇軾病了，臥床好幾天。情緒低落的他作了一首〈除夜病中贈段屯田〉，節錄如下：

欲起強持酒，故交雲雨散。唯有病相尋，空齋為老伴。

蕭條燈火冷，寒夜何時旦。倦僕觸屏風，飢鼯嗅空案。

數朝閉閣臥，霜發秋蓬亂。傳聞使者來，策杖就梳盥。

蘇軾來到密州，身邊沒有老朋友，病得睡不著覺，看著燈火望天明。他臥床數天，連頭髮都亂

糟糟的，聽說段繹之派人送來信件，趕緊拄著手杖、梳髮洗漱。

蘇軾似乎病得不輕，是什麼病？蘇軾研究專家孔凡禮從紹聖三年（一〇九六年），蘇軾在〈與程正輔〉四十七首之三十三「**某舊苦痔疾，蓋二十一年矣**」往回倒推，剛好就是這一年，原來**蘇軾這次是痔瘡初發**。

詩題中提到的段屯田段繹，字繹之，是蘇軾在密州結交的少數幾個朋友之一。段繹是唐代長期擔任涇州刺史、涇原節度使的名臣段秀實的後代。蘇軾擔任密州太守時，上司是京東東路安撫使兼青州知府滕元發，段繹則時任京東東路提點刑獄[3]、屯田員外郎。蘇軾在密州的窮困、孤獨、多病歲月，幸有段繹關心，兩人也多有唱和。在另一首和段繹與喬禹功的詩〈二公再和亦再答之〉中，蘇軾寫道：

寒雞知將晨，飢鶴知夜半。亦如老病客，遇節常感嘆。
光陰等敲石，過眼不容玩。親友如摶沙，放手還復散。
羈孤每自笑，寂寞誰肯伴。元達號神君，高論森月旦。
紀明本賢將，汩沒事堆案。欣然肯相顧，夜闌燈火亂。
盤空愧不飽，酒薄僅堪盥。雍容許著帽，不怪安石緩。

3 主管所屬各州的司法、行獄和監察，兼管農桑。

雖無窈窕人，清唱弄珠貫。幸有縱橫舌，說劍起慵懦。
二豪沉下位，暗火埋溼炭。豈似草玄人，默默老儒館。
行看富貴逼，炙手借餘暖。應念苦思歸，登樓賦王粲。

他說自己這個老病人，每逢節日就倍感寂寞，親朋好友就如手裡抓住的沙，一旦撒手就散了，好在有你們相陪。可是自己實在是窮，沒有什麼能拿出來感謝你們，「盤空愧不飽，酒薄僅堪盥」，菜少酒薄，實在慚愧。

求雨抗旱，建常山廟

蘇軾還會想辦法改善艱苦的生活，除了前文說到他和通判劉庭式二人尋覓廢圃中的野生枸杞和菊花吃，他還號召了一次打獵。蘇軾上任第二年四月，密州大旱，蘇軾又將在鳳翔府裡的抗旱絕招求雨，故技重施，齋戒後往東武縣南二十里外的常山祈雨。這次運氣不錯，還真下了一場大雨。

過了一個月，乾旱又至，蘇軾再次到常山求雨，並許下事成之後建廟供奉報答，這次求雨也成功。密州旱情解除後，常山廟在十月建成。蘇軾前往拜祭，心情大好，回程的時候與梅戶曹在鐵溝會獵、習射放鷹，並作詞〈江城子．密州出獵〉：

老夫聊發少年狂，左牽黃，右擎蒼。錦帽貂裘，千騎卷平岡。

為報傾城隨太守，親射虎，看孫郎。
酒酣胸膽尚開張，鬢微霜，又何妨？持節雲中，何日遣馮唐？
會挽雕弓如滿月，西北望，射天狼。

大意是：老夫我姑且抒發一下青年的豪情，左手牽黃狗、右臂舉蒼鷹。戴著錦帽、穿著貂裘大衣，帶領大隊人馬從平坦的山崗上席捲而過。滿城傳說太守要去打獵，大家都爭相去看。我要親手射殺猛虎，就像三國時的孫權一樣。酒喝得很暢快，胸襟仍開闊、膽氣更豪壯，就算頭髮微白，那又有什麼關係？什麼時候才派遣馮唐去雲中郡，把邊事委託給太守魏尚？我將像魏尚一樣，把弓拉得如滿月形狀，瞄準西北面，打擊入侵者。

這首詞是蘇軾開創宋詞豪放派的代表作，主流評論認為這首詞表達了蘇軾強國抗敵的政治主張，書寫渴望報效朝廷的慷慨意氣和壯志豪情。其實大家想多了，蘇軾求雨得雨，百姓為報答這位「如有神助」的太守，傾城而出和他一起狩獵。這麼多人狩獵，不需要什麼技術，喊叫聲都把各種野味嚇得四處亂竄。「酒酣胸膽尚開張」，不僅胸膽大開，海口也誇下，居然想上戰場殺敵立功，他這是酒喝多後吹牛。

蘇軾在離開鳳翔前，也曾參加過一次狩獵，收穫不少，蘇轍也說「吾兄善射」，看來射術還不錯。但說到**帶兵打仗，既非蘇軾所長，也非蘇軾所願，他反對與西夏開戰**。

蘇軾寫這首詞時心情大好，除了求雨成功、密州旱情解除外，不排除還有另一個原因——這次狩獵改善了生活，終於可以大口吃肉、大碗喝酒。從他把這首詞寄給鮮于子駿時說的話可以窺見一斑：「近卻頗作小詞，雖無柳七郎風味，亦自是一家，數日前獵於郊外，所獲頗多。作得一闋，令東州壯士抵掌頓足而歌之，吹笛擊鼓以為節，頗壯觀也。」（〈與鮮于子駿〉三首之二）

從沿城牆找枸杞、菊花，到狩獵所獲頗多，這個吃貨對付窮困有積極作為的一面，不埋怨、想辦法解決，這不也是一種超然嗎？

生活帶給你什麼，你就享受什麼

要做到超然，就要接受現實，學會欣賞當前生活中的美好。蘇軾從富庶的杭州來到貧困的密州，生活品質陡降自不待言，一南一北飲食習慣的差異更是巨大，在〈和蔣夔寄茶〉中，他說：

我生百事常隨緣，四方水陸無不便。扁舟渡江適吳越，三年飲食窮芳鮮。
金齏玉膾飯炊雪，海螯江柱初脫泉。臨風飽食甘寢罷，一甌花乳浮輕圓。
自從捨舟入東武，沃野便到桑麻川。剪毛胡羊大如馬，誰記鹿角腥盤筵。
廚中蒸粟埋飯甕，大杓更取酸生涎。柘羅銅碾棄不用，脂麻白土須盆研。
故人猶作舊眼看，謂我好尚如當年。沙溪北苑強分別，水腳一線爭誰先。
清詩兩幅寄千里，紫金百餅費萬錢。吟哦烹嘗兩奇絕，只恐偷乞煩封纏。
老妻稚子不知愛，一半已入薑鹽煎。人生所遇無不可，南北嗜好知誰賢。
死生禍福久不擇，更論甘苦爭蚩妍。知君窮旅不自釋，因詩寄謝聊相鐫。

好朋友蔣夔寄來一盒新茶，茶香清逸、沁人心脾，更引人遐思。蘇軾說他一生事事都隨緣，足跡遍布全國各地，不管是乘船還是坐車、徒步，沒有什麼不方便的。到了吳越，三年的富足生活讓他嘗盡了美食。鱸魚膾、潔白晶瑩的米飯、螃蟹、江瑤柱（即干貝）等各式各樣新鮮的河鮮海味，並在酒足飯飽、午醉初醒的時刻品一盅清茶。這位美食家常常充滿了陶然自得的滿足感。

自從來到密州這個遠離政治、經濟和文化中心的窮鄉僻壤，莽莽荒原上顛簸勞頓的車馬，取代了江南水鄉安逸的舟船；僅蔽風雨的簡樸民宅，取代雕梁畫棟舒適的屋宇；一馬平川、單調的桑麻之野，取代如詩如畫、醉人的江南美景。

而更讓人難以適應的，則是飲食的粗陋和單調。荒瘠寒冷的大地，物產本來就不夠豐富，再加上連年蝗、旱災，莊稼、菜蔬無不歉收，因而食物奇缺。早已習慣鮮食美味的蘇軾，如今卻不得不學本地人吃粟米飯、飲酸醬，有時也**把肉塊埋在飯下蒸煮，做成所謂「飯甕」**，這大概可以算是密州的一道美食。

那些精緻的茶具如今早已廢棄、優雅的情趣也早已忘記，好朋友破費萬錢、千里相贈的茶中極品，竟然有一半被不識貨的老妻幼兒拿去煮成薑鹽茶。

經過一番對比，蘇軾感嘆：人生所遇，沒有什麼過不去的，南北差異也沒有誰優誰劣，生與死、福與禍，早就無從選擇，更別說什麼甘與苦。此時的蘇軾，經歷過杭州、密州兩種全然不在同層次的生活水準後，感悟到人生無常、時使物然，不必過於執著，人要豁達一些，**生活帶給你什麼，你就享受什麼，從一切事物上都可以得到樂趣，不要禁錮自己的心。**

但願人長久，千里共嬋娟

心安即身安，在密州忙完一年，諸事料理妥當，蘇軾差人上山伐木，修葺官舍、收拾庭園。蘇軾發現園北有一座廢舊城臺，他也向鳳翔時的陳亮學習，建起一座高臺。這座高臺南望常山、馬耳山，東為盧山，西望穆陵，北為濰河，登高望遠，風景甚是壯闊。**蘇軾請老弟蘇轍取名，蘇轍太了解老哥，取名為「超然臺」**，並作〈超然臺賦〉，蘇軾則作〈超然臺記〉曰：

雨雪之朝，風月之夕，予未嘗不在，客未嘗不從。擷園蔬，取池魚，釀秫酒，瀹脫粟而食之，曰：「樂哉遊乎！」

摘園子裡的蔬菜、釣池塘裡的游魚、釀高粱、煮糙米，就已經是一種樂趣。

接著，他又作詞〈望江南．超然臺作〉：

春未老，風細柳斜斜。試上超然臺上看，半壕春水一城花。煙雨暗千家。
寒食後，酒醒卻咨嗟。休對故人思故國，且將新火試新茶。詩酒趁年華。

大意是：春天還沒有過去，微風細細，柳枝斜斜隨之起舞。登上超然臺遠遠眺望，護城河只半滿的春水微微閃動，城內則是繽紛競放的春花。更遠處，家家瓦房均在雨影之中。寒食節過後，酒醒因思鄉而嘆息不已，只得自我安慰：不要在老朋友面前思念故鄉了，姑且點上薪火來烹煮一杯剛採的新茶。「詩酒趁年華」，與其沉溺過去苦苦周旋於心卻不可得的一切，把握現在尚在的好年華，多做一些開心的事，借詩酒以自娛，不是更好嗎？這就是超然！

超然臺建後，蘇軾的朋友們紛紛以詩文賦應和，他也經常登臺，登高望遠、吟詩作賦，他在〈七月五日〉二首其二中說：「何處覓新秋？蕭然北臺上。」又說：「新棗漸堪剝，晚瓜猶可餉。」新棗子漸漸可以摘了，最晚熟的瓜還可以吃到，這令他很滿足。及時行樂都來不及了，哪有時間悲秋，所以他又說：「念當急行樂，白髮不汝放。」這也是超然！

當然了，**超然並不一定與快樂相依相伴，畢竟生活中總有不如意的事**。超然不會使不如意之事不來，但超然可以使不如意之事沒那麼難度過。

熙寧九年中秋夜，蘇軾與同僚們暢飲於超然臺，這是一次快樂的盛會。蘇軾想起為超然臺命名的老弟蘇轍，**蘇軾之所以選擇調來密州，目的是與濟南的蘇轍離得近一點，有機會見面**。但這個想法未能實現，他們已經七年未見，蘇軾因此傷心大醉，這是一件不如意的事，蘇軾因此作詞〈水調歌頭〉：

> 明月幾時有？把酒問青天。不知天上宮闕，今夕是何年？
> 我欲乘風歸去，又恐瓊樓玉宇，高處不勝寒。起舞弄清影，何似在人間。
> 轉朱閣，低綺戶，照無眠。不應有恨，何事長向別時圓？
> 人有悲歡離合，月有陰晴圓缺，此事古難全。但願人長久，千里共嬋娟。

「人有悲歡離合，月有陰晴圓缺，此事古難全。」蘇軾超然看待悲歡離合：「但願人長久，千里共嬋娟。」只要親人長久健在，即使遠隔千里，也可以透過普照世界的明月把兩地聯繫起來，把彼此的心連結在一起。他並不完全超然的對待自然界的變化發展，而是努力從**自然規律中尋求「隨緣自娛」的生活意義**。所以，儘管這首詞基本上是一種情懷寥落的吟秋，讀來卻並不缺乏「觸處生春」[4]、引人向上的韻致。

這才是真超然！

4 清代趙翼評蘇軾，指蘇軾妙筆生花，任何情景寫來彷彿都有生命。

3 治國如治病，清靜則身自健

蘇軾的運氣實在一般，他到密州後先是遇到旱災，接著又遇洪災。據《古今詞話》引宋人陳元靚《歲時廣記》：蘇軾出守密州，適逢大雨經月，黃河決流，水至城下，蘇軾登城夜宿，發動百姓護城。水退之後，築十餘里長堤。

古代風俗中，三月三日上巳節，人們會在水濱約聚宴飲，後人模仿這種風俗，在環曲的水流旁舉行宴會。曲水流觴，杯子停在誰面前就讓誰喝酒，王羲之著名的〈蘭亭集序〉就是這麼來的。

熙寧九年（一〇七六年）三月，來到密州一年多的蘇軾看到堤成，滿城歡天喜的迎接上巳節，心情大好，登上諸城南禪流懷亭，寫下了這首〈滿江紅．東武會流杯亭〉：

東武城南，新堤固，漣漪初溢。隱隱遍，長林高阜，臥紅堆碧。枝上殘花吹盡也，與君試向江頭覓。問向前、猶有幾多春，三之一。

官裡事，何時畢？風雨外，無多日。相將泛曲水，滿城爭出。君不見蘭亭修禊事，當時座上皆豪逸。到如今、修竹滿山陰，空陳跡。

大意是：東武城南剛建好新堤，郟淇河水開始流入。微雨過後，濃密的樹林，蒼翠的山崗，紅花綠葉，滿地堆積。枝頭殘花早已隨風飄盡，我與朋友一同到江邊尋覓春天。試問未來還有多少春光？算來不過三分之一。官衙裡的公事紛雜堆積，哪天會處理完？風雨過後，更無幾多明媚春日。今日相約，曲水流觴，全城百姓也爭相聚集。你不曾聞知東晉蘭亭修禊的故事？當日滿座都是豪俊高潔之士，如今只有滿山長竹。往日陳跡無從尋覓。

來到密州一年多，蘇軾忙於與老天爺抗旱抗洪、與新法抗辯抗爭，都是為了一城百姓。「官裡事，何時畢？風雨外，無多日」，雖然微含怨艾，但可以理解，蘇軾是人不是神。看到滿城百姓安居樂業，爭相出城到河邊嬉遊，蘇軾想到了王羲之等名士對詩作賦的情景，而蘭亭如今只剩下一片竹林，早已無從尋覓過往的蹤跡。超然的蘇軾，已經看透了人生起伏與時間變遷。

勤政愛民的蘇軾，在熙寧九年年初，終於升上尚書祠部員外郎，這是七品的官職。而面對職務升遷，蘇軾表現得不太在乎，他在同年四月作的〈密州常山雩泉記〉中，自述官職為「朝奉郎尚書祠部員外郎直史館知密州軍州事騎都尉借紫」，終於把「權」字拿掉，正式坐穩密州太守的位置，待遇也更好。雖然蘇軾經常議論時事，但政治成績突出，不提拔也不行。

世間是非憂樂，本就是一場空

與杭州的弦歌侑酒比，在密州喝酒簡直寒酸。除了某次喬太博左遷欽州將軍時，蘇軾烹鵝殺鹿痛飲外，其餘時候基本上不怎麼大吃大喝。

在〈莫笑銀杯小答喬太博〉中，他對喬太博說：「請君莫笑銀杯小，爾來歲旱東海窄。」**密州**

的乾旱不但影響收成，甚至連東海都變窄，所以酒不多，要換成小銀杯；他對密州酒友趙明叔說：「幾回無酒欲沽君，卻畏有司書簿帳。」（〈趙既見和復吹韻答之〉）蘇軾原來的八品官，收入只夠養家糊口，能用公款釀的公使酒又有嚴格限制，一年不得超過百石（約六百七十公升），所以不敢拿公使酒請客。

這次官升至七品後，待遇提高，可以請趙明叔喝酒了，雖然酒有點淡。他作了兩首〈薄薄酒〉，其一為：

薄薄酒，勝茶湯。粗粗布，勝無裳。醜妻惡妾勝空房。
五更待漏靴滿霜，不如三伏日高睡足北窗涼。
珠襦玉柙萬人相送歸北邙，不如懸鶉百結獨坐負朝陽。
生前富貴，死後文章，百年瞬息萬世忙。
夷齊盜跖俱亡羊，不如眼前一醉是非憂樂都兩忘。

淡薄之酒，比茶水好；粗麻布衣，勝過沒衣服穿；家中妻妾醜陋，總比獨守空房強得多。經過層層對比，我們可以看到，此時蘇軾達觀、知足常樂。

接著他又說，當大官的人，天還沒亮就要起身奔早朝，在殿廷等待皇帝朝見，天寒地凍，兩隻靴子都結滿了霜，還不如辭官歸田的陶淵明，他三伏天時高臥在北窗之下，享足了清風涼爽的樂趣；那些王公貴族，死後有萬人送葬，金縷玉衣、珠襦玉匣，何等榮耀，但終歸還是要被埋進幽暗的墳墓中，還不如那身穿亂麻、獨坐街頭、光著背晒太陽的田夫，他尚能享受到陽光的溫暖。什麼生前富貴、死後文章？百年一瞬，萬世空忙！不管是商代末年，為名聲餓死在首陽山的伯夷、叔齊，還是春秋末年為利死在東陵之上的大盜，就像丟失的羊一樣，他們的死亡，分不清誰輕誰重，不如「一醉是非憂樂都兩忘」。

第二首〈薄薄酒〉：

薄薄酒，飲兩鐘；粗粗布，著兩重；美惡雖異醉暖同，醜妻惡妾壽乃公。
隱居求志義之從，本不計較東華塵土北窗風。
百年雖長要有終，富死未必輸生窮。但恐珠玉留君容，千載不朽遭樊崇。
文章自足欺盲聾，誰使一朝富貴面發紅。達人自達酒何功，世間是非憂樂本來空。

蘇軾認為，人間的美醜冷暖雖相同，但富者荒淫腐化、早死，而貧者醜妻陋妾卻能長壽。在朝的官僚權貴貪婪強暴，厚顏無恥，而民眾和隱士，卻心懷高志，唯義是從。有錢的人死了，用珠玉裹屍，以求千載不朽，但他們沒有料到，這反而引來強盜掘其體、掠其寶、姦其屍、辱其身，下場更為悲慘，而這完全是他們自找的！死後文章、名垂千古都是些欺騙瞎子和聾子的鬼話。到頭來，人終不免一死，進入墳墓。富貴功名沒什麼了不起，珠玉金錢也買不了他們的命。通達事理的人都能做到曠達，這並不是酒的功勞，而是因為**世間的是非憂樂，本來就是一場空**。

對於朝政，蘇軾失望透頂；對於仕途，蘇軾此時也看淡了。**密州兩年，蘇軾的詩詞被後人稱**

為「**超然體**」，他已從杭州的發發牢騷，進階為超然。沒辦法，身為一州之長，必須面對、克服困難，雖然盡力，但也時時感到無能為力，若不超然看待，又能如何？

與民休息才是治國之道

此時的朝政，正經歷新一輪的血雨腥風，新黨的內部亂了。

王安石去職後，宋神宗以韓絳、呂惠卿、曾布三人共同執政，蘇軾的好朋友章惇則為負責新政的三司使。韓絳碌碌無為，而呂惠卿先是排擠曾布，繼而獨攬大權。呂惠卿為防止王安石東山再起，便刻意造謠中傷王安石。

韓絳看在眼裡，卻又沒有能力阻止，於是密請神宗重新起用王安石。呂惠卿知道後放手一搏，列出王安石兄弟的缺點上奏神宗。視王安石亦師亦父的宋神宗，將呂惠卿的告狀寄示王安石。

王安石重用呂惠卿時，司馬光曾警告他，說呂惠卿「諂諛之士，於公今日誠有順適之快，一旦失勢，將必賣公自售矣」。王安石痛心疾首，說自己「忠不足以取信，故事事欲須自明；義不足以勝奸，故人人與之立敵」。

熙寧八年二月，宋神宗重新起用王安石，以同中書門下平章事再次拜相。王安石與呂惠卿這對昔日師徒已經反目成仇，但要趕走呂惠卿總得有理由。

同年十月，呂惠卿的弟弟——崇政殿說書[5]呂升卿——因罪事而被遣出京師，改任江南西路轉運副使。眾臣見此詔，便一起撲上來「圍毆」呂惠卿，先是御史蔡承禧論呂惠卿結黨誤國，御史中丞鄧綰又告發他的兄弟強借華亭縣富民錢五百萬，與知縣張若濟一同買田地作惡，請求下獄審問這兩人。不久後，宋神宗便下詔讓呂惠卿出京知陳州。

宋神宗不僅罷了呂惠卿，也汰換整個行政中樞，韓絳出知鄧州。鄧綰向神宗表示：呂惠卿執政超過一年，所立朋黨不相同，卻與呂惠卿共同作惡。於是章惇也出京知湖州。

儘管與章惇政見迥異，蘇軾看到章惇遇到一點小風波，也不忘安慰一下老朋友，在〈和章七出守湖州〉二首其一中，他鼓勵章惇一番，說他雙親健在，這比仕途順利更重要，又說「早歲歸休心共在，他年相見話偏長。只因未報君恩重，清夢時時到玉堂」，意為當年一起談到歸隱，只是現在君恩重，這種願望只能留到夢裡了。但章惇不只蘇軾想的如此，他的抱負可大呢！

王安石罷相、呂惠卿上臺後，新法有些幾經調整，有些卻變本加厲，王安石重新執政又會好到哪裡去？對這種朝三暮四的人事變更，蘇軾認為是沒有意義的行為，但他不能明說，於是建了一座「蓋公堂」。

密州是漢代政治家蓋公的故鄉，《漢書．曹參傳》載，孝惠元年（西元前一九四年），曹參為齊相，向蓋公請示為治之道，蓋公言：「治道貴清靜而民自定。」曹參用蓋公與民生息之道，齊地大治，後來曹參當上宰相，以治齊之道治天下。

史上為人稱道的蕭規曹隨，基礎正是建立於蓋公的治國方略上。蘇軾建蓋公堂，其實是**想透過紀念蓋公，對新政表達不滿，也是希望往後治密州的官員，能與民休息，別再折磨百姓**。

蘇軾不僅建堂，還寫了〈蓋公堂記〉，編了一個「三易醫而病癒甚」的故事：我居住在鄉下時，有一位感冒、咳嗽的人前去求醫，醫生認為是肚子裡有寄生蟲，如果不治會死人。於是，醫生用多種金屬礦物質來治療，讓患者飲下治蟲的藥，攻擊他的腎臟、腸胃，灼傷他的體膚，並禁止他享用各種美食。一個月後，百病齊發、內熱外寒，咳嗽不停卻根本沒有見到寄生蟲。求教另一位醫生後，醫生認為是發熱病，便開給他寒瀉的藥，每天早晨嘔吐、傍晚黑夜腹瀉，最後連飯也不能吃。第三位醫生選擇了相反的治療方法，將鐘乳、烏喙[6]等藥材一併讓病人吃下，而疔瘡、癰疽、疥瘡、暈眩等病症無所不發作。

三次更換醫生，患者的病卻越來越嚴重。鄉里老人告訴他：「這是醫生的責任，用藥錯誤。你什麼病都沒有，人生在世，以氣為主，食物為輔。如今你每天藥不離口，各種毒素搞亂你的內臟、破壞元氣，沒有了食物的輔助，所以害病。你應該臥床休息、謝絕醫生、斷絕吃藥，吃一些自己喜歡的食物。飲食甘美就是最好的藥，一次就能見效。」患者按照老人的話去做，果然，一個月病就好了。

「人之生也，以氣為主，食為輔。」、「謝醫卻藥而進所嗜，氣全而食美矣。」**蘇軾用食療與醫藥的關係，比喻治國之道**。無病呻吟、疑神疑鬼，胡亂求醫用藥，將招致百病纏身，這說明治身之道貴靜而身自健，治國之道亦然，與民休息，清靜無為而民自定。**蘇軾直指宋神宗無事生非，導致朝政之亂**，後來烏臺詩案宋神宗親處蘇軾，看來宋神宗並非不知道蘇軾時常指桑罵槐。

5 為皇帝講說書史、解釋經義。
6 鐘乳有溫肺、補陽等功效；烏喙能補火助陽，散寒止痛。

當了兩年的密州知州，蘇軾對如何牧民更有心得，在杭州時只有滿腹牢騷，現在心中則有一套完整的政治主張。這一年十一月，四十一歲的蘇軾接到調令，以祠部員外郎直史館移知河中府（今山西永濟市）。蘇軾在密州的任期也就兩年多幾天。

離開密州時，蘇軾在詩裡說：「秋禾不滿眼，宿麥種亦稀。永愧此邦人，芒刺在膚肌。」（〈和孔郎中荊林馬上見寄〉）道盡對密州百姓的惻隱之情。

在〈江城子．前瞻馬耳九仙山〉中，他說：「人事淒涼，回首便他年。莫忘使君歌笑處，垂柳下，矮槐前。」這種漂泊的官旅生涯，淒涼又滄桑，他希望大家不要忘了他。他在〈與周開祖〉四首其二中說：「往日相從湖山之景，何緣復有。」對密州，盡是不捨。

蘇軾對密州飽含深情，付出太多，但他也收穫了超然的處世態度，榮辱、甘苦於他已是浮雲。

4 七年未見，兄弟仍錯過

宋代為了防止地方官員發展勢力，對地方官的任期有嚴格的限制，一般為三年一任，到期就調動。蘇軾在密州的時間雖然只有兩年多，但加上到職前一路玩樂的那幾個月，差不多就是三年。

從密州到河中府雖然不是特別遠，但萬一下雪耽誤行程，就要在途中過年，於是蘇軾決定先到濟南看看老弟蘇轍，他們已經七年沒有見面。

此時的政局又陷入動盪。新法推行這麼多年，國庫是豐盈了，老百姓卻苦不堪言。宋神宗支持變法，之所以讓王安石下臺，就是想修正部分新法。這次讓王安石再次拜相，神宗希望能更加關注百姓疾苦，奈何王安石堅決不妥協。宋神宗說了幾句重話，他乾脆撂挑子[7]，稱病不上朝。

王安石的兒子王雱欲徹底打擊呂惠卿，卻被呂惠卿反告一狀，王安石對此嚴厲責怪一番，後來王雱一病不起，發背疽而死。**王安石二次拜相，雖然扳倒呂惠卿，卻賠上了獨子**，再加上與神宗的治國理念不盡一致，於是更力請解職。

熙寧九年（一〇七六年）十月，王安石再次解職，歸居金陵，相位由吳充、王珪執掌。吳充屬

7 比喻拋下應擔任的工作。

舊黨，王珪屬新黨，宋神宗此舉是希望兩黨勢力能夠平衡。

王安石再次下野，蘇轍認為這是一個難得的機會，他在齊州掌書記的職務也剛好期滿，於是匆匆上京，上書宋神宗，力主廢除青苗、保甲、免役、市易四法，並留京過年等候轉機，因此蘇軾到濟南時撲了空，幸好有好朋友李常，他此時是齊州知州。

李常就是兩年多前，蘇軾從杭州赴密州，途經湖州時的知州李公擇。那時李常得子，大擺宴席，蘇軾還作詞開玩笑，說生兒子這事要是別人幫得上忙，那還得了！可見他們兩人關係之深。

李常家境好，為人也很大方，蘇軾在密州過慣了窮日子，想到很快就可以見到這位老朋友，非常興奮，在快到濟南的龍山鎮，忍不住賦詞一首〈陽關曲．答李公擇〉：

> 濟南春好雪初晴，才到龍山馬足輕。使君莫忘霅溪女，時作陽關腸斷聲。

春光明媚的濟南城，雪後的天色剛剛放晴。騎行到龍山鎮中，頓覺馬蹄輕盈。李太守千萬不要忘記湖州霅溪畔的歌女，不時能聽到她唱著令人腸斷的〈陽關〉。

還沒到濟南，蘇軾就覺得連馬兒的腳步都變得輕快了，可見蘇軾內心之興奮，蘇軾還提醒李常，當年在湖州霅溪邊為蘇軾舉辦的送別宴，歌女的〈陽關〉曲可好聽了。老朋友之間不用客氣，這麼一提，既是回憶舊時老友隆重接待，說明這份熱情蘇軾牢記著，也提醒李常，這次接待規模，可不能亞於上次。

這首詞寫「答李公擇」，而答必有問。蘇軾還沒進入濟南城內，李常就已經派人帶著詩在路上迎接蘇軾，一同迎接他的還有蘇轍三個兒子。

除了以這首詞答李常，蘇軾在〈至濟南，李公擇以詩相迎，次其韻〉二首其一中說：「敝裘羸馬古河濱，野闊天低糝玉塵。自笑餐氈典屬國，來看換酒謫仙人。」蘇軾說他穿著破舊的棉衣，騎著瘦弱的馬，面對遼闊的曠野，烏雲壓頂的天空，米粒大的雪花，自己就像從匈奴逃回來的蘇武，來看藏有好多酒的李白。

蘇軾姓蘇，所以自比狼狽不堪的蘇武；李常姓李，所以用李白與之對照。缺酒喝的蘇軾，這個比喻夠風趣，他是跟李常討酒喝！

蘇軾與李常在京城時就同朝為官，且志趣相投。當時李常的官職為右言正，王安石執政時，想起用他為三司條例司檢詳官。李常不但拒絕，他還上疏：「條例司始建，已致中外之議。至於均輸、青苗，斂散取息，傅會經義，人且大駭，何異王莽猥析《周官》片言，以流毒天下。」王安石扣下李常的上疏，並讓人警告李常別胡說八道。王安石此時把李常當自己人，但李常不領情，繼續公開反對新政，最終被趕出京城，通判滑州（今河南安陽市滑縣），後來又知鄂州、湖州、齊州。因為與蘇軾是老朋友、老同事，且政治傾向一致，這時在濟南相遇，李常自然熱情接待。

從貧窮的密州到了濟南，蘇軾可謂一頭衝進了醉鄉。一行人住在蘇轍家，雖然蘇轍不在，但並不影響日常的吃吃喝喝。

元豐七年（一〇八四年），蘇軾由黃州團練副使調任汝州團練副使，順道到筠州訪老弟一家時，在〈將至筠先寄遲適遠三猶子〉中，他回憶起這段日子，說「憶過濟南春未動，三子出迎殘雪裡。我時移守古河東，酒肉淋漓渾舍喜」。酒肉足夠，以至淋漓，不僅他一個人吃好喝好，全家上上下下都滿足了，所以是「渾舍喜」。蘇軾在作品中很少提起家裡人，實際上，他將家人照顧得很周到，比如在荊州吃野雞時，他就只啃雞腳，把肉較多的部位留給家人。

李常為好熱鬧的蘇軾安排了眾多飯局，蘇軾在〈次韻舒教授寄李公擇〉中回憶起愉快的經歷，說「去年逾月方出晝（予去年留齊月餘），為君劇飲幾濡首」，歡鬧了一個多月，喝得幾乎頭都泡到酒裡。

據蘇軾〈寒食宴提刑致語口號〉的「還把去年留客意，折花臨水更徘徊」和〈次韻李公擇梅花〉的「更憶檻泉亭，插花雲髻重」，可知李常邀蘇軾遊濟南名勝大明湖，臨水設宴，舉行折花城會，還有美人相陪。「插花雲髻重」，看來在密州的兩年多，蘇軾沒見過這種大場面，給美人雲髻插花，雲髻因此變得沉重。在〈與幾道宣義〉中，他說「每思檻泉之遊，宛在目前」。李常這一次接待，讓蘇軾念念不忘。

在濟南一個多月，蘇軾還另有收穫。此時的蘇軾文章名滿天下，李常還向蘇軾介紹了自己的外甥——正在國子監[8]當教授、後來蘇門四學士之一的黃庭堅——希望能讓黃庭堅得到蘇軾指導。

幾年前蘇軾到湖州，當時的湖州太守孫莘老就曾向蘇軾推薦他的女婿黃庭堅，雖然仍未有機會謀面，但經過李常的介紹，蘇軾已經有了深刻的印象。李常又向蘇軾介紹吳復古，蘇軾雖然才四十一歲，但眼疾和痔瘡在那個時候沒法根治，所以蘇軾很信道家的養生修煉。

潮陽人吳復古「以長生不死為餘事，而以練氣服藥為土苴也」，對於養生，吳復古不追求長生不老，主張練氣吃藥，追求「和」與「安」，這與蘇軾的想法相近，兩人相見恨晚，終為至交。

在濟南一住就是一個多月，老弟蘇轍還在京城未歸。蘇軾之所以在濟南待這麼久，李常的熱情招待倒是其次，他主要是想在濟南和七年未見的蘇轍好好聊聊。再說那些公務，等同於要他面對反對的新政，他確實不感興趣。

蘇轍前往京城，在他看來，換宰相是個轉機，但蘇軾不這麼認為。蘇軾在〈蓋公堂記〉中就說頻繁的人事異動是當前社會矛盾的關鍵，而總指揮其實就是宋神宗，換相其實是換湯不換藥，所以他不抱希望。離任密州、赴河中府，這是怠工的好機會，路況、天氣、身體原因等，都可以搬出來當藉口。

但在濟南待上一個多月也實在說不過去，蘇軾只能繼續上路，並期待自己能在路上遇到弟弟。

8 主管教育的機構，隸屬禮部，同時也是最高學府。

5 滿院桃花，盡是劉郎未見

宋代交通不便，且因對西北用兵，稍好一點的馬都派到戰場上，所以蘇軾常說自己的馬是羸馬（瘦弱的馬）。舟車勞頓、人馬俱疲，所以必須走走歇歇，路上耽擱一些時間是很正常的事。

蘇軾從濟南出發，一路西行經過鄆州（今山東菏澤鄆城一帶），好朋友鮮于侁在這裡任京東路轉運使，好好招待了蘇軾一頓，「佳人如桃李，蝴蝶入衫袖」（〈和鮮于子駿鄆州新堂月夜〉二首其一），好不快樂！鮮于侁還送了一幅唐代畫家、人稱百代畫聖吳道子畫的佛像給他，這份禮物可不輕。

蘇轍知道老哥就快到了，迫不及待的到路上迎接，那個年代通常只有一條大路，所以不用擔心錯過。**這對七年未謀面的兄弟，終於在距離開封兩、三百里的澶州和濮州之間相遇**。

蘇軾在〈滿江紅．懷子由作〉中說：「一尊酒，黃河側。無限事，從頭說。相看恍如昨，許多年月。衣上舊痕餘苦淚，眉間喜氣添黃色。便與君、池上覓殘春，花如雪。」蘇轍決定陪蘇軾到河中府，到了京城附近的陳橋驛，蘇軾接到了新的任命，改任徐州，蘇轍則到南都商丘任簽書應天府判官，輔佐張方平。

這下又有理由再拖一段時間了，但此時無法進入京城，當時有旨：外官非奉詔，一律不許進城。兩人只好到范鎮在城郊的東園借住。

范鎮是蘇軾的四川同鄉，既是蘇軾的恩師，也是志同道合的朋友，**蘇軾兄弟參加制科考試時，范鎮就是考官之一**。他堅決反對新政，王安石執政時，一向敢言的范鎮，當時是禮部侍郎、翰林學士兼侍讀、知通進銀臺司[9]，曾五次上疏反對新法，在疏中指斥王安石以喜怒為賞罰，「陛下有納諫之資，大臣進拒諫之計；陛下有愛民之性，大臣用殘民之術」，這一反對當然無效。

范鎮以戶部侍郎致仕退休，蘇軾對他十分欽佩，說「公雖退，而名益重矣！」范鎮十分難過，認為「君子言聽計從，消患於未萌，使天下陰受其賜，無智名，無勇功，吾獨不得為此，命也夫！使天下受其害而吾享其名，吾何心哉！」這位老練的政治家看出神宗才是新法的總指揮，退休後的范鎮，就整天在東園與賓客一起飲酒賦詩，不再過問朝政。此時蘇軾兄弟來訪，范鎮當然予以熱情接待，若干年後，蘇轍回憶起這段日子時說「高齋留寓宿，旅食正蕭然」（〈范蜀公挽詞〉三首其三），就是指這件事。

蘇軾在范鎮的東園住下，但范鎮卻準備出發到洛陽去看司馬光，這似乎有點不合常理：蘇軾兩兄弟是范鎮極賞識的門生，才剛到家裡來，身為主人卻要出遠門？

此時范鎮已經退休，是一閒人，司馬光在洛陽獨樂園閉門修《資治通鑑》，沒什麼急事，為什麼不能等蘇軾兩兄弟走後再去？

范鎮行前設宴東園道別，蘇軾作〈次韻景仁留別〉：

9 掌受天下奏狀案牘。

公老我亦衰，相見恨不數。臨行一杯酒，此意重山嶽。
歌詞白紵清，琴弄黃鐘濁。詩新眇難和，飲少僅可學。
欲參兵部選，有力誰如犖。且作東諸侯，山城雄鼓角。
南遊許過我，不憚千里邈。會當聞公來，倒屣髮一握。

不就是出趟遠門？「臨行一杯酒」何至於「此意重山嶽」？此意是什麼意？

原來，范鎮和蘇軾在「下一盤大棋」。王安石二次罷相，宋神宗對新法產生動搖，他既想增加國家收入，實現富國強兵，所以必須支持新黨，於是起用王珪；但他又不想過分剝削民眾，希望適當安撫社會的怨氣，所以讓舊黨的吳充領銜內閣。吳充趁機對王安石的新政做了一些調整，政局似乎朝著舊黨希望的方向轉變。

司馬光是舊黨的靈魂人物，當年要求離京，神宗曾多次挽留，如果此時司馬光肯站出來，說不定神宗皇帝會重新起用，那政局就能有更明顯的變化。

范鎮與司馬光兩人關係相當好，議論問題如出一口，只是在議論樂律方面，見解有些不同，此時他們會下棋決勝負，假如范鎮贏了，就採用范鎮的觀點。兩人互相約定生則為之作傳，死則為之作銘，可見交往之深。**若要說服司馬光，只能由范鎮出馬，所以，范鎮不顧蘇軾剛住到自己家裡，撇下客人就往洛陽，去勸說司馬光**。

蘇軾兩兄弟在東園住了下來，一住就是兩個多月，名義上為蘇軾的長子蘇邁娶婦於京師、為次子蘇迨治病，其實是在東園等待范鎮的消息。

當然，這段期間也不是乾等，蘇軾這兩個月飲宴並不少。東園裡，蘇軾不把自己當客人，在東園設宴招待老同事魯有開——蘇軾任杭州通判時的另一位通判。這時魯有開正要到衛州任知州，得知蘇軾在東園，就過來敘舊。

在這次東園飲宴中，蘇軾作了〈送魯元翰少卿知衛州〉，說「冗士無處著，寄身犯公園」和「誰人肯攜酒，共醉榆柳村。髯卿獨何者，一月三到門。我不往拜之，髯來意彌敦」。

魯有開一個月之內三次帶著酒上門，兩人喝得大醉，回憶起杭州共事的歲月：「憶在錢塘歲，情好均弟昆。時於冰雪中，笑語作春溫。欲飲徑相覓，夜開叢竹軒。搜尋到篋笥，鮓醢無復存。每愧煙火中，玉腕親炮燔。」

在冰雪中談笑風生，跟對方喝酒，聊到肚子餓了就找東西吃，連酸菜汁都不放過。此前蘇軾勸魯有開早點回家，少在外面鬼混，是因為魯有開家有賢妻，蘇軾與魯有開肚子餓時，魯有開的妻妾都會親自下廚，所以蘇軾說「每愧煙火中，玉腕親炮燔」，蘇軾也不把自己當外人。

借錢也不必還的摯友

雖然不能進城，但並不妨礙朋友們出城來找他：錢藻（字純老，一作醇老）、王汾（字彥祖）、孫洙（字巨源）、陳侗（又名成伯）、陳睦（字和叔，一字子雍）、胡宗愈（字完夫）、王存（字正仲）、林希（字子中）、王仲修（敏甫）[10]……當然，也少不了蘇軾最好的朋友王詵。

駙馬都尉王詵，字晉卿，祖上是宋代的大功臣王全斌。蒙祖蔭庇佑，王詵娶了神宗的同胞妹妹賢惠公主，成了北宋的駙馬。北宋朝廷對所有的皇室親眷都十分忌憚，生怕他們干預朝政太多，因此皇親國戚們雖然地位尊崇、物質條件優越，但在行為上有諸多限制，比如不許通宮禁[11]、不許接賓客。

不過，王詵並不是一個守規矩的人，他甚至經常帶著小妾出現在公主身邊。王詵是山水畫的名家，與蘇軾私交極好，對蘇軾多有接濟，蘇軾缺錢用時就找他「借」，但未見有歸還的紀錄。蘇軾在密州時缺酒，他就寄酒給蘇軾；蘇軾剛到東園住下，他就派人送來茶果酒食。

寒食節他約蘇軾到郊外的四照亭聚會。四照亭前，金鞍玉勒的駿馬排列成行，臨時搭建的帳篷香霧繚繞，無數的僕從穿梭其間，六、七個侍姬，個個貌若天仙、光彩照人，蘇軾看傻了，他自認從未見過如此絕色。酒過三巡、管弦隨作、清歌妙舞，蘇軾一時興起，作詞〈殢人嬌·王都尉席上贈侍人〉：

> 滿院桃花，盡是劉郎未見。於中更、一枝纖軟。
> 仙家日月，笑人間春晚。濃睡起，驚飛亂紅千片。
> 密意難傳，羞容易變。平白地、為伊腸斷。
> 問君終日，怎安排心眼？須信道，司空自來見慣。

唐代劉禹錫，在蘇州刺史任內，與曾任司空的李紳交好。李紳邀他去飲酒，還請了歌妓即席作陪，劉禹錫有所感而作詩一首，說李司空對歌妓作陪這樣的場景已經司空見慣了，不覺得奇怪，而劉禹錫卻對此有斷腸刻骨之痛。

蘇軾自比少見多怪的劉郎，但他下決心要如貴族們一樣，任她國色天香，也不會神魂顛倒。

這次飲宴，讓蘇軾大開眼界，兩年後他對此還念念不忘，並寫了這首〈作書寄王晉卿忽憶前年寒食北城之遊走筆為此詩〉，寄給王詵：

北城寒食煙火微，落花蝴蝶作團飛。王孫出遊樂忘歸，門前驄馬紫金鞿。吹笙帳底煙霏霏，行人舉頭誰敢睎。扣門狂客君不麾，更遣傾城出翠帷。書生老眼省見稀，畫圖但覺周昉肥。別來春物已再菲，西望不見紅日圍。何時東山歌採薇，把盞一聽金縷衣。

東園的日子看似愜意，但蘇軾內心應該無法平靜下來，他在等著范鎮的消息。其實范鎮也沒把握，此次洛陽之行，他帶了從前與司馬光討論過的八篇樂論，他這是預見兩人對時事的判斷與未來行動未必一致時，可能又要透過賭來決定。

實際上，范鎮與司馬光確實爭論了好幾天都沒有統一意見。吳充拜相後，曾建議神宗召還司馬

10 據《珊瑚木難》載。

11 帝后居所。

光和呂公著等人，但神宗不答，且凡涉及增加國家財政收入的新法，一項都不能改，**司馬光認為這次朝廷人事變動仍是換湯不換藥**。

范鎮說服不了司馬光，最終他們以投壺[12]來決勝負，這次范鎮沒有取勝，只能失望而歸，司馬光寫了一首〈超然臺詩寄子瞻學士〉讓范鎮帶回去，他要蘇軾繼續超然，別再胡思亂想。

這是令人失望的消息，雖然蘇軾早已預見這一結果，但畢竟仍寄予希望，最終希望變成失望。蘇軾兩兄弟在東園住了兩個多月，再不趕緊上任實在不像話。熙寧十年（一〇七七年）四月，兩家人乘船離開東園，帶著王詵送的羊羔酒四瓶、乳糖獅子四枚，以及許多藥材、飾品等赴任去了。

12 輪流將箭桿投拋至酒壺內。

6 即便反戰，還是要聲援國家

從開封赴徐州，必經南都商丘，此時，蘇家的伯樂張方平就在這裡，官職是宣徽南院使兼判應天府，弟弟蘇轍為簽書應天府判官，蘇軾當然要來拜謁。這是他第二次拜訪張方平。

張方平是仁宗、英宗和神宗的三朝元老，蘇軾說他善於謀斷，「是非有考於前，而成敗有驗於後」，視他為孔融、諸葛亮一樣的人物。他對三蘇有知遇之恩：在益州任上向朝廷推舉蘇洵，說蘇洵的文章「左丘明《國語》、司馬遷善敘事、賈誼之明王道，君兼之矣」，見朝廷沒有答覆，張方平又將蘇氏父子引薦給歐陽修，要他們直接到汴京拜訪歐陽修，並提供他們交通費用。王安石變法，任參知政事的張方平強烈反對，見反對無果，他要求外放，最終出知陳州。

神宗支持變法的目的是富國強兵，一雪向北遼和西夏納貢的屈辱。經過多年的積累，神宗覺得時機差不多了，便調集人馬，準備進攻西夏。張方平是堅決反戰，他看到朝臣一味逢迎神宗，沒人出來阻止，「臣且死。見先帝地下，有以藉口矣」，老之將死，乾脆豁出去，死後見先帝於地下，也有話說。

於是，由蘇軾代為執筆，以張方平的名義，上〈代張方平諫用兵書〉。**蘇軾以史證之借鑑、時勢之格局，從天、人、地詳論好兵、勝戰之弊害後，再回頭探討漢高祖、漢光武慮患深遠**，按兵不動，而與友邦睦鄰和親結盟，不輕易動兵，反覆言說，勸神宗納諫並息偃征戰。

蘇軾是反戰派，但這篇轟動一時的文章並沒能改變神宗的決策，他從各地調兵遣將，準備對西夏和北遼發動大戰，蘇軾就是在這個時候來到徐州的。

熙寧十年（一〇七七年）四月二十一日，四十二歲的蘇軾到達徐州任上。路上耽誤太多時間，累積下來的公務自然不少，因此他忙得蠟燭兩頭燒。此時，朝廷詔令徐州武將梁交進宮，蘇軾便舉辦了幾次送別宴，並作系列詩詞相贈，其中就有〈和子由送將官梁左藏仲通〉：

雨足誰言春麥短，城堅不怕秋濤卷。日長唯有睡相宜，半脫紗巾落紈扇。
芳草不鋤當戶長，珍禽獨下無人見。覺來身世都是夢，坐久枕痕猶著面。
城西忽報故人來，急掃風軒炊麥飯。伏波論兵初矍鑠，中散談仙更清遠。
南都從事亦學道，不惜腸空誇腦滿。問羊他日到金華，應許相將遊閬苑。

「城西忽報故人來，急掃風軒炊麥飯。」梁將軍來了，蘇軾用蒸麥飯來招待。蘇軾生活的時代，蒸要寫成「炊」，這是為了避宋仁宗趙禎的諱。

麥飯是徐州的特產，元初陸文圭在〈送北禪釋天泉長老入燕〉中也有「徐州麥飯足可飽，青州布衫誰與縫」，說明徐州麥飯至遲在元代也還很有名，最起碼很能填飽肚子。

在大麥和小麥被引進中國前，小米和水稻是當時主要的農作物，適合置於炊器中蒸煮後食用。大麥和小麥則相反，即使去殼後依然不適於粒食，其籽粒的表面包覆著一層堅硬的種皮，很難直接與籽實分離，不論是整粒食用，抑或是將其放入石臼中搗成碎屑，都必須連同種皮一起蒸煮，加工出的**麥飯根本無法與脫殼後的小米飯、稻米飯相比，口感差，也很難消化**。

秦漢時期，一種用於將麥磨成麵粉的石磨出現，於是麥子能夠烹調出比小米更香甜的美味。到了宋代，各種名目的麵食也已經出現，胡餅、蒸餅、湯餅、蠍餅、髓餅、金餅、索餅等都有記載，但徐州仍保留著吃麥飯的習俗。

麥飯並不好吃，《三國演義》有一段記載：袁術大軍在徐州遭到劉、關、張三將的截擊而敗退，「只剩麥三十斛，分派軍士。家人無食，多有餓死者。術嫌飯粗，不能下嚥」。袁術出身四世三公的貴冑之家，到了兵敗如山倒、家人多有餓死的地步時，竟然還嫌麥做的飯太粗，無法下嚥。

到了蘇軾生活的年代，徐州還在吃麥飯，可見當時徐州的食物還是很粗糙的，蘇軾用它來接待客人，就當是入鄉隨俗吧，他又作詞〈浣溪沙．彭門送梁左藏〉：

怪見眉間一點黃，詔書催發羽書忙，從教嬌淚洗紅妝。
上殿雲霄生羽翼，論兵齒頰帶風霜，歸來衫袖有天香。

大意是：你可有什麼喜事？一點黃色閃現在眉宇之間。原來皇帝下詔催你出發，還有來自邊關的緊急羽書。應召赴京風風火火，任憑送別你的佳人以淚洗面。上殿議事猶如鶴嘯九天（目標或志向遠大），但願你身添羽翼、鴻圖大展，陳奏兵略時齒間和臉頰上都是風霜。等將軍你歸來，衣袖上還存著天子殿內的香熏氣味。

這是對梁交即將上陣殺敵予以鼓舞和激勵。在徐州，蘇軾還寫了一闋戰將上陣殺敵的詞〈陽關曲・贈張繼願〉：

受降城下紫髯郎，戲馬臺南古戰場。恨君不取契丹首，金甲牙旗歸故鄉。

替張方平撰稿上書宋神宗的**蘇軾是反戰派，這是他從國家實力做出的理性思考，是從歷史教訓中得出的結論**。蘇軾是個精神上的自由主義者，他不看皇帝臉色，非把自己的主張說出來不可，宋神宗其實很看重他，奈何蘇軾與他的理念南轅北轍，這是蘇軾在神宗朝得不到重用的主要理由。

但是，**蘇軾同時也是個務實派，既然宋神宗已經徵召戰將、準備開戰，蘇軾也不說喪氣話，為即將赴前線的朋友們打氣**。一旦開戰取勝，他也歡欣雀躍。宋軍取得難得的一勝時，他在〈觀張師正所蓄辰砂〉中就說：「將軍結髮戰蠻溪，篋有殊珍勝象犀。漫說玉床分箭鏃，何曾金鼎識刀圭。近聞猛士收丹穴，欲助君王鑄褭蹄。多少空巖人不見，自隨初日吐虹霓。」

這就是蘇軾，作為一個有追求的文人，他並不擅長軍事策略，但他的思考和行動是一致的：未開戰時反戰，開戰則為之加油助威，戰勝了歡欣鼓舞，戰敗則總結教訓。他確實不是一個政治家，也不太會做官，但絕對是那個時代頂天立地的知識分子。

7 把氣發洩在食物上

徐州為古九州[13]之一，宋代徐州包含今江蘇西北部、山東南部及安徽東北部，上有沂蒙山、下有淮泗河，向來是兵家必爭之地，因此戰禍頻繁、民生艱苦。環境不比杭州，但比密州好一點。與密州一樣，徐州由京東東路所轄。此時，蘇軾的好友李清臣為京東路提刑，是他的上級。徐州下轄彭城、沛、蕭、滕、豐五縣，通判傅裼，字子美，是蘇軾的副手，兩人合作得不錯。

但**蘇軾剛到徐州時並不開心**，這從他所作的〈春菜〉一詞可以看出來：

蔓菁宿根已生葉，韭芽戴土拳如蕨。爛蒸香薺白魚肥，碎點青蒿涼餅滑。
宿酒初消春睡起，細履幽畦掇芳辣。茵陳甘菊不負渠，鱠縷堆盤纖手抹。
北方苦寒今未已，雪底波稜如鐵甲。豈如吾蜀富冬蔬，霜葉露牙寒更茁。
久拋松葛猶細事，苦筍江豚那忍說。明年投劾徑須歸，莫待齒搖并髮脫。

13 中國古代地理區劃概念，據傳為夏禹所分。分別為冀、兗、青、徐、揚、荊、豫、梁、雍州。

這首詩的前八句盡讚春天蔬菜和魚之美，說蔓菁已經長出葉子，韭菜快要破土而出。薺菜蒸得很爛、白魚很肥，用青蒿做的涼餅真滑嫩。早上起來，宿酒剛醒，穿著細履下菜園，摘下的春菜又香又辣。即便是庭前屋後的水渠，也長著茵陳和甘菊，切成細片的生魚片堆滿盤子。

但是，這個場景不屬於徐州，而是家鄉蜀地。北方太寒苦，越冬的菠菜被冰雪覆蓋，就如鐵甲般堅硬，這沒辦法吃！哪像我們蜀地，冬天也有許多蔬菜。自己已好久沒吃過白菜和粉葛，至於苦筍和江豚就更別提了。乾脆明年就該辭官不幹，別等到牙齒鬆了、頭髮掉了，那就太遲了。

蘇軾又一次說起家鄉的美食，對離家遊子來說，家鄉美食都是各種美好回憶，尤其是失意時。詩中提到的蔓菁，又名蕪菁，《詩經》中的「葑」指的就是蔓菁，是十字花科蕓薹屬二年生草本植物，留在土裡的宿根第二年會長出葉子，所以說「蔓菁宿根已生葉」。

韭菜屬石蒜科多年生草本植物，根系發達，有四十根左右，分為吸收根、半貯藏根和貯藏根三種。冬天韭菜的貯藏根抱在一起，如拳頭一般，很像被稱為拳頭菜的蕨菜，所以說「韭芽戴土拳如蕨」；薺菜纖維較粗，所以要「爛蒸」；青蒿味濃，所以要「碎點」——切碎如點，只用少量。白魚就是翹嘴魚，切生魚片考驗的是刀工，所以要「鱠細」；茵陳和菊花都長在渠邊，所以說「茵陳甘菊不負渠」。不得不說，蘇軾這個資深吃貨，對食物的認識非常深入，佩服佩服！

前面是一連串讚美，但說到徐州的菠菜時，蘇軾則一臉嫌棄。「雪底波稜如鐵甲」，這是蘇軾在徐州春天唯一可以吃到的蔬菜，還因被冰雪覆蓋，硬如鐵甲，就差來一句：「這是人吃的嗎？」

在宋代，菠菜被稱為「波稜」，這是因為菠菜原產於亞洲西部的伊朗，伊朗古稱波斯，而葉為稜狀，因此稱為波稜。

這種菜在蘇軾生活的時代不受待見是有理由的：一是它**含有大量草酸**，草酸與口腔裡鈣離子合成的草酸鈣，會產生澀感；二是當時的**烹飪工具落後**，草酸在攝氏一百五十七度時會大量昇華並開始分解，但此時的鐵鍋還不流行，想把菠菜加熱到攝氏一百度以上並不容易；三是**缺油**，菠菜喜油，少油的菠菜不好吃。

蘇軾至於這麼矯情嗎？在密州時，他連枸杞、菊花都吃，還說「人生一世，如屈伸肘。何者為貧？何者為富？何者為美？何者為陋？」頗為超然，怎麼到了徐州就挑三揀四？

想想他在來徐州之前下的一盤「大棋」就能明白，他與范鎮想勸說司馬光出山，促使政局有所轉變，但老政治家司馬光對形勢的判斷沒有那麼樂觀，他認為政治形勢沒有改變的可能，甚至要蘇軾繼續超然，別胡思亂想。

計畫落空，蘇軾多少有些失落。現在神宗又想用兵，這也是他與張方平所擔心的，此時來到徐州的蘇軾看不到希望，國家的前途和命運堪憂，十分沮喪。

這種複雜的情緒不能明說，只好把一腔怒火發洩在菠菜身上。誰都會有情緒，蘇軾是人不是神，光是要從沮喪的情緒中解脫，就已經很不容易，他也需要一個釋放情緒的出口。幸好蘇軾沒有明講，只是藏在對菠菜的不滿裡，否則後來的烏臺詩案，可能又要罪加一等。

沮喪歸沮喪，生活還得繼續。到了徐州，有一堆公務等著他處理，老弟蘇轍一路陪著他，即便到了南都商丘也還繼續跟著蘇軾到徐州，住了一個多月後才回南都上任，自是一番不捨。

這一年中秋過後，蘇轍回到南都，蘇軾心裡感到空虛，作了幾首送別老弟的詩詞，這些詩詞，看了都令人陣陣心痛。

8 治水有成，不居功

蘇軾在密州時，先是逢蝗災、後遇旱災，疲於奔命；而來到徐州不久，黃河決堤了，河水一瀉千里，流入山東。到了八月，連日大雨導致水圍徐州，滿城百姓陷於危險之中。

蘇軾不得不全心投入抗洪第一線，他先是**說服想出城的富人不要出城**，聲明「吾在是，水決不能敗城」。蘇軾「我在城在」、視死如歸的態度，穩住了富人們想逃難的情緒，也穩住了民心。

再來，蘇軾**親自視察駐紮在徐州的禁軍部隊武衛營**，對首領說：「河將害城，事急矣，雖禁軍，宜為我盡力。」禁軍深受感動，派出人手與民夫一起組成抗洪搶險大軍。

三是**彙集徐州父老意見**，築造一條防水堤；四是**集中數百艘船隻**，**繫纜城下**，減輕大水衝擊城壁的力道。他日夜在城上巡視、指揮堵守，大禹治水是三過家門而不入，蘇軾是連家門都不過，就宿在城上。

經過七十多天的奮戰，到了十月初五，大水終於退去，水患才解除。這是蘇軾一輩子值得誇耀的功績之一，連神宗皇帝都降敕獎諭：「昨黃河水至徐州城下，汝親率官吏，驅督兵夫，救護城壁……河之為中國患久矣，乃者堤潰東注，衍及徐方，而民人保居，城郭增固，徒得汝以安也。使者屢以言，朕甚嘉之。」

皇上很高興，一番表揚後，賜錢一筆獎勵守城民眾，同時大筆一揮，批准了蘇軾在城外加建的防洪計畫。徐州的防洪取得了重大勝利，連同未來的抗洪工程也在蘇軾的指揮下完成，蘇軾將這次搶險救災的經過，寫成〈獎諭敕記〉，連同皇上詔書，刻石記於黃樓。**為了讓後來者知道徐州這次防洪經驗，還整理出《熙寧防河錄》**，倒不是為了留名青史，在那個資料保存技術不完善的年代，這一舉動無疑是為了後人。當然，他也作詩〈河復〉一首，並寫了序，交代事情經過：

熙寧十年秋（一〇七七年），河決澶淵，注鉅野，入淮泗。自澶魏以北皆絕流，而濟、楚大被其害，彭門城下水二丈八尺，七十餘日不退，吏民疲於守禦。十月十三日，澶州大風終日，既止，而河流一枝已復故道，聞之喜甚，庶幾可塞乎。乃作〈河復〉詩，歌之道路，以致民願而迎神休，蓋守土者之志也。

事情經過概括敘述後，蘇軾不攬功，把功勞歸於人民，當然也不忘感謝神明，那個年代的神明就是「上級」。而正文也提到徐州的一道美食：

君不見，西漢元光元封間，河決瓠子二十年。鉅野東傾淮泗滿，楚人恣食黃河鱣。

萬里沙回封禪罷，初遣越巫沉白馬。河公未許人力窮，薪芻萬計隨流下。

吾君仁聖如帝堯，百神受職河神驕。帝遣風師下約束，北流夜起澶州橋。

東風吹凍收微淥，神功不用淇園竹。楚人種麥滿河淤，仰看浮槎棲古木。

這首詩說漢武帝時期，河南濮陽的瓠子河決堤，漢武帝沉白馬玉璧，令群臣背柴堵決口，薪柴不夠就用竹來湊，然而還是堵不住。這次黃河決堤，幸虧我們最高領導人德高如堯帝，神明都來保佑，黃河復入故道，水患就此而止。蘇軾還是落入俗套，把功勞歸於皇帝的聖德感動了神明。

「鉅野東傾淮泗滿，楚人恣食黃河鱣。」說的是黃河在鉅野這一帶決口，導致淮河、泗水河洪澇，黃河的鱣魚被沖了出來，濟楚一帶的人捕來大吃特吃。

「鱣」在古代是個多義字，既指鱘魚，也指鱔魚。西晉陸璣《毛詩草木鳥獸蟲魚疏》中指出，大的鱣有一千多斤。而《集韻》、《正韻》[14]則說：「鱣音善，同鱓。」《後漢書．楊震列傳》有：「冠雀銜三鱣魚，飛集講堂前。」銜三條鱣魚的鳥，其中的鱣魚指的就是鱔魚。

徐州辣湯，中吃不中看

蘇軾沒說清楚鱣指鱘魚還是鱔魚，但徐州人認為是鱔魚，還據此做出一道名菜：辣湯。在宋代，還沒有人記錄徐州人怎麼烹鱔魚，這就給了後人無限的想像空間。一千多年前，徐州的先人們在烹鱔魚的基礎上，做出了流行於江蘇、山東、河南、安徽四省交界地帶的辣湯。

徐州辣湯是用雞和豬骨熬湯底，煮的時候除了加蔥，還要加大量的生薑。把麵筋掐成一小塊下鍋，同時用筷子順時針攪動，這時麵筋就會被攪成片狀，如雞蛋絮。接著加入鱔魚絲、鹽、味精，以及適量的白胡椒粉，最後加上些許香油。

黑忽忽、黏糊糊、辣乎乎，**「中吃不中看」，這是外地人對徐州辣湯的印象**，相聲大師馬季為辣湯題書「千年一碗湯」，更讓徐州辣湯因此揚名中外。

儘管蘇軾不攬功，說「水來非吾過，去亦非吾功」，但徐州父老、鄉親很感激蘇軾，在一年多後蘇軾離任時，當地鄉親父老用花枝掛彩，敬酒送行時說：「前年無使君，魚鱉化兒童。」意思是前年大水時，如果沒有太守您，城裡的小孩都會變成魚鱉，蒙受巨大災難。

一千多年來，徐州人民就用一碗辣湯——甚至還把發明表示權給了蘇軾——讓蘇軾與這座城市連結起來，可見蘇軾對這座城市貢獻很大，而徐州人民也有情有義，至於辣湯是不是蘇軾發明的，就不必深究。

14 按韻編排的字典，前者於宋代時編寫，後者則在明代。

9 自己外流家傳祕方

蘇軾在徐州的當地朋友不多，但徐州扼守中原，相比密州，交通方便不少，好朋友上門探訪也就容易很多。

訪客中最重要的一位就是李常，蘇軾不久前在離任密州的路上，李常就熱情的招待他。這次李常齊州任滿，轉任淮南西路提刑，專程到徐州拜訪老朋友蘇軾。

李常在寒食節抵達徐州，此時的蘇軾還在城外督工，接到李常已到的消息，蘇軾說他「巡城已困塵埃眯」、「欲脫布衫攜素手」（〈寒食日答李公擇次韻〉三絕其三），匆忙趕回來，「歸來誰主復誰賓」（〈寒食日答李公擇次韻〉三絕其二），主賓兩人都風塵僕僕，所以分不清誰是主人，誰是客人。

徐州的經濟狀況雖然比不上江南富庶地區，但比密州好一些。蘇軾這次大擺宴席，宴請李常這位好朋友。這次宴會，蘇軾親撰〈寒食宴提刑致語口號〉，當然，也少不了歌伎陪酒和歌舞表演，又賦詩「醉吟不耐欹紗帽，起舞從教落酒船。結習漸消留不住，卻須還與散花天」（〈座上賦戴花得天字〉），相當歡樂。

李常來的時候，蘇軾正忙著督辦城外工程，而且眼病復發，只能暫時讓部屬們替他招呼李常。聽說李常在友人傅國博家，抵擋不住眾家伎殷勤勸酒，**即便是酒量極好的李常也大醉，蘇軾作**

兩首〈聞李公擇飲傳國博家大醉〉笑他，「兒童拍手鬧黃昏，應笑山公醉習園」（其一）、「不肯惺惺騎馬回，玉山知為玉人頹」（其二）。

李常要離開時，蘇軾很不捨，連續十天都安排了行程，兩人每天都聊到深夜。李常走時，蘇軾送竹筍和芍藥作為禮物，**還把家裡的紅燒肉祕方告訴他**，在〈送筍芍藥與公擇〉二首其一中說：

久客厭虜饌，枵然思南烹。故人知我意，千里寄竹萌。
騈頭玉嬰兒，一一脫錦棚。庖人應未識，旅人眼先明。
我家拙廚膳，彘肉芼蕪菁。送與江南客，燒煮配香粳。

當時把東北稱「虜」，虜饌就是東北菜，此東北不是指現在的東北，在蘇軾生活的年代，徐州已算位處中國東北方，而現在的東北[15]不在大宋的版圖內。

那時還分南烹和北烹，蘇軾的老家四川屬於南烹，此詩便是指家鄉的味道。有研究粵菜的專家把這首詩作為粵菜歷史悠久的依據。但**說蘇軾懷念粵菜也不妥當，畢竟此時的蘇軾還沒去過廣東**。

這首詩大意是：我這幾年吃厭了東北菜，空虛的時候特別想念家鄉的美食。有好朋友知道我的想法，千里迢迢寄來了竹筍。唐代道士吳筠〈竹賦〉說：「筍明其胤嗣，三節獲乎嬰兒。」詩人儲

15 遼寧省、吉林省、黑龍江省以及內蒙古自治區部分地區。

光羲〈筍〉曰：「稚子脫錦棚，駢頭玉香滑。」就是這玩意兒！這裡的廚師們應該是不懂竹筍這種美食，只有我這個長年奔波的旅人看到這東西時，兩眼發光。我家的廚師會用豬肉來燒竹筍，再放點蕪菁。這竹筍和燒筍配方一併送給你了，用來配米飯很好吃！

竹筍燒肉，不瘦又不俗

蘇軾是竹筍的愛好者，在杭州時就多次談到吃筍，他說「可使食無肉，不可居無竹。無肉令人瘦，無竹令人俗」。看來，他早就找到了**不瘦也不俗的解決方案——竹筍燒肉**。

為了吃到竹筍，不惜請千里之外的老朋友寄給他，那時可沒有快遞，新鮮的竹筍從杭州到徐州，至少也得十天半月，早就過了吃竹筍的「黃金五小時」。

竹筍的鮮嫩來自於其中的游離胺基酸和糖，竹筍被採收後的五個小時內，兩者會出現一個「呼吸高峰」，之後麩胺酸和天門冬胺酸分解，竹筍鮮味銳減，糖轉化為纖維，竹筍因此變老。竹筍放置一段時間後，草酸也會增加，口感因此變得又苦又澀。蘇軾在〈春菜〉中說「苦筍江豚那忍說」，他吃到的是苦筍，但即便如此，他也樂此不疲，加上豬肉後，**脂肪可以分解竹筍裡的部分苦味素**，也就好吃了許多。

蘇軾家的紅燒肉，還加上了蕪菁。在宋代，蕪菁在中國各地廣泛種植，蘇軾的老家四川尤其多，明代文學家張岱的《夜航船》載：「蜀人呼之為諸葛菜。其菜有五美：可以生食，一美；可菹（酸菜），二美；根可充飢，三美；生食消痰止咳，四美；煮食可補人，五美。故又為五美菜。」

紅燒肉，再加點蕪菁，葷素搭配，確實是下飯神器，這是蘇軾家的特有祕方，而李常是蘇軾的摯友，所以告訴了他。寫在詩裡的是簡單幾個字，這也給後人留下了想像的空間。

蘇軾為數不多的訪客中，另一重要客人是老友王鞏（字定國）。王鞏是名相王旦的孫子，父親王素官至工部尚書。蘇軾任鳳翔府簽判時，西夏曾大舉犯邊，朝廷派王素知渭州才使士氣大振，解決了邊患。王鞏也是張方平的女婿，是名副其實的官宦子弟，卻與蘇軾的個性相投。

蘇軾約王鞏到徐州一聚，在〈次韻答王定國〉中說「願君不廢重九約」，怕王鞏不來。王鞏又說自己喝不慣別人家的酒，蘇軾就要他自己帶酒，「子有千瓶酒，我有萬株菊」。後來，王鞏還真帶著家釀的美酒來徐州，蘇軾開玩笑說「但恨不攜桃葉女，尚能來趁菊花時」——酒都自己帶了，幹嘛不把身邊的美女們也一起帶來？

重陽節那天，蘇軾在黃樓設宴歡迎王鞏，也安排了歌伎。蘇軾喝得酩酊大醉，「我醉欲眠君罷休，已教從事到青州」（〈九日次韻王鞏〉）。**蘇軾十分敬佩王鞏的詩文，說自己「詩律輸君一百籌」**；蘇軾希望王鞏這次可以多住幾天，「相逢不用忙歸去，明日黃花蝶也愁」。這是蘇軾第一次寫下了「明日黃花蝶也愁」，往後他還會再次提到。

為了讓王鞏玩得高興，蘇軾不僅親自陪王鞏登雲龍山黃茅岡，還讓部屬縣令顏復代他招待，他們帶上官伎馬盼盼、張英英和卿卿，遊山玩水，「輕舟弄水買一笑，醉中蕩槳肩相磨」（〈百步洪〉二首其二）。要知道，徐州招待用的公款也有限，蘇軾這次是把家底都亮了出來，這讓他想起以前在杭州時的風花雪月，所以感嘆「舞腰似雪金釵落，談辨如雲玉麈揮。憶在錢塘正如此，回頭四十二年非」（〈次韻王鞏顏復同泛舟〉）。

王鞏要走時，他依依不捨的賦詩〈次韻王鞏留別〉，感慨自己「去國已八年，故人今有誰」。王鞏一走，他又會備感寂寞，「蛾眉亦可憐，無奈思餅師。無人伴客寢，唯有支床龜」。

在蘇軾的朋友中，王鞏是最支持他的一位，在後來的烏臺詩案中，御史舒亶奏曰：「（蘇軾）與王鞏往還，漏洩禁中語，陰同貨賂，密與宴遊。」看來這次的熱情招待也被認為是蘇軾的罪狀之一，在受牽連而被處分的二十多人中，王鞏的處分最重，被貶至嶺南賓州（今廣西賓陽縣）。

蘇軾感嘆親友間都不敢往來，唯獨王鞏被貶賓州期間，兩人寫過很多書信。蘇軾一再表示王鞏因自己而無辜受牽連，遭受了那麼多苦難，他感到很內疚、難過。同時也勸王鞏不要灰心，並建議他用「摩腳心法」對付瘴氣，「每日飲少酒，調節飲食，常令胃氣壯健」。

而王鞏寫給蘇軾的信，主要是交流詩詞、書法、繪畫心得，此外還經常大談道家長生之術，說自己正在賓州修行。蘇軾很喜歡廣西的丹砂等特產，便從黃州致信王鞏，說「桂砂如不難得，致十餘兩尤佳」（〈與王定國〉三十五首之十一），可見兩人情誼之深厚。

連蘇軾都佩服的僧人

來徐州看蘇軾的還有杭州詩僧參寥。詩僧道潛俗姓何，本名曇潛，字參寥，諡號妙總大師。蘇軾對參寥的詩評價極高，謂其「詩句清絕，可與林逋相上下，而通了道義，見之令人蕭然」。

在徐州，蘇軾跟參寥開了個玩笑。在一次酒席宴會後，蘇軾率一眾部屬和歌伎去找參寥，並叫他最喜歡的歌伎馬盼盼向參寥討詩。參寥也不推辭，當時口占[16]一絕：「寄語東山窈窕娘，好將幽夢惱襄王。禪心已作沾泥絮，不遂春風上下狂。」

參寥說我的禪心就如沾了泥巴的柳絮，不會隨春風狂舞了，蘇軾佩服得五體投地，說「予嘗見柳絮落泥中，私謂可以入詩，偶未曾收拾，遂為此人所先，可惜也」（朱弁《風月堂詩話》）。

招待僧人參寥，自然不能風花雪月，連大碗喝酒、大口吃肉都不行。在知州衙門逍遙堂的後花園內，蘇軾看到構樹上有金針菇，便命人採下，輔以嫩薑，即成一道菜。蘇軾與參寥品嘗這道菜後寫下〈與參寥師行園中得黃耳蕈〉：

遺化何時取眾香，法筵齋缽久淒涼。寒蔬病甲誰能採，落葉空畦半已荒。
老楮忽生黃耳菌，故人兼致白芽薑。蕭然放箸東南去，又入春山筍蕨鄉。

大意是：參寥來徐州，我接待的齋菜就那幾樣，齋食本來也不豐富。徐州天寒地凍，沒什麼蔬菜，見到構樹上長著金針菇，老朋友說加點嫩薑就是一道美味。這道菜味道不錯，參寥吃後放下筷子，回杭州春山吃他的竹筍蕨菜去了。

嫩薑拌金針菇，是蘇軾在徐州吃的一道菜。與我們現在市場上的金針菇不同，野生的金針菇是金黃色的，所以也叫黃耳菌。白芽薑就是嫩薑，生薑幼嫩時，芽尖由白轉紫，這兩個階段分別稱白

16 不用筆墨起草，直接唸出。

芽薑和紫薑，老了則稱老薑或乾薑。

這道菜怎麼做，蘇軾沒有細講，不知徐州現在還有沒有這道菜。當然，講菜不是蘇軾的目的，他是想**表達對參寥離開的不捨**。

到徐州拜訪蘇軾的，還有蘇門四學士之一的秦觀、同鄉張師厚，這些人都因仰慕蘇軾而來。歐陽修去世後，士人視蘇軾為天下文宗，能與蘇軾交往、得到蘇軾指點，身價即升百倍，然而，他也因此惹上麻煩。在那個年代，偶像是不好當的。

10 想離開徐州，卻又捨不得走

蘇軾的詩詞多寫宴遊、與朋友們唱和，工作上的事寫得不多。其實蘇軾在徐州非常勤政，除了抗洪，還辦了不少大事。

一是**緝盜**。徐州自古就是兵家必爭之地，民風強悍，盜賊眾多。徐州又有鐵礦，朝廷在此設置冶鐵官署利國監。而這個地方參與冶鐵的土豪也很多，盜賊因此盯上這個地方。

有一夥盜賊特別囂張，匪首何九郎更是勇猛，官府對其無可奈何，於是蘇軾重金補貼一個叫程棐的人。重賞之下必有勇夫，沒多久，程棐就把何九郎抓獲歸案。

徐州盛產鐵器，盜賊武器精良，如果不整治，後果將不堪設想。蘇軾上書朝廷，建議允許冶戶組團自衛，並請命負責南京軍事的新招騎射指揮兼領沂州兵甲巡檢公事，增強地方軍力。他也讓冶鐵土豪們每戶出冶夫數十人，每個月集中到官署演習、舞刀弄槍，盜賊因此收斂不少。

二是勘探**發現煤礦**。徐州有鐵礦，冶金技術發達，徐州打造的刀劍也很出名。但是，靠木炭煉鐵的火力不足，煉出的鐵品質不穩定[17]。蘇軾聽說徐州地下有煤礦，於是成立探勘小組，於元豐元

17 煉鐵時溫度不足可能遺留氧化鐵等雜質。

年（一〇七八年）十二月發現煤礦。從此，徐州打造出來的兵器變得更加出名，蘇軾作詩〈石炭〉紀念這事：

> 君不見前年雨雪行人斷，城中居民風裂骭。溼薪半束抱衾裯，日暮敲門無處換。
> 豈料山中有遺寶，磊落如礐萬車炭。流膏迸液無人知，陣陣腥風自吹散。
> 根苗一發浩無際，萬人鼓舞千人看。投泥潑水愈光明，爍玉流金見精悍。
> 南山栗林漸可息，北山頑礦何勞鍛。為君鑄作百煉刀，要斬長鯨為萬段。

此時的蘇軾只注意到煤炭對冶鐵製造武器的功用，他萬萬沒想到，他在徐州發現煤礦並用於冶鐵這件事，將中國的烹飪技術往前推進了一大步。

由於煤礦的發現，冶鐵技術取得了重大突破，原本只用於製造兵器的鐵也用於製造鐵鍋，「炒」這種烹飪技法才得以得到廣泛推廣。在此之前雖然也有炒，但用的是導熱能力更差的銅鼎。鐵鍋的普及正是在蘇軾發現煤礦之後，這是蘇軾對中國烹飪史的重大貢獻。

三是上書建議**為獄中患病的囚犯治病**。他見到囚犯因患病不得醫而死，十分不忍，於是上〈乞醫療病囚狀〉，請求官府在獄中安排醫生，並撥專用經費，配以業績考核，但這個建議不被重視。

四是**求雨抗旱**。蘇軾剛到徐州就遇上洪水，洪水過後不久又遇徐州大旱。對付旱災，蘇軾也只能用同一招——求雨。

蘇軾到離城東二十里遠的石潭求雨，並作〈起伏龍行〉。詩中的序說「或云置虎頭潭中可以致雷雨，用其說」。古人的邏輯很簡單：水潭是龍的地盤，把虎頭放到潭中，引發龍怒，就會引起龍虎相鬥。龍出戰時雷雨齊至，再加上眾人祈禱助威，雨就來了。

這次蘇軾又走了運。虎頭雖不好找，但虎頭骨還是有的。擺弄一番後還真下了雨，前往石潭謝雨的路上，他作了五首〈浣溪沙〉，其中一首寫道：

照日深紅暖見魚，連溪綠暗晚藏烏。黃童白叟聚睢盱。
麋鹿逢人雖未慣，猿猱聞喜不須呼。歸家說與採桑姑。

大意是：落日散發出一片深紅色，讓池水暖和起來，池中魚兒也清晰可見，潭四周的樹木茂盛翠綠，烏鴉就棲息在裡面。小孩子和白髮老人都聚集在一起，歡樂的慶祝。常到潭邊飲水的麋鹿突然逢人，驚恐的逃走了，喜慶的鼓聲卻招來了頑皮的猿猱。人們回家後興奮談論一天的見聞，說給那些未能目睹盛況的採桑女們聽。

保留杏仁露香味的方法

蘇軾心繫民生福祉，歷經鳳翔、杭州、密州和徐州的基層工作，他太了解民間疾苦。見到民生艱難，他會大聲疾呼；看到民眾安家樂業，他也笑逐顏開。他對民生的觀察一向細緻入微，在〈次韻田國博部夫南京見寄〉二絕中，他說：

其一

歲月翩翩下阪輪，歸來杏子已生仁。
深紅落盡東風惡，柳絮榆錢不當春。

其二

火冷餳稀杏粥稠，青裙縞袂餉田頭。
大夫行役家人怨，應羨居鄉馬少游。

田國博就是田叔通，當時他正任國子博士督部夫，負責督辦地方徵召民眾服徭役，所以稱田國博部夫。

蘇軾說，寒食節時老百姓都吃大麥杏仁粥，在田間勞作，你天天督役，影響農事，這種工作連家裡人都抱怨。東漢的馬少游以功名利祿為苦事，你應該羨慕他才對。蘇軾這是**譏諷徭役擾民**，也順便介紹了徐州另一道美食：大麥杏仁粥。

當時徐州農村的習俗，是在寒食節吃大麥杏仁粥加餳糖。因寒食節不能開火，所以是「火冷」。北齊杜臺卿的《玉燭寶典》載：「寒食煮大麥粥，研杏仁為酪，引餳沃之。」也就是用大麥煮粥，把杏仁研磨後放進去，煮成糊狀，再放入糖漿。

古人惜墨如金，也容易導致語焉不詳，大麥煮粥究竟是顆粒狀的大麥下鍋煮，還是磨成粉煮，這就有了爭議。如今的徐州還流行熱粥，由大米粉、豆粉、小米粉做成。

徐州人把它與蘇軾相連結，甚至有人引用蘇軾〈豆粥〉中「地碓舂粳光似玉，沙瓶煮豆軟如酥」來背書。但是，〈豆粥〉是元豐七年八月，蘇軾從黃州北歸，由南京送家眷到宜征安頓途中所作，與徐州沒有關係。

蘇軾說的這道大麥杏仁粥，有兩個特點：一是在**寒食節吃**，因寒食節不開火，所以粥一定是冷的。二是這個粥是**農民帶到田間吃的**，必須能吃飽、且有飽足感。以此估計，大麥是顆粒狀的可能性更大。

雖然味道不錯，但口感太差，因此這種美食傳承下來的可能性不大。倒是粵菜中的杏仁露與它沾得上邊，磨杏仁時加些米，磨出杏仁米漿，兌水煮開、加糖，就是一碗杏仁露。

杏仁中有香味的物質受熱後容易揮發，所以杏仁露聞起來香，但吃起來沒有香味。如果加入米粉、澱粉，糊化後形成一層網，把杏仁的香味罩住，這樣的杏仁露聞起才來香、吃起來也有味道。

離開徐州，最不捨佳人

蘇軾在徐州做了這麼多工作，非常辛苦，本來就厭倦政治的他，希望能調到江浙一帶較富庶的地方為官。反正三年任期一到還是會調職，不如自己先求。蘇軾此時在京城並沒有什麼人脈，只有恩師范鎮的兒子范百嘉（字子豐），於是他寫信求范百嘉，把自己調到江南去。他在〈與范子豐〉六首之二說：

小事拜聞，欲乞東南一郡。聞四明明年四月成資，尚未除人，託為問看，回書一報。前所托殊不蒙留意，恐非久，東南遂請，逾難望矣。無乃求備之過乎？然亦慎不可泛愛輕取也。人還，且略示諭。

大意是，有一件小事想拜託你，我想調到江南隨便一個地方工作，聽說四明（今寧波）明年四月有個職缺，能否請你幫我問問？

不久後蘇軾又去信：「近專人奉狀，達否？即日起居何如？貴眷各安，局事漸清簡否？某幸無恙。水旱相繼，流亡盜賊並起，決口未塞，河水日增。勞苦紛紛，何時定乎？近乞四明，不知可得否？不爾，但得江淮間一小郡，皆所樂，更不敢有擇也。子豐能為一言於諸公間乎？試留意。人還，仍乞一報，幸甚。奉見無期，唯萬萬以時自重。」（〈與范子豐〉六首之三）

蘇軾說：我最近還好，就是徐州真待不下去了，先是發水災，後又變旱災，盜寇越來越猖獗。我上次問你的事有沒有新消息？要是不行，你幫我找個江淮一帶的小城市，我也願意去，我不挑，只要讓我去江南就可以了。

也不知是不是范百嘉幫了忙，元豐二年三月，調令來了，蘇軾以原職級七品祠部員外郎直史館，知湖州軍州事。此時蘇軾四十四歲，算起來，蘇軾在徐州工作了兩年左右。

雖然蘇軾積極想調離徐州，但真要離開，他還是不捨，畢竟蘇軾還是為此地付出不少，他賦詞一首〈江城子・別徐州〉：

天涯流落思無窮，既相逢，卻匆匆。
攜手佳人，和淚折殘紅。為問東風餘幾許，春縱在，與誰同。
隋堤三月水溶溶，背歸鴻，去吳中。
回首彭城，清泗與淮通。欲寄相思千點淚，流不到，楚江東。

流離天涯，思緒無窮無盡。相逢不久，便又匆匆別離。拉著佳人，只能採一枝暮春的杏花，含淚贈別。你問春天還剩多少，即便春意仍在，又能和誰一同欣賞？三月的隋堤，春水緩緩。此時鴻雁北歸，我卻要到飛鴻過冬的湖州。回望舊地，清清淺淺的泗水在城下與淮河交匯。想要讓泗水寄去相思的千點淚，怎奈它流不到湖州地。

蘇軾詞裡的佳人，就是官伎馬盼盼，蘇軾很喜歡她。她平時學蘇軾寫書法，幾乎可以假亂真，蘇軾在題〈黃樓賦〉中「山川開合」這四個字時，在揮毫中間有事走開，馬盼盼便一時興起代筆。

有人認為〈江城子．別徐州〉中，蘇軾寫別徐州是假，寫別馬盼盼是真。想離開徐州是真的，捨不得徐州也是真的，人就是這麼矛盾，蘇軾也是凡人一個，我們不能用聖人的標準來要求他。

11 如果做官和吃美食一樣自由就好

宋代官員離任、赴任，就是一個順便遊山玩水、拜會朋友的機會，蘇軾這次能從徐州調到湖州，也算得償所願，便不再故意拖磨，但還是趁機旅遊一番。

老弟和恩人張方平都在南都，不用多說，蘇軾必然先訪南都，這是他第三次拜訪張方平。途中，他寫了〈罷徐州往南京走筆寄子由〉五首，其四曰：

前年過南京，麥老櫻桃熟。今來舊遊處，櫻麥半黃綠。
歲月如宿昔，人事幾反覆。青衫老從事，坐穩生髀肉。
聯翩閱三守，迎送如轉轂。歸耕何時決，田舍我已卜。

蘇軾說，前年來的時候，麥子老了、櫻桃熟了；今年重來，櫻桃和麥子已半熟。歲月如故、人事反覆，我們這些老讀書人，過著安逸、無聊的生活，無所作為。你那裡的太守都換了三輪，如車輪轉動般迎來送往，又有什麼意思？唉！什麼時候才可以還鄉過耕種生活？田舍我已經選好了。

對這種由新黨掌控的官場生活，蘇軾已經徹底厭倦。

儘管宋代厚待文人，想辭職不幹也不容易，基本上只有退休這一條路，但蘇軾此時才四十四歲，顯然不能告老。蘇軾處於後無退路，而前路又茫茫的狀態，想找個安逸點的地方混幾年，是沒辦法中的辦法。

蘇軾在張方平家住了半個月後，繼續趕路，路經靈璧鎮，住在張氏園，應張碩之請，蘇軾寫下了〈靈璧張氏園亭記〉。張氏歷代皆官，費時五十年造園，生活設施應有盡有，特別是見到種養那麼多吃的，更是讓蘇軾無比羨慕。

蘇軾說張園「蒲葦蓮芡，有江湖之思；椅桐檜柏，有山林之氣……其深可以隱，其富可以養。果蔬可以飽鄰里，魚鱉筍菇可以饋四方之賓客」。

蘇軾非常震撼，他感嘆：「古之君子，不必仕，不必不仕。必仕則忘其身，必不仕則忘其君。譬之飲食，適於飢飽而已。然士罕能蹈其義，赴其節。處者安於故而難出，出者狃於利而忘返。於是有違親絕俗之譏，懷祿苟安之弊。」他特別**希望官場上的自由度能像飲食一樣，吃飽就好，適度取捨**，那該多好。不愧是吃貨，說什麼都用吃來打比方。

路經無錫，蘇軾與隨行的參寥、秦觀一同遊惠山，蘇軾在山上汲泉煎茶，賦詩〈遊惠山〉三首，其三曰：

敲火發山泉，烹茶避林樾。明窗傾紫盞，色味兩奇絕。

吾生眠食耳，一飽萬想滅。頗笑玉川子，飢弄三百月。

豈如山中人，睡起山花發。一甌誰與共，門外無來轍。

蘇軾說他人生沒什麼追求，但求吃飽睡足，還羨慕起山裡老百姓的日子。這就是蘇軾，**悲觀時將期望值降至但求溫飽，勢可為時也希望能匡扶天下，用道家的精神撫慰自己，用儒家的追求向這個世界交代**。

蘇軾在四月二十日到了湖州，湖州隸屬兩浙路，下轄烏程、歸安、長興、安吉、德清、武康六縣。湖州因瀕臨太湖而得名，蘇軾此前兩次到湖州也都留下詩詞。

先前在湖州時，他作〈將之湖州戲贈莘老〉，念念不忘湖州的橘子、作為貢品的顧渚山紫筍茶、梅溪的木瓜、吳興的生魚片，想到這些美食，他毫不掩飾的說「未去先說饞涎垂」；見到湖州的刀魚，他又盛讚「恣看修網出銀刀」；由烏程糯米「金釵糯」釀造的「烏程香」，更讓好酒的蘇軾讚不絕口，「烏程霜稻襲人香，釀作春風霅水光」。江南的美食、美酒和美景，應該是蘇軾找熟人「乞江南一郡」的最大理由。面對無能為力的政局，寄情於美景與美食，無可厚非。

此番乍到湖州，蘇軾還真的以玩為主。六月酷暑，他到城南消暑飲宴，寫下〈泛舟城南會者五人分韻賦詩，得「人皆苦炎」字〉四首，其中第三首就寫到了湖州美食：

紫蟹鱸魚賤如土，得錢相付何曾數。碧筒時作象鼻彎，白酒微帶荷心苦。
運肘風生看斫鱠，隨刀雪落驚飛縷。不將醉語作新詩，飽食應慚腹如鼓。

吃了當地物美價廉的太湖大閘蟹與鱸魚膾，也看到了精心製作的過程：鱸魚切片如雪花飛落，賞心悅目。飽食一餐，不亦快哉。特別是湖州鱸魚膾，味道如何沒有寫，但湖州師傅們切魚片的刀工運肘風生、隨刀雪落，非同凡響。

吃遍美食，只對蟹用了「饞」

湖州不缺美食，更令人開心的是，好友丁騭送來了兩隻大螃蟹。這讓蘇軾欣喜若狂，作了一首七律〈丁公默送蝤蛑〉：

溪邊石蟹小如錢，喜見輪囷赤玉盤。半殼含黃宜點酒，兩螯斫雪勸加餐。
蠻珍海錯聞名久，怪雨腥風入坐寒。堪笑吳興饞太守，一詩換得兩尖團。

在宋代，處州包括現在的麗水、溫州和臺州。丁騭，字公默，晉陵（今江蘇常州）人，與蘇軾同年進士，此時正以除太常博士、正儀曹出知處州。

蝤蛑就是青蟹。首聯「溪邊石蟹小如錢，喜見輪囷赤玉盤」，寫蝤蛑之大。青蟹是蟹類中之大者，比河蟹大得多。為了描述蝤蛑有多大，蘇軾先說溪蟹之小：小溪小溝裡路人常見的石蟹，體形很小，小得像錢幣。然而，蝤蛑煮熟、端上桌後，屈曲著的身體猶如赤玉的盤子。赤玉喻其色、盤喻其大，因為是「輪囷」蟠屈著的，故以圓盤來比喻。又對照又比喻又描繪，凸顯他「喜見」的感情色彩：哇，多大的蝤蛑，牠團縮著好像赤色的玉盤！

頷聯「半殼含黃宜點酒，兩螯斫雪勸加餐」寫蝤蛑之美。打開蝤蛑的背殼，澄黃澄黃的。此時酒興來了，上酒！削出大螯雪白的肉，食欲大增，加餐！「半殼含黃」，即蟹黃占滿半個殼；「兩螯斫雪」，即螯肉白如雪。**過去的詠蟹詩歷來將蟹肉比喻為玉，而蘇軾在此喻為雪**，且與「斫」[18]字結合，更顯一種動態美，構成了特殊、美不可言的意境，美到什麼地步？似乎在催人喝酒、勸人加餐。

頸聯「蠻珍海錯聞名久，怪雨腥風入坐寒」，是寫蝤蛑之盛名。南蠻之地沿海一帶，海匯萬類、品種繁多，但蘇軾早聞蝤蛑之名，如今品嘗果然名不虛傳。這天吃著蝤蛑，下著怪雨、刮著腥風，入座的時候感到一種寒意，在如此惡劣的氣候裡品嘗美食，讓這一餐留下了難忘的印象。主觀感受是：以前聞名久，現在印象深，蘇軾又從側面誇讚蝤蛑。

尾聯「堪笑吳興饞太守，一詩換得兩尖團」，寫詩人之饞。蘇軾與丁公默同科進士，友誼甚篤，又沾親帶故[19]，交情更深。詩作來往本是平常之事，但這次蘇軾寄詩丁公默，丁公默卻送來了蝤蛑，於是詼諧幽默的蘇軾說是朋友知道自己饞，才用詩換來了蝤蛑。

蘇軾走南闖北、東奔西跑，吃過不少土產，很多是他激賞的，比如江瑤柱、河豚魚等，卻**從未用過「饞」字，唯對蝤蛑，竟自稱饞太守、以詩換蝤蛑**。可見蘇軾對蝤蛑之大、之美，食蟹之樂、之趣，倍加青睞，給予一份特別的評價。

蘇軾寄情山水和美食，逃避他厭惡的政治現實，南宋周密在〈吳興園林記．章參政嘉林園〉中說：「外祖文莊公居城南，後有地數十畝……有嘉林堂、懷蘇書院。相傳坡翁作守，多遊於此。」[20]

蘇軾剛到湖州，遊山玩水、吃吃喝喝、詩詞唱和，很開心快樂。然而，喜歡在文字裡譏諷新政的蘇軾，卻因到湖州後，向朝廷上的〈湖州謝上表〉出了事。新黨一夥盯了他很久，也忍了他很久，這次終於逮到機會。而引起麻煩的是其中的這幾句：

知其愚不適時，難以追陪新進；察其老不生事，或能牧養小民。

意思是：皇上您知道我愚笨、不合時宜，跟不上這批年輕人的步伐；您知道我老了，也不惹是生非，派我到地方，管管小民。但新黨在神宗面前對此的解讀是：「難以追陪新進」？分明是愚弄朝廷、妄自尊大！又拿來事前蒐集蘇軾譏諷朝廷的一堆證據，說是訕謗君上。神宗很生氣，詔令罷蘇軾湖州現職，並批令「御史臺選牒朝臣一員，乘驛馬追攝」，**史上著名的烏臺詩案就此掀開**。

七月二十八日，御史臺吏卒到了湖州，將蘇軾拿下、押解京師，蘇軾在湖州上任僅兩個月又八天。看來，政治與螃蟹一樣，雖然味美，但也是會咬人的。

---

18 以刀斧砍削。

19 丁騭之女嫁蘇軾侄孫蘇彭。

20 周密在其園林遊記《吳興園林記》提到其外祖父章良能（曾任參知政事）的私家園林，並提到蘇軾於湖州任期經常遊歷於此。

第七章

首貶黃州，心境卻不低迷

1 因為一條魚差點送命

偵辦烏臺詩案的是御史臺，而**御史臺從漢代開始，就稱「烏臺」**（當時御史臺院內遍植柏樹，終年有烏鴉棲息）。這是一次有組織、有預謀、分工明確、你唱我和的文字獄，我們有必要花點時間看看，構陷蘇軾的這班人是什麼樣的人，以及蘇軾如何得罪他們。

首先吹響號角的，是權監察御史裏行何正臣。何正臣，字君表，今江西省峽江縣硯溪鎮虹橋人，自幼穎悟過人，被譽為神童。英宗治平四年（一〇六七年）進士、神宗元豐元年（一〇七八年）因投靠新黨，被薦為御史裏行。

元豐二年六月二十七日，何正臣上箚論蘇軾〈湖州謝上表〉中，「陛下知其愚不適時，難以追陪新進；察其老不生事，或能牧養小民」是愚弄朝廷，妄自尊大，「老不生事」則暗諷變法派生事、支持變法的宋神宗無事生非，又說：「一有水旱之災，盜賊之變，軾必倡言歸咎新法，喜動顏色。軾所為譏諷文字，傳於人者甚眾。」

何正臣還拿出一本公開出售的蘇軾文集作為罪證進呈。因誣陷蘇軾有功，元豐五年二月升吏部侍郎，哲宗元符元年（一〇九八年）改任宣州（今安徽宣城市）知府，元符三年去世，終年五十九歲。此人名正臣，行為卻像奸臣；字君表，不是君子代表，更像小人的代表！

馬上跟進的舒亶，字信道，慈溪人，是王安石的忠實信徒。王安石任明州鄞縣縣令時，請了五位文學大儒[1]進城辦學，舒亶就是其中一位大儒樓郁的學生，他將王安石奉為自己的精神導師。

宋英宗治平二年，年僅二十四歲的舒亶考中進士，並在禮部考試中斬獲魁元。王安石變法開始之後，舒亶在王安石的安排下進入御史臺，為權監察御史裏行加集賢校理，成為王安石的打手。

蘇軾是變法反對派，舒亶早就在等待機會掀翻蘇軾。何正臣之後，舒亶馬上來個「二重奏」，說道：「至於包藏禍心，怨望其上，訕瀆謾罵，而無復人臣之節者，未有如軾也。蓋陛下發錢（指青苗錢）以本業貧民，則曰『贏得兒童語音好，一年強半在城中』；陛下明法以課試郡吏，則曰『讀書萬卷不讀律，致君堯舜知無術』；陛下興水利，則曰『東海若知明主意，應教斥鹵（鹽鹼地）變桑田』；陛下謹鹽禁，則曰『豈是聞韶解忘味，爾來三月食無鹽』；其他觸物即事，應口所言，無一不以譏謗為主。」

舒亶把蘇軾反對變法說成反對宋神宗，惡毒至極。他直指蘇軾不是譏諷新政這麼簡單，而是「大不恭」。按當時律法，這是死刑，舒亶說蘇軾「雖萬死不足以謝聖時」，簡直直取蘇軾的性命。烏臺詩案後，舒亶作為有功之臣，拜給事中，權直學士院。再過一個月，又升為御史中丞，《宋史》說他「舉劾多私，氣焰熏灼，見者側目」。

來湊熱鬧的還有一個小官，國子博士、提舉淮東常平的李宜之，他從蘇軾不久前赴湖州任上途中寫的〈靈壁張氏園亭記〉中截取一段「古之君子，不必仕，不必不仕。必仕則忘其身，必不仕則

1 合稱「慶曆五先生」，分別為樓郁、杜醇、楊適、王致、王說。

忘其君」，說是教天下之人不要有進取心，且不必尊敬君王。李宜之「乞賜根勘」，用現在的話說就是徹查到底，還要深挖其保護傘。

老同事也想置自己於死地

致命一擊則來自御史中丞李定，字資深，揚州人，是王安石的幹將。變法之初，王安石破格提拔他為太子中允、監察御史裏行，這成為朝廷兩派爭鬥的焦點。李定上任數日，監察御史陳薦彈劾李定在母親死後匿喪不報，蘇軾也火力全開，上章彈劾，用語尖刻犀利，因此與李定結下私仇。

王安石力保李定，表示其生母早已外嫁，死時李定仍不知是生母，因此逃脫了舊黨的圍剿，但仇恨的種子已經種下，君子報仇，十年不晚，這次輪到李定拿起屠刀。

李定作為御史臺最高領袖，上奏彈劾蘇軾。先說蘇軾不學無術、浪得虛名，然後**總結了四大罪：頻發怪論，屢教不改；傲慢無禮，譏諷大臣；煽動群眾，蠱惑人心；無視朝廷，詆毀聖上！**

還有負責到湖州逮捕蘇軾的皇甫遵。李定選的這名拘捕官，既要精明幹練，又要善於虛張聲勢，還不能對蘇軾暗生同情、心慈手軟。皇甫遵完全做到了，不僅嚇唬蘇軾，直接用繩子捆綁押解，途中甚至不讓蘇軾與熟人接近。

蘇軾在〈杭州召還乞郡狀〉裡提到：「定等選差悍吏皇遵，將帶吏卒，就湖州追攝，如捕寇賊。」皇甫遵去抓蘇軾，還帶自己兒子一起，大概是想，自己做完這份差事必然高升，兒子與自己一起也能圖個功勞，最不濟也能增長見識、鍛鍊能力。

而陰險的人總躲在角落，這個人就是蘇軾的同年進士、在鳳翔府的同事張璪。張璪初名琥，字邃明，滁州全椒（今安徽全椒）人。烏臺詩案發生時，宋神宗讓張璪以知諫院的身分與李定一起辦案，此人竟蓄意置蘇軾於死地。

王安石的弟弟王安禮曾奉勸神宗寬恕蘇軾，張璪竟火冒三丈，當面責罵王安禮，其唯恐蘇軾得以免死的險惡用心昭然若揭。他與蘇軾在鳳翔共事兩年，交遊頗密，怎麼下得了狠手？這可能禍起張璪返回汴京時，蘇軾送給他的〈稼說送張琥〉。

在這篇送別文裡，蘇軾好為人師，勉勵張璪要認真學習：「博觀而約取，厚積而薄發，吾告子止於此矣。」成語博觀約取、厚積薄發皆典出於此，蘇軾將自己如何做學問的祕訣全盤托出，但張璪心裡或許認為：大家是同年進士，都是年輕人，你蘇軾不就中了個制科，有什麼資格教我如何讀書做學問？他現在想要把蘇軾踩在腳下，讓他永不得翻身。這份快感，正是這類小人特有的。

掀起這場文字獄的最大靠山，是右相王珪。王珪，字禹玉，祖籍成都華陽，算是蘇軾的老鄉。王珪年少成名，自從踏上仕途後，更因性格沉穩、謙和禮讓而受到朝野內外的欣賞，並從揚州通判做起，仕仁宗、英宗、神宗、哲宗四朝。

進士出身的王珪文采斐然，深受朝廷器重，曾連續為皇帝起草詔書十八年，朝廷重大的典制策令多出自他手。自以為文章獨步天下的他，見蘇軾幾成天下文宗，非常嫉妒。再加上立場偏向舊黨的左相吳充非常強勢，代表新黨的王珪決心放手一搏，想透過殺蘇軾拉下舊黨，將舊黨一網打盡。

雖然沒有證據證明李定、舒亶、何正臣、張璪等人如何與他勾結、構陷蘇軾，但在烏臺詩案久審不決，無法找到能要蘇軾命的證據時，王珪終於忍不住，親自跳出來誣陷蘇軾。

王珪拿著蘇軾所作的兩首〈王復秀才所居雙檜〉，對宋神宗說道：蘇軾在詩中寫「根到九泉無曲處，世間唯有蟄龍知」，龍本應在天上飛騰，蘇軾卻要到九泉之下去尋找蟄龍，這明顯是在詛咒陛下！這個陰險小人，終於露出狐狸尾巴。順帶一提，此人是李清照的外公、秦檜的岳祖父。

幸好天底下還是有好人，就在王珪誣陷蘇軾時，蘇軾的好友章惇挺身而出，極力為其辯誣。章惇雖然跟王珪同屬新黨，並且是他的部屬，此時卻已顧不得上下尊卑，義正詞嚴的駁斥：「龍者非獨人君，人臣皆可以言龍也。」意思是龍並非專指人君，大臣也可以被稱為龍。他還舉例，當年諸葛亮被稱為臥龍，劉備沒不高興啊！神宗覺得章惇說得有道理，讓王珪很尷尬。

下朝後，章惇並沒有放過王珪，質問他為何要如此汙蔑蘇軾，王珪訕訕的回答，說這些都是舒亶的說法，自己只不過是轉述，章惇冷冷的回了一句：舒亶的口水也能吃嗎？構陷和營救都在進行，只是深陷獄中的蘇軾並不知道。

親戚錯送魚，蘇軾差點自殺

「去年御史府，舉動觸四壁。幽幽百尺井，仰天無一席。」蘇軾被囚禁在一間小屋子裡，稍一伸手伸腿就會碰到牆壁，彷彿被投入深井。同在烏臺獄中的蘇頌有詩云：「遙憐北戶吳興守，詬辱通宵不忍聞。」

詩中的「吳興守」指的就是蘇軾，雖然沒有證據能證明李定和張璪對蘇軾私自行刑，但通宵審訊、辱罵，算不算逼供？蘇軾最終扛不住，認了譏諷新政的指控，但大不敬這條他沒認，認了就死定了。他與范鎮密謀請司馬光出山的這一段也沒承認，否則肯定死路一條。

但蘇軾還真差點就死在牢裡，而這緣於一條魚。葉夢得《避暑錄話》記載：

蘇子瞻元豐間赴詔獄，與其長子邁俱行，與之期送，食唯菜與肉，有不測，則徹二物而送以魚，使伺外間以為候。邁謹守逾月，忽糧盡，出謀於陳留，委其一親戚代送，而忘語其約。親戚偶得魚鮓送之，不兼他物，子瞻大駭，知不免，將以祈哀於上而無以自達，乃作二詩寄子由，祝獄吏致之……。

大意是，**蘇軾入獄時，與長子蘇邁約定，送牢飯就送菜和肉，如果判死，就送魚暗示**。一月後，蘇邁因錢花完了，要去籌款，於是託親戚代送，卻忘記告知與父親的約定，親戚恰巧就將魚送入。蘇軾大驚，以為自己難逃一死，遂作二絕命詩，請獄中看守交給蘇轍。

蘇軾其實是有所準備的，北宋孔平仲《孔氏談苑》載：「子瞻憂在必死，嘗服青金丹，即收其餘，窖之土中，以備一旦當死，則並服以自殺。」原來**蘇軾偷偷帶了青金丹毒藥進監獄，還埋在土中，隨時準備自殺**。幸好蘇軾求生欲強，宋神宗又及時「遣使就獄，有所約敕」，蘇軾才打消自殺的念頭，否則這次送錯魚，恐怕真要了蘇軾的命。

營救蘇軾的行動一直沒有停止，走在最前面的自然是蘇轍。他上書神宗：「不勝手足之情……臣欲乞納在身官，以贖兄軾，非敢望末減其罪，但得免下獄死為幸。」想用自己的官換蘇軾免死。

已經七十二歲的范鎮不顧家人阻攔，火速上書皇帝救蘇軾，可惜書稿未能流傳；蘇軾的恩師張方平，也是古稀之年的老人，他心急如焚，撰寫一篇長書，言辭激烈，命兒子張恕親自赴京城投書。奈何張恕心裡害怕，在聞登鼓院外面猶豫不決，終究還是沒敢投書。不過後人分析，幸好張恕沒把這封書投進去，張方平救蘇軾心切，言辭太激烈，若惹怒神宗，反而會要了蘇軾的命。

左相吳充則巧施妙法，對神宗說：「陛下以堯舜為法，而不能容一蘇軾，何也？」神宗聽後吃了一驚，只得回：朕也沒有別的意思，不過是抓來弄清是非，若沒事就把他放了。

王安石的弟弟王安禮，也加入了這場「救蘇運動」，他對宋神宗說：「自古大度之君，不以語言謫人，按軾文士，本以才自奮，謂爵位可立取，顧碌碌如此，其中不能無觖望[2]。今一旦致於法，恐後世謂不能容才，願陛下無庸竟其獄。」神宗也聽進去了。

最影響神宗的，還是兩位太后：太皇太后曹氏與太后高氏。當年仁宗喜言：「朕為子孫得太平宰相二人！」便是指蘇軾與蘇轍。曹太皇太后得知蘇軾獲罪後，對神宗說：以作詩入獄，難免是受了小人中傷。我已經病成這樣了，皇上您不可再有冤案啊。老太后說著老淚縱橫，神宗是孝子，聽了這番話也淚如雨下。

太后高氏，則是蘇軾為官後期的守護神，宋神宗欲大赦天下，為太皇太后求壽，太后高氏說：不必大赦天下，放了蘇軾足矣。

御史臺想弄死蘇軾，好在他們只負責偵辦案件，判案的是大理寺。大理寺的判罰是「當徒二年，會赦當原」。蘇軾按律應判二年徒刑，但是因為當前朝廷有赦令，可以免罪！

御史臺千辛萬苦挖出這些事，目的是打擊保守派，怎麼能就這樣輕飄飄的放過蘇軾？案件送審刑院[3]複審後，結果是維持大理寺判決，駁回御史臺上奏，同時為了懲戒蘇軾，依宋神宗特旨將蘇軾連降兩級，責授檢校尚書、水部員外郎充黃州團練副使，本州安置[4]，不得簽書公事，並令御史臺差人轉押前去。

最終，蘇轍、王詵、王鞏被貶官，張方平、李清臣各罰銅三十斤，司馬光、范鎮、錢藻、陳襄、劉攽、李常、孫覺、曾鞏、王汾、劉摯、黃庭堅、戚秉道、吳琯、盛僑、王安上、周邠、杜子方、顏復、陳珪、錢世雄等人也罰銅二十斤。

史上紛紛將這幫陷害蘇軾的列為奸臣、小人，然而，烏臺詩案背後的總指揮其實就是宋神宗。李定誣陷蘇軾的這一套路，幾年前沈括就用過，當時宋神宗根本看都不看，這次怎麼就認真了？

實際上，王安石二度罷相，**神宗為平衡舊黨與新黨勢力，眼看舊黨有死灰復燃之勢，他決定透過懲辦蘇軾來殺雞儆猴**：繼續推行新政，順我者昌，逆我者亡！

在專制政權裡，使人絕對服從才是最大的政治手段。

2 指埋怨。
3 宋代設立的官署，職務是檢查大理寺所審理的案件。
4 不得擅離職務所在的州。

2 有美食，就能苦中作樂

蘇軾在元豐二年（一〇七九年）七月二十八日被捕，八月十八日被囚禁於御史臺獄，十二月二十九日出獄，歷時五個月又十一天。出獄時正要過年。

蘇軾的最終判決是「責授檢校尚書、水部員外郎充黃州團練副使，本州安置，不得簽書公事，令御史臺差人轉押前去」。這是**最低級別的九品公職**，**「本州安置」即只能待在黃州，不能跨州活動；「不得簽書公事」即剝奪了審批權和工作權，無事可做**。

元豐三年正月初一，四十五歲的蘇軾被御史臺派人押送到黃州，年都不給過，抵達目的地已是一個月後。

在宋代，黃州隸屬淮南西路，下轄黃岡、黃陂、麻城三縣。蘇軾在這裡待了四年兩個月，這是他出川後，停留時間最長的地方。蘇軾還算是幸運的，神宗皇帝只是殺雞儆猴，並不允許新黨毫無底線的迫害舊黨。王珪、李定等人雖然沒有完全達到目的，但把他們認為的「舊黨狗頭軍師」兼喉舌拉下臺，也算是取得了階段性的勝利，上面還有神宗看著，只要蘇軾「閉嘴」，他們就不會再對蘇軾做什麼。所以**在黃州這些年，儘管日子苦了一點，卻是蘇軾人生路上相對安穩的時期**。

那麼，蘇軾苦到什麼程度？有官無職，連住的地方都得自己找，吃的更是問題。陪蘇軾到黃州的是兒子蘇邁，兩人寄宿在城裡的定惠院。

在〈與王定國〉三十五首之六中，蘇軾寫道：「某寓一僧舍，隨僧蔬食。」在寫給章惇的書信中，他也說：「現寓僧舍，布衣蔬食，隨僧一餐，差為簡便。」借居定惠院期間，蘇軾父子和僧人們同住，只能吃齋。但也有開葷的時候，比如二月二十六日，蘇軾在詩裡說：「卯酒困三杯，午餐便一肉。」（〈二月二十六日雨中熟睡至晚強起出門還作此詩意思殊昏昏也〉）大概是自己買了酒肉加菜。但無論如何，能吃飽就已經不錯了，吃飽後只做兩件事：睡覺和瞎晃。

蘇軾寫信的對象王鞏是他的密友，受烏臺詩案牽連而被貶廣西；章惇是他的同年進士，兩人私交不錯，雖然政見不同，不算親密，但關鍵時刻章惇挺身而出救蘇軾，也算自己人。

被貶黃州，住江景第一排

寄信給自己人可以掏心掏肺，包括向對方表露自己真實的一面，但寫詩時則要裝一下、有感而發。有一天，蘇軾吃飽後在定惠院外散步，見到一株海棠花，因此作〈寓居定惠院之東雜花滿山有海棠一株土人不知貴也〉：

江城地瘴蕃草木，只有名花苦幽獨。
嫣然一笑竹籬間，桃李漫山總粗俗。
也知造物有深意，故遣佳人在空谷。
自然富貴出天姿，不待金盤薦華屋。
朱脣得酒暈生臉，翠袖卷紗紅映肉。
林深霧暗曉光遲，日暖風輕春睡足。
雨中有淚亦悽愴，月下無人更清淑。
先生食飽無一事，散步逍遙自捫腹。

不問人家與僧舍，拄杖敲門看修竹。忽逢絕豔照衰朽，嘆息無言揩病目。
陋邦何處得此花，無乃好事移西蜀。寸根千里不易致，銜子飛來定鴻鵠。
天涯流落俱可念，為飲一樽歌此曲。明朝酒醒還獨來，雪落紛紛哪忍觸。

蘇軾形容海棠「朱脣得酒暈生臉，翠袖卷紗紅映肉」，海棠的紅如喝酒後臉紅，海棠綠紅相間，他說是「紅映肉」，不經意間把寺院裡吃不到的酒肉都寫在詩裡；他說自己「先生食飽無一事，散步逍遙自捫腹」，吃是吃飽了，無所事事、摸著肚子散步也是真的，但是否逍遙就值得我們懷疑。他接著寫這株海棠花的來歷，「陋邦何處得此花，無乃好事移西蜀。寸根千里不易致，銜子飛來定鴻鵠」，這個窮地方哪來的海棠？也許是天上的天鵝把海棠花的種子從西蜀銜到了黃州，想到自己也如海棠一樣流落至此，十分悲哀。這哪裡逍遙？簡直是消極！

蘇軾由兒子陪著，一路被押到黃州，其餘家屬則在蘇軾前往黃州的同時，由蘇轍護送。一家人肯定不能全部住在寺院，幸虧鄂州太守朱壽昌幫忙說情，黃州官府才把官邸臨皋亭暫借給蘇軾。臨皋亭並不寬敞，蘇軾家人口不少，住得相當擁擠，但此處勝在臨江，有江景。蘇軾在寄給范子豐的〈臨皋閒題〉中說：

臨皋亭下八十數步，便是大江，其半是峨眉雪水，吾飲食沐浴皆取焉，何必歸鄉哉！江山風月，本無常主，閒者便是主人。聞范子豐新第園池，與此孰勝？所不如者，上無兩稅及助役錢耳。

大意是：我住的臨皋亭，走幾十步就是長江，江水一半是我老家峨眉山的雪水，我吃喝洗漱都靠它，我住這不就跟回老家差不多嗎？江山、風月本來就不屬誰，像我這樣一個閒人就是它們的主人，那些忙得要死的人哪有這個福分！你新第的園池與我這個地方比，哪一個更好？我這裡還是比不上你的，因為你要繳稅我不用！

范子豐就是范百嘉，蘇軾在密州時曾請他幫忙調職。蘇軾借官府一個地方暫住後就「囂張」成這樣，其實是在**自嘲**、**苦中作樂**。他還把自己住在「江景豪宅」的事告訴恩師司馬光。

在〈與司馬溫公〉中，蘇軾說：「寓居去江無十步，風濤煙雨，曉夕百變，江南諸山在幾席，此幸未始有也。」大意是：我這江景豪宅離江不到十步，每天吹著江風，看著江上朝夕百變的煙雨；不論坐著還是躺著，只要睜開眼，江南的風景就盡收眼底，這可是從未遇到的好事！

他還在〈書臨皋亭〉中寫道：「東坡居士酒醉飯飽，倚於几上。白雲左繚，清江右洄，重門洞開，林巒坌入。當是時，若有思而無所思，以受萬物之備，慚愧！慚愧！」每天酒足飯飽後，他喜歡躺在胡床[5]上看著窗外，白雲、清江、遠山，儼然如畫，心裡的舒暢和好心情，讓他都快忘了自己是被貶謫來此反省的。

5 可折疊的繩椅。

把錢掛在懸梁上，拿不到就用不到

向朋友們炫耀也好，自嗨也罷，都是蘇軾對自己的一番鼓勵，但困難還是要面對。過去，他一遇困難就向駙馬王詵伸手，而這次王詵也受連累被降官停職，於是只好向章惇求救。但他與章惇畢竟還是有點隔閡，因此不能明說，只能叫苦，在〈黃州答章子厚參政書〉一信中：

> （黃州）魚稻薪炭頗賤，甚與窮者相宜。然軾平生未嘗作活計……俸入所得，隨手輒盡……窮達得喪，粗了其理，但祿廪相絕，恐年載間，遂有飢寒之憂，不能不少念。

蘇軾說黃州物價低，很適合窮人居住，但自己平時就不太會過生活，是個「月光族」[6]……對窮、達、得、喪四種人生境遇，都能粗淺了解其中道理，但沒了俸祿，怕是一年都撐不下去，就會飢寒交迫，所以不得不叨念……。

章惇知道蘇軾愛面子，於是給錢又給藥，真是患難見真情。可惜一向粗心的蘇軾沒有珍惜章惇這份友情，後來章惇有難時蘇軾作壁上觀，甚至還踩了章惇一腳，兩人因此撕破臉。這也帶給蘇軾致命的麻煩。

宋代**官員俸祿不低**，**分為實物工資和貨幣工資**。但是，此時的蘇軾是最低品，只有一份微薄的實物俸祿，且由於沒有實際工作，所以也沒有貨幣工資，更別提公務接待的費用，根本沒法養家糊口。在給秦觀的〈答秦太虛書〉中，他提到剛到黃州時如何過日子：

初到黃，廩入既絕，人口不少，私甚憂之。但痛自節儉，日用不得過百五十，每月朔便取四千五百錢，斷為三十塊，掛屋梁上，平旦用畫叉挑取一塊，即藏去叉，仍以大竹筒別貯用不盡者，以待賓客，此賈耘老法也。度囊中尚可支一歲有餘，至時，別作經畫，水到渠成，不須預慮。以此，胸中都無一事。

每天家用一百五十錢，每個月第一天就拿出四千五百錢，分成三十份掛在屋梁上，拿不到就不會亂用。每天早上用叉子挑取一份，然後把叉子藏起來，用剩的就放進竹筒裡，等客人來了加菜。只要能解決一年的家用，就覺得萬事大吉。

窮日子有窮日子的過法，但只能讓自己人知道；對外，該裝還是得裝，剛到黃州，蘇軾就寫了〈初到黃州〉：

自笑平生為口忙，老來事業轉荒唐。長江繞郭知魚美，好竹連山覺筍香。
逐客不妨員外置，詩人例作水曹郎。只慚無補絲毫事，尚費官家壓酒囊。

蘇軾說：我自己都覺得好笑，一生為嘴到處奔忙，老了之後做的事反而變得荒唐。長江環抱城

6 指每個月都會把賺來的錢花光。

郭，裡面的江魚很美味；茂竹漫山遍野，只覺陣陣筍香。作為被貶逐之人，員外安置又何妨？按慣例，詩人都要做做水曹郎。可自己對政事已毫無補益，還要領皇上的俸祿，慚愧慚愧！

這可不是說說，蘇軾在黃州還真把長江的鯽魚、鯉魚吃出花樣，他在〈煮魚法〉中說：

> 其法，以鮮鯽魚或鯉治斫，冷水下，入鹽如常法，以菘菜心芼之，仍入渾蔥白數莖，不得攪。半熟，入生薑、蘿蔔汁及酒各少許，三物相等，調勻乃下。臨熟，入橘皮線，乃食之。其珍食者自知，不盡談也。

這簡直是「東坡魚羹」食譜：把新鮮鯽魚或鯉魚切成塊，加點白菜、蔥白，關鍵是不攪動。等到菜半熟之時，再把等量的生薑、蘿蔔汁、酒調勻倒入。魚羹快熟的時候，再加入新鮮的橘皮絲。他說這魚羹鮮美芳香，吃過就知道。不過，按現代人的口味偏好和對美食的審美標準，這魚羹也不過是一堆魚骨和肉混在一起的羹，能有多好吃？論做魚羹，還是淮揚菜和粵菜更厲害，挑掉魚骨再做更好吃。

被趕到黃州又怎樣？因長江環繞而想到有鮮美的魚吃、因黃州多竹而猶如聞到竹筍的香味，這種**豁達、樂觀，既支撐著蘇軾四年的黃州生活，也是蔑視迫害他的政治對手。**

生活的窮困，蘇軾只對自己人訴說。**在文字裡，他能自嘲不幸，卻又以超然豁達的胸襟對待，這就是真實的蘇軾，可愛、可敬又令人憐惜！**

3 忽聞河東獅子吼

剛到黃州時，蘇軾倍感孤獨。他本來就是一個愛熱鬧的人，如今突然把他扔到黃州這個人生地不熟的地方，還沒了工作，讓蘇軾很鬱悶。還住在定惠院時，他作了一闋〈卜算子．黃州定慧院寓居作〉：

缺月掛疏桐，漏斷人初靜。時見幽人獨往來，縹緲孤鴻影。
驚起卻回頭，有恨無人省。揀盡寒枝不肯棲，寂寞沙洲冷。

大意是：彎彎月亮掛在梧桐樹梢，滴漏聲盡，夜深人聲已靜。只見幽居人獨來獨往，彷彿縹緲的孤雁身影。那孤雁突然驚起又回過頭來，心有怨恨卻無人知道。牠挑遍了寒枝也不肯棲息，甘願在沙洲忍受寂寞淒冷。

這哪裡是在寫孤雁，明明寫的是他自己。剛到黃州，孤寂是不可避免的，但如孤雁般高潔自許、不願隨波逐流也是真的。

不過，朋友們很快就出現了，首先出現的是黃州當地的老朋友。沒錯，蘇軾在黃州居然碰到了老友，他就是蘇軾鳳翔府上司陳希亮的兒子陳慥。兩人一別就是十九年，竟然在蘇軾被御史臺官員押送的過程中相遇。

此時，陳慥一家住在黃州附近的岐亭，陳慥請他到家裡住了五天，好吃好喝招待，這讓剛剛死裡逃生、在異鄉舉目無親的蘇軾十分感動。更重要的是，陳慥在黃州民間很有地位，大家都認識他。陳慥用他的影響力庇護落難的蘇軾，蘇軾也因此很快就被黃州百姓接受。

蘇軾說：「凡余在黃四年，三往見季常，而季常七來見余，蓋相從百餘日也。」意思是在黃州四年，他到岐亭找陳慥三次，而陳慥去找他七次。每次都會在對方家裡住上十天半月，四年下來共處的時光有一百多天。

不是親手宰的魚肉，就不算殺生

陳慥家原來很有錢，現在則在山上過著極簡生活，但好客、豪爽的性格沒有變，蘇軾每次到他家，他都熱情接待。蘇軾在〈岐亭〉五首其一（節錄）中，寫到陳慥如此熱情：

> 撫掌動鄰里，繞村捉鵝鴨。房櫳鏘器聲，蔬果照巾冪。
> 久聞蔞蒿美，初見新芽赤。洗盞酌鵝黃，磨刀削熊白。

抓鵝捉鴨，蔬果當然也少不了，蘇軾在陳慥家第一次吃到蔞蒿，漢中名酒鵝黃更是少不了。

「磨刀削熊白」，**熊白指熊的脂肪**。

李時珍在《本草綱目．卷五十一．獸部．熊》中引用南朝書法家陶弘景的說法：「脂即熊白，乃背上肪。色白如玉，味甚美，寒月則有，夏月則無。」冬天的熊很肥，熊的肥肉能煉出厚厚一大塊油，吃的時候用刀削一塊下來。

請人吃熊白，這是極高的禮節，《北齊書．徐之才傳》就有：「德正徑造坐席，連索熊白。」清代吳偉業〈讀史偶述〉四十首其一有：「相公堂饌銀盤美，熊白烹來正割鮮。」

如果是招待普通客人，豬油、羊油、雞油或植物油就可以了。陳慥太熱情，蘇軾深受感動，酒量不怎麼好的他「須臾我徑醉，坐睡落巾幘」，直接倒在椅子上睡著了。每次蘇軾到訪，陳慥都「大動干戈」，這讓蘇軾很過意不去，於是作〈歧亭〉五首其二，勸陳慥戒殺生（以下為節錄）：

我哀籃中蛤，閉口護殘汁。又哀網中魚，開口吐微溼。
刳腸彼交病，過分我何得。相逢未寒溫，相勸此最急。
不見盧懷慎，蒸壺似蒸鴨。坐客皆忍笑，髠然發其冪。
不見王武子，每食刀幾赤。琉璃載蒸豚，中有人乳白。

〈書南史盧度傳〉一文，或許可以解釋蘇軾寫這首詩的意圖：「余少不喜殺生，然未能斷也。近來始能不殺豬羊，然性嗜蟹蛤，故不免殺。自去年得罪下獄，始意不免，既而得脫，遂自此不復殺一物。有見餉蟹蛤者，皆放之江中。雖知蛤在江水無活理，然猶庶幾萬一，便使不活，亦愈於煎烹也。非有所求覬，但以親經患難，不異雞鴨之在庖廚，不忍復以口腹之故，使有生之類，受無量怖苦爾，猶恨未能忘味食自死物也。」

蘇軾看著這些可憐的動物，想到不久前獄中的自己，心有餘悸。不過，蘇軾這一想法「又」是說說而已，身為一名吃貨，哪會太在意這些？他後來想出一個妙招——**食自死物**。自己不殺，吃已經死了的雞鴨魚肉，反正自己沒動手，就不算殺生。

蘇軾和陳慥兩人在一起時，有做不完的趣事，談論佛法、吟詩作賦、寄情山水、撫琴高歌。有一次蘇軾去探望陳慥，兩人談天說地，徹夜不眠。陳慥的老婆柳氏看到這對好友從早到晚黏在一起，這麼晚還不睡，大喝一聲：老陳你還不睡覺？陳慥嚇得連平時把玩的拄杖都應聲而落，蘇軾把怕老婆的陳慥嘲笑了一頓，作詩〈寄吳德仁兼簡陳季常〉（以下為節錄）：

龍丘居士亦可憐，談空說有夜不眠。忽聞河東獅子吼，拄杖落手心茫然。

蘇軾這首詩，貢獻了**河東獅吼**這個成語。可以如此開玩笑，可見兩人關係之密切。

後來，蘇軾被赦離開黃州，送行者眾，至慈湖（今湖北黃石）登船後，眾人散去，只有陳慥從湖北一直送到了江西九江。四年後，蘇軾在京任職，陳慥又千里迢迢跑到京城開封看他。哲宗紹聖元年（一〇九四年），蘇軾再次被貶。到了惠州半年，陳慥來信數封，說要趕來探望蘇軾，被蘇軾回信勸阻。

蘇軾剛出仕時，遇到陳慥的父親陳希亮，少不更事的蘇軾認為陳希亮處處為難他，沒想到他經**烏臺詩案被貶到黃州，第一個向他伸出援手的卻是陳慥**，他終於大徹大悟，也反省了一番。

4 酒坊老闆的侄子不懂釀酒

蘇軾在黃州四年多，經歷三任知州，對他都極為友好。

蘇軾剛到黃州時的知州是陳軾，字君式，兩人同名。蘇軾的住宿就是他安排的，蘇軾也經常去拜訪他。蘇軾剛出獄，驚魂未定，怕上級與他交往會受連累，陳軾卻責怪他不該出此淺陋之言。

半年後換了另一知州徐大受，字君猷，對蘇軾更是關懷備至。當時好友馬夢得（字正卿）見蘇軾沒錢，向徐大受申請一塊地，徐大受也批准，讓蘇軾在此耕種，從此蘇軾**自號「東坡先生」**。

逢年過節，徐大受會在黃州名勝涵輝樓或棲霞樓設宴，款待這位失意的新朋友。一來二往，蘇東坡與徐大受也就熟絡。冬天，有人送給蘇東坡一隻白鼻心（又名果子狸），他便送到徐大受家，並作詩〈送牛尾貍與徐使君〉：

> 風卷飛花自入帷，一樽遙想破愁眉。泥深厭聽雞頭鶻，酒淺欣嘗牛尾貍。
> 通印子魚猶帶骨，披綿黃雀漫多脂。殷勤送去煩纖手，為我磨刀削玉肌。

這首詩先寫黃州大雪紛飛、遍地雪泥，他送去果子狸，順便羅列了他想吃的四種美食：雞頭鶻、牛尾貍、通印子魚、披綿黃雀。

雞頭鶻為中藥材，又叫竹雞，就是竹蓀菌。牛尾貍是白鼻心、通印子魚是長江鯔魚，宋代范正敏《遁齋閒覽》有：「莆陽通應子魚，名著天下。蓋其地有通應侯廟，廟前有港，港中之魚最佳。今人必求其大可容印者，謂之通印子魚。」披錦黃雀就是肥黃雀，當地土人謂脂厚為披錦。徐大受收到這首詩，肯定又是大擺宴席，請蘇東坡大吃一頓。

公款宴請只能偶爾為之，徐大受更常帶著酒去看蘇軾，或者請他到家中，連他家裡的**侍姬都與蘇軾混得很熟，蘇軾都曾為她們題字或贈詞**。其中有一位叫勝之，蘇軾特別喜歡，除了送建溪雙井茶[7]和谷簾泉[8]給她外，還為她作了這首〈減字木蘭花．勝之〉：

> 雙鬟綠墜，嬌眼橫波眉黛翠。妙舞蹁躚，掌上身輕意態妍。
> 曲窮力困，笑倚人旁香喘噴。老大逢歡，昏眼猶能仔細看。

在黃州四年多，蘇軾只有在徐大受這裡，才享受到極大的尊重和苦難中少有的歡愉。可惜徐大受三年任期到了，在調赴湖南途中病逝，蘇東坡十分悲痛，在寫給徐大受弟弟的信中說：「始謫黃州，舉目無親，君猷一見，相待如骨肉，此意豈可忘哉！」

蘇軾說到做到，在後來的歲月裡，與徐大受的弟弟多有往來，在一個朋友家裡見到徐大受從前的侍姬勝之，還潸然淚下，滿是唏噓。

徐大受的副手、黃州通判孟震（字亨之）也與蘇軾非常熟絡，徐大受宴請蘇軾時，他多有作陪。**對徐大受，蘇軾是敬重；與孟亨之，蘇軾則是親密無間，可以隨便開玩笑**。

有一天，蘇軾在家吃了筍乾大麥飯，覺得味道不錯，就讓人帶了點給孟亨之。「今日齋素，食麥飯筍脯有餘味，意謂不減芻豢。念非吾亨之，莫識此味，故餉一合，並建茗兩片。食已，可與道媼對啜也。」蘇軾說這飯味道不會比肉差。

元豐六年（一〇八三年）冬，孟亨之調任蘇州通判，蘇軾給老友蘇州太守滕元發的信中說：「孟震亨之朝散，與之黃州故人，相得極歡。今致仕在部下，且乞照管，其人真君子也。」

元豐八年五月初六，離開黃州的蘇軾抵達常州。二十七日，他與孟震同遊常州，並作〈與孟震同遊常州僧舍〉三首，其一曰：「年來轉覺此生浮，又作三吳浪漫遊。忽見東平孟君子，夢中相對說黃州。」

黃州與鄂州僅一江之隔，時任鄂州知州朱壽昌也經常幫助蘇軾，時不時致酒送果。從蘇軾給朱壽昌的書信中，我們可以經常看到這樣的文字：「珍惠雙壺，遂與子由累醉，公之德也。」

蘇轍護送哥哥一家老小來黃州時，朱壽昌送來了兩瓶好酒；「酒極醇美，必是故人特遣下廳也。某再拜。」又送好酒給蘇軾；「特有厚貺羊面酒果，一捧領訖，但有慚怍。」朱壽昌又送來羊、面、酒和水果。

「已遷居江上臨皋亭，甚清曠。風晨月夕，杖履野步，酌江水飲之，皆公恩庇之餘波，想味風

7 南宋陸游曾讚「建溪官茶天下絕」。
8 茶聖陸羽曾評為「天下第一泉」。

義，以慰孤寂」，從定惠院搬到風景優美的臨皋亭，這是朱壽昌幫蘇軾開的口，解決了一家人的居住問題；「承賜教及惠新酒。到此，如新出甕，極為奇珍，感愧不可言。因與二三佳士會同飲，盛德也」，朱壽昌送來新釀的酒，量還不少，蘇軾找了幾位朋友一起喝；「雙壺珍貺，一洗旅愁，甚幸甚幸！佳果收藏有法，可愛可愛！」朱壽昌又送來好酒，還有水果。

「疊蒙寄惠酒、醋、麵等，一一收檢，愧荷不可言」，對朱壽昌送來的酒、醋和麵，蘇軾不客氣的收下，但又一次表示慚愧；「某每蒙公眷念，遠致珍物，勞人重費，豈不肖所安耶！所問凌翠，至今虛位，雲乃權發遣耳，何足掛齒牙！呵呵」，朱壽昌叫人送來各種珍物，還關心起蘇軾的兩位姬妾凌翠和朝雲，蘇軾說女人何足掛齒，還來個「呵呵！」9

有一次，朱壽昌送了些長沙的特產貓頭兒筍，蘇軾當時住在寺院裡，不好處理，他對寺裡和尚的廚藝又不滿意，於是分給朋友。他拿了一些給老朋友杜沂的兒子杜孟堅，告訴他做好了別忘了分一盤給自己：「朱守餉筍，云『潭州來』，豈所謂貓頭之稚者乎？留之，必為庖僧所壞，盡致之左右。饌成，分一盤足矣。」（〈與杜孟堅〉三首之三）

求美食，求到詩名比詩長

還有居住在武昌車湖的四川老鄉王齊愈（字文甫）和王齊萬（字子辯）兩兄弟，他們聽說蘇軾到了黃州，就主動來拜訪。王家很富有，對蘇軾也很慷慨，蘇軾約半個月就去他們家一次，四年間拜訪超過一百次。每次到訪，他們殺雞置酒熱情款待，更重要的是，王家有不少藏書，這讓蘇軾有書可讀。

在《東坡志林》中，蘇軾以一篇〈別文甫子辯〉，寫下這一段雪中送炭的友誼。

另外，不能不提時任著作佐郎、監黃州酒稅的樂京，他因反對免役法而被撤了縣令職，貶黃州。同是天涯淪落人，他和蘇軾一起吟詩飲酒，蘇軾在黃州附近遊玩，也多有他作陪，還有三個市井中人，只要蘇軾需要，他們隨時出現：一個是開酒坊的潘丙，一個是喜歡公益事業的古耕道，一個是開藥店的郭遘。

蘇東坡在〈東坡〉八首之七中，提到他們三個人的名字：

潘子久不調，沽酒江南村。郭生本將種，賣藥西市垣。
古生亦好事，恐是押牙孫。家有一畝竹，無時容叩門。
我窮交舊絕，三子獨見存。從我於東坡，勞餉同一飧。
可憐杜拾遺，事與朱阮論。吾師卜子夏，四海皆弟昆。

三人連開荒種地都幫忙，「勞餉同一飧」，一起種地、一起吃飯，這可不是一般的朋友關係。

還有一個朋友，監倉主簿劉唐年，他們家有一道美食：**把米粉煎成餅**，又酥又美味。蘇軾問：

9 上述與朱壽昌有關的文字均出自〈與朱康叔書〉，共十七首。

「此餅何名？」主人也不知道，於是蘇軾**起名「為甚酥」**。

過了幾天，蘇軾帶家人去郊遊，想吃劉唐年家的煎餅為甚酥，就寫了這首〈劉監倉家煎米粉作餅子，余云為甚酥。潘邠老家造逡巡酒，余飲之，云莫作醋，錯著水來否？後數日，余攜家飲郊外，因作小詩戲劉公，求之〉：

野飲花間百物無，杖頭唯掛一葫蘆。已傾潘子錯著水，更覓君家為甚酥。

此詩名極長，「煎米粉作餅子」短短六個字，將為甚酥的主要材料和做法都說得很清楚。詩中的「潘子」，指潘丙的侄子潘大臨。潘丙可能沒把釀酒祕方傳給他，因此潘大臨釀的酒很酸，被蘇軾戲稱為「錯著水」（薄酒）。蘇軾跟劉唐年說，自己在野外野餐，什麼都沒準備，潘大臨的酸酒「錯著水」都喝完了，就想吃他們家的為甚酥。

蘇軾至此已經適應黃州的生活，此心安處是吾鄉，他做到了。

5 以好友之名為食物命名

初到黃州時，蘇軾感到親友的疏離，他在〈答李端叔書〉中說：「得罪以來，深自閉塞，扁舟草履，放浪山水間，與樵漁雜處，往往為醉人所推罵。輒自喜漸不為人識，平生親友，無一字見及，有書與之亦不答。」這是真的嗎？

烏臺詩案中，受牽連、遭處分的有二十五人，處罰原因是收到蘇軾的譏諷詩不上報，但凡與蘇軾有書信往來的眾多親友也都被盤問過一遍。御史臺想把此案辦成大案，架勢確實嚇人，親友們驚魂未定，一開始不敢與蘇軾聯繫，這是可以理解的。

蘇軾寫給李端叔的這封信，是在黃州上任一年後，顯然把這情況誇大了，因為從蘇軾其他文字可以看出來，他在外地的朋友們很快就紛紛向他施予援手。

受蘇軾牽連的王鞏、張方平並沒有埋怨他，而是第一時間與他聯繫、寫信，或作詩詞；老朋友李常也來詩相慰，辯才、參寥、法言三位詩僧也曾寫信表示慰問。

章惇就更不用說了，關鍵時刻挺身而出，勸蘇軾要吸取教訓，千萬別再為了過嘴癮而惹禍上身。章惇此時是翰林學士、右諫議大夫、參知政事，處在朝廷中樞，深知蘇軾蒙難的前因後果。

因牽連受罰的秦觀，與蘇軾亦師亦友，書信往來更是頻繁；潮汕老鄉吳復古也托人帶了建茗、沙魚和赤鯉等禮物表示問候。

第一個來黃州探望蘇軾的朋友是杜沂，字道源。杜道源，四川人，宜州通判杜君懿之子。杜氏世居蜀中，與蘇家的關係十分密切。

早在二十五年前（嘉祐元年，一〇五六年），杜君懿曾贈送蘇軾兩支上乘宣州諸葛筆，以供其應舉使用。

杜沂此行帶著武昌西山山中稀有的酴醾花與菩薩泉來拜訪蘇軾，蘇軾為此作了〈杜沂遊武昌，以酴醾花菩薩泉見餉〉兩首。杜沂邀請蘇軾到西山遊玩，蘇軾居然答應了。這是一次冒險之旅。

黃州位於江北，屬淮南，西山所在的武昌位於江南，屬荊湖北路。**身為貶官，朝廷明文規定不能隨便越境**，也許是遇見老朋友太激動，蘇軾在杜道源及其子杜傳、杜俣和武昌縣令江綖的陪同下，平生第一次登上武昌西山，並作了〈遊武昌寒溪西山寺〉。蘇軾說「相將踏勝絕，更裹三日糗」，西山的幽勝百看不厭，蘇軾打算下一次帶足乾糧與朋友們暢遊三天。在此之後，蘇軾多次遊玩西山，樂此不疲。

而第一位來黃州看蘇軾的現職官員是李常，**宋代為防止官員互相攀附，對官員交往管理十分嚴格，除非出差，否則只能在調職途中「偶遇」**。

李常此時是淮南西路提點刑獄，辦公地點在舒州（今安徽安慶）。黃州屬該路管轄，在蘇軾到黃州九個月後，李常終於逮到一個出差的機會來看蘇軾。他們相聚數日，還同遊西山，蘇軾應李常之請作了〈菩薩泉銘（並序）〉。

李常安慰落難中的好朋友：人世間萬物皆有因緣，一切就隨緣吧，多想也沒用。

到黃州看望蘇軾的在職官員還有淮南轉運副使李琮、監江州錢鹽的孔平仲，以及張商英、李嬰、朱嗣先、沈遼、毛滂、董鉞、蔡承禧、劉攽、楊繪、張舜民等人，朋友們還是很掛念蘇軾的。

杭州百姓不忘蘇軾

蘇軾還在獄中時，杭州、密州、徐州的百姓特別搭建解厄道場，為他消災祈福。到了黃州，杭州百姓相約湊錢，每年派人送禮物到黃州慰問他兩次，蘇軾為此賦詩〈杭州故人信至齊安〉：

昨夜風月清，夢到西湖上。朝來聞好語，扣戶得吳餉。
輕圓白晒荔，脆釅紅螺醬。更將西庵茶，勸我洗江瘴。
故人情義重，說我必西向。一年兩僕夫，千里問無恙。
相期結書社，未怕供詩帳。還將夢魂去，一夜到江漲。

「輕圓白晒荔」就是荔枝乾，西庵茶是杭州的名茶。物輕情義重，更何況這種問候在幾年裡從未間斷。

千里迢迢來看望蘇軾的還有老朋友馬夢得，馬夢得可謂蘇軾的頭號粉絲。他原來在太學裡任九品官太學正，後來乾脆辭官，跟著蘇軾到鳳翔做幕僚，之後便浪跡江淮。

這次到黃州，馬夢得看蘇軾的日子太窮苦，就向當地政府請領一片廢棄營地，讓蘇軾闢作農場，蘇軾稱之為東坡。

不過，馬夢得最多也只能幫幫腔、跑跑腿，因為他自己也很窮，蘇軾在《東坡志林》中這麼調侃他：「馬夢得與僕同歲月生，少僕八日。是歲生者，無富貴人，而僕與夢得為窮之冠。即吾二人而觀之，當推夢得為首。」

元豐六年（一〇八三年）正月，同鄉巢谷（字元修）也來拜訪蘇東坡。能文能武的巢谷，義薄雲天，擁有一手好廚藝，其拿手菜有豬頭、灌血腈、薑豉菜羹。蘇軾嘗過後稱讚說「宛有太安（位於四川重慶）滋味」。兩人還畫餅充飢，談起眉州的一種巢菜——豌豆尖。蘇軾說這菜姓巢，是巢元修你們家的菜，因此將它命名為「元修菜」，並賦詩一首，首先是序：

菜之美者，有吾鄉之巢，故人巢元修嗜之，余亦嗜之。元修云：「使孔北海見，當復云吾家菜耶？」因謂之元修菜。余去鄉十有五年，思而不可得。元修適自蜀來，見余於黃，乃作是詩，使歸致其子，而種之東坡之下云。

詩的正文〈元修菜〉，寫起美食不輸今天的美食網紅：

彼美君家菜，鋪田綠茸茸。豆莢圓且小，槐芽細而豐。
種之秋雨餘，擢秀繁霜中。欲花而未萼，一一如青蟲。
是時青裙女，採擷何匆匆。蒸之復湘之，香色蔚其饛。
點酒下鹽豉，縷橙芼薑蔥。那知雞與豚，但恐放箸空。

春盡苗葉老，耕翻煙雨叢。潤隨甘澤後，暖作青泥融。
始終不我負，力與糞壤同。我老忘家舍，楚音變兒童。
此物獨嫵媚，終年繫余胸。君歸致其子，囊盛勿函封。
張騫移苜蓿，適用如葵菘。馬援載薏苡，羅生等蒿蓬。
懸知東坡下，塉鹵化千鍾。長使齊安人，指此說兩翁。

「豆莢圓且小，槐芽細而豐」是說其形狀；「種之秋雨餘，擢秀繁霜中」，是講栽種季節和採收時間；「點酒下鹽豉，縷橙芼薑蔥」，是細緻的講述食物的烹飪過程。蘇軾再三叮囑巢谷，回川後要記得寄巢菜籽給他：「君歸致其子，囊盛勿函封。」他擔心用匣子裝菜籽影響出芽，所以特意叮囑一定要用透氣的布囊裝，其考慮之周到，足見蘇東坡對元修菜多麼鍾情。

第二年春天，巢谷從故鄉眉山帶來的元修菜籽，在黃州東坡雪堂前旺盛生長，蘇軾終於嘗到新摘元修菜的味道。

朋友們的關心，幫助蘇東坡度過了人生的至暗時刻。

6 窮開心也是開心

儘管有了朋友們的關懷和幫助，蘇東坡的生活還是相當困頓，一個「失業」的九品貶官，那份實物工資確實少得可憐。蘇東坡家裡人多，養家糊口主要仰賴馬夢得幫他求得的那塊坡地，蘇東坡此時變為一個種地的農民，靠自力更生過日子。

將黃岡東城門外這塊五十畝的荒地，一把火燒掉枯草後，蘇東坡發現這裡的條件還算不錯，甚至有一口井，這下至少解決了灌溉問題。離這塊坡地不遠還有一個十畝的池塘，裡面有魚有蝦，溝邊還有芹菜，這可把蘇東坡樂壞了，他在〈東坡〉八首之三興奮的說：

自昔有微泉，來從遠嶺背。穿城過聚落，流惡壯蓬艾。
去為柯氏陂，十畝魚蝦會。歲旱泉亦竭，枯萍黏破塊。
昨夜南山雲，雨到一犁外。泫然尋故瀆，知我理荒薈。
泥芹有宿根，一寸嗟獨在。雪芽何時動，春鳩行可膾。

蘇東坡看到芹菜根，食指大動，想到了家鄉的美食芹芽膾斑鳩。等到春天雪化了，芹菜芽長出來，再弄幾隻斑鳩，就是一道美味。

想像歸想像，要讓田地結出果實，還得實打實的幹活。蘇東坡全家出動，捲起袖子下田，並買了一頭牛。李常送給蘇東坡一批柑橘樹苗，加上鄰里幫忙，一切都順利進行，他也樂在其中。

獸醫都治不好，老婆卻一眼看出病

有一天，牛得了重病，當地的獸醫都沒辦法，最後居然被蘇東坡的夫人治好了，在給章惇的信〈與章子厚〉二首其一中，他高興的說了這件事：

某啟：僕居東坡，作陂種稻，有田五十畝，身耕妻蠶，聊以卒歲。昨日一牛病幾死，牛醫不識其狀，而老妻識之，曰：「此牛發豆斑瘡也，法當以青蒿粥啖之。」用其言而效。勿謂僕謫居之後，一向便作村舍翁，老妻猶解接黑牡丹也。言此，發公千里一笑。

這本是一件不足掛齒的小事，蘇東坡卻鄭重其事的寫在信裡，告訴當朝三品大員、參知政事章惇，不難想像他寫信時那種眉飛色舞的神情、灑脫的情懷。他**用分享茶餘飯後的瑣事，傾吐自己領略鄉間生活情趣之後的輕逸和愉快**。

辛勤的付出終於迎來豐碩的成果，這塊坡地收穫大麥二十餘石，種的赤小豆也大獲豐收。蘇東坡用大麥和赤小豆煮飯，妻子王氏謂之「新樣二紅飯」，蘇東坡由此作了一篇短文〈二紅飯〉：

> 今年東坡收大麥二十餘石，賣之價甚賤，而粳米適盡，乃課奴婢舂以為飯。嚼之嘖嘖有聲。小兒女相調，云是嚼蝨子。日中飢，用漿水淘食之，自然甘酸浮滑，有西北村落氣味。今日復令庖人，雜小豆作飯，尤有味。老妻大笑曰：「此新樣二紅飯也。」

今年在東坡收穫了二十多石大麥，賣價很低，而粳米正好吃盡，於是蘇東坡教奴婢把大麥搗去皮殼後做飯吃。嚼在嘴中，嘖嘖有聲，孩子們互相調笑，說是嚼蝨子。中午肚子餓的時候，用漿水淘了燒著吃，還覺得甘酸浮滑，有西北村落的氣味。這日又讓廚子將大麥、小豆雜在一起做飯吃，特別有味道，夫人大笑著說：「這是新樣式的二紅飯啊！」

不如粳米好吃的大麥，嚼在嘴中嘖嘖有聲，孩子們不喊難吃，反而互相取笑。官宦之家遭政敵迫害，落到此般地步，全家還苦中作樂，顯然是受東坡樂觀態度的感染與影響。

生活安定下來，把自己當成黃州庶民，也就不覺得那麼難了。在給秦觀的書信〈答秦太虛書〉中，他說了自己如何按計畫安排生活後，又說：

> 又有潘生者，作酒店樊口，棹小舟徑至店下，村酒亦自醇釅……岐亭監酒胡定之，載書萬卷隨行，喜借人看。黃州曹官數人，皆家善庖饌，喜作會。太虛視此數事，吾事豈不既濟矣乎！欲與太虛言者無窮，但紙盡耳。展讀至此，想見掀髯一笑也。

想喝酒就划船去買，酒雖是鄉村釀的，但也味醇汁釅；說到讀書，岐亭監酒胡定之，隨行帶有萬卷書，喜歡借給人看，就向他借；黃州官署的一些官員，家家都會做好吃的東西，還很喜歡舉行宴會，那就去蹭飯。蘇軾跟秦觀說，你看我的生活不是還過得去嗎！你打開信讀到這裡，我想像得出你一定笑得鬍子都會抖動起來。

請客最多三道菜

同樣的日子，有人覺得苦不堪言，有人樂在其中，這就是人生智慧。

蘇東坡在密州時就曾過過窮日子，不過，黃州的日子更困難，那就勒緊褲腰帶，再難也得過下去。他寫了一篇短文〈節飲食說〉，貼在牆上，既警惕自己，也順便昭告朋友：

自今日以往，早晚飲食不過一爵一肉，有尊客盛饌則三之，可損不可增。有召我者，預以此先之。主人不從而過是，乃止。一曰安分以養福，二曰寬胃以養氣，三曰省費以養財。

自己每日只吃兩餐，每餐一杯酒、一份肉，有重要客人也不能超過三道菜，別人回請時也要按這個標準。

有肉吃還是不錯的，但畢竟是大家庭，當然不可能天天吃，那只好在蔬菜上面下功夫。在〈答畢仲舉書〉中，他說：

> 偶讀《戰國策》，見處士顏斶之語「晚食以當肉」，欣然而笑。若斶者，可謂巧於居貧者也。菜羹菽黍，差飢而食，其味與八珍等；而既飽之餘，芻豢滿前，唯恐其不持去也。美惡在我，何與於物！

「晚食以當肉」出自《戰國策．齊策》。顏斶名重，齊宣王欲召之為官，顏氏推辭，他說他願「晚食以當肉，安步以當車，無罪以當貴，清淨貞正以自虞」。這裡的「晚食以當肉」指飢餓的時候再進食，粗劣的食物也如同山珍海味。顏斶展現出返璞歸真的性格，說知足寡欲才能終身不辱。

蘇東坡對此是贊同的，他認為顏斶是巧於（善於）居貧者，有過貧居生活經歷的人深刻體會到「晚食以當肉」的感受，吃飽了，即便大魚大肉擺在面前也完全不覺得是美味，恨不得讓人趕快拿走。蘇東坡就此事提出「美惡在我，何與於物」，認為**物的好壞全依個人主觀判斷，調整心態，不著意於物，那麼處處都能發現美**。

自創菜餚東坡羹

蘇東坡不只是說說，還創造一道蔬菜美食——東坡羹，並作〈東坡羹頌〉，引文中說：

> 東坡羹，蓋東坡居士所煮菜羹也。不用魚肉五味，有自然之甘。其法以菘若蔓菁、若蘆菔、若薺，皆揉洗數過，去辛苦汁。先以生油少許塗釜緣及瓷碗，下菜湯中。入生米為糝，及少生薑，以

> 油碗覆之，不得觸，觸則生油氣，至熟不除。其上置甑，炊飯如常法。既不可遽覆，須生菜氣出盡乃覆之。羹每沸湧。遇油輒下，又為碗所壓，故終不得上。不爾，羹上薄飯，則氣不得達而飯不熟矣。飯熟，羹亦爛，可食。若無菜，用瓜、茄，皆切破，不揉洗，入罨，熟赤豆與粳米半為糝。余如煮菜法。應純道人將適廬山，求其法以遺山中好事者。以頌問之：甘苦嘗從極處回，鹹酸未必是鹽梅。問師此個天真味，根上來麼塵上來？

文中把東坡羹的做法和原理都講得很清楚：第一步，將白菜、大頭菜、白蘿蔔、野薺菜反覆揉洗乾淨，除去菜蔬中的辣苦汁；第二步，在大鍋四壁、大瓷碗上塗抹生油；第三步，將切碎的菜、米及少許生薑放入鍋中煮成菜羹，用油碗覆蓋但不觸碰菜羹，否則會有生油味；第四步，將盛滿米的蒸籠放在鍋上，等到菜完全煮熟後再蓋上蓋子。

煮東坡羹的訣竅在於油碗和蒸籠。菜羹煮沸時必然上溢，但因鍋四壁塗有生油，又有油碗覆蓋，因此不會溢上蒸籠。於是蒸氣上升，米飯也就煮熟了。這樣一來，鍋中的菜羹以及米飯都可同時加工完成。如果沒有這些蔬菜，換成瓜、茄、赤小豆也行。

蘇東坡曾將這道菜介紹給一些道士、和尚朋友，很受歡迎。有人將東坡羹視為為蓋澆飯[10]，錯！**這道菜的主要貢獻是研究如何在烹飪過程中提高效率。**

10 在米飯上澆入菜滷，而不用碟、碗分裝。常見於中式、日式快餐。

蘇東坡根據東坡羹做了一道薺羹，以治病養生。朋友徐十二患瘡疾，蘇東坡寫了一封信給他：「今日食薺，極美。念君臥病，麵、酒、醋皆不可近……君今患瘡，故宜食薺。其法：取薺一二升許，淨擇；入淘了米三合，冷水三升，生薑不去皮，捶兩指大，同入釜中。澆生油一蜆殼，當於羹面上，不得觸，觸則生油氣，不可食。不得入鹽醋。君若知此味，則陸海八珍，皆可鄙厭也。天生此物，以為幽人山居之祿，輒以奉傳，不可忽也……羹以物覆則易熟，而羹極爛乃佳也。」

據何薳《春渚紀聞》卷六，記〈牛酒帖〉：「先生在東坡，每有勝集，酒後戲書，以娛坐客，見於傳錄者多矣。獨畢少董所藏一帖，醉墨瀾翻，而語特有味。云：『今日與數客飲酒，而純臣適至，秋熟未已，而酒白色，此何等酒也？入腹無臧，任見大王。既與純臣飲，無以侑酒。西鄰耕牛適病足，乃以為肏。飲既醉，遂從東坡之東直出，至春草亭而歸，時已三鼓矣。』所謂春草亭，乃在郡城之外，是與客飲酒，私殺耕牛，醉酒踰城，犯夜而歸。又不知純臣者是何人，豈亦應不當與往還人也。」私殺耕牛、醉酒踰城、犯夜而歸。**為了吃，蘇東坡有時也是會豁出去的**。

窮日子有窮日子的過法，窮開心也是開心，蘇東坡有一套讓自己開心的法寶。

7 不慍不火的從容，才是最佳廚藝

蘇軾躬耕東坡，只要節約一點，日子就還過得去。由於貶謫的日子沒有期限，他得做長久打算，此時有人介紹了一塊沙湖的地給他，距黃州三十里。

元豐五年（一〇八二年）三月七日，蘇東坡去沙湖看這塊田。歸家路上，天氣突變，忽然下起大雨。同行的人，個個淋得非常狼狽，唯獨蘇東坡似乎不覺有雨，照樣安步徐行。不久後，雨止天晴，他很為自己保有這份坦蕩的心懷而得意，於是作了這首〈定風波〉：

莫聽穿林打葉聲，何妨吟嘯且徐行。竹杖芒鞋輕勝馬，誰怕，一蓑煙雨任平生。

料峭春風吹酒醒，微冷，山頭斜照卻相迎。回首向來蕭瑟處，歸去，也無風雨也無晴。

蘇東坡在雨中舉步輕行時，他心中根本沒有晴明，所以也就無所謂風雨。

人生在世的悲歡離合，命運的起伏泰否，人間一切變幻無常，唯有超脫物外，才能一塵不染。

這種「修練」，蘇東坡在密州時就學會了，而黃州的生活只是讓他這樣天動我不動的襟懷更加堅定。蘇軾的修養已經達到仙人般的境界，再也沒有人能對他造成精神上的迫害。

這種超然心態，讓蘇東坡變得沉穩，在他筆下，一切皆美，當然包括美食。見到漁夫「擘水取魴鯉，易如拾諸途。破釜不著鹽，雪鱗芼青蔬」（〈魚蠻子〉），從江中捕獲鯿魚、鯉魚，放點蔬菜，連鹽也不加，極簡烹飪。蘇軾感慨這種「一飽便甘寢」的日子挺好，起碼不用交租賦。

吃到橄欖，他也詩興大發，「紛紛青子落紅鹽，正味森森苦且嚴。待得微甘回齒頰，已輸崖蜜十分甜」（〈橄欖〉）。對橄欖苦盡甘來的味道，極喜歡蜜的蘇東坡覺得還是直接來點蜜更好。

蘇東坡愛蜜，也自己用蜜釀酒，祕方來自道士楊世昌：每次用蜜四斤，入熱湯攪成一斗，加好麵麴二兩，南方白酒餅仔米麴一兩半。搗細後用生絹袋子盛了，與蜜水共置一器內密封；等它發酵，幾天後就釀成了。蘇東坡對自己釀的蜜酒很有自信，作〈蜜酒歌〉：

> 真珠為漿玉為醴，六月田夫汗流泚。不如春甕自生香，蜂為耕耘花作米。
> 一日小沸魚吐沫，二日眩轉清光活。三日開甕香滿城，快瀉銀瓶不須撥。
> 百錢一斗濃無聲，甘露微濁醍醐清。君不見南園採花蜂似雨，天教釀酒醉先生。
> 先生年來窮到骨，問人乞米何曾得。世間萬事真悠悠，蜜蜂大勝監河侯。

據《莊子．外物》載，莊周家貧，曾向監河侯借粟，卻被監河侯拒絕了。蘇東坡說蜜蜂產蜜，而自己拿蜜釀酒，這蜜蜂比監河侯好多了，起碼肯借他蜜，可見他總能在苦中找到樂子。

其實這蜜酒並不怎麼好喝，據喝過這酒的葉夢得說，有時蘇東坡釀蜜酒也會失敗，如遇蜜水腐敗時，喝了就會拉肚子。

蘇東坡本來就愛喝酒，雖然酒量一般，但到了黃州後，卻是不可一日無酒。

元豐六年，是蘇東坡到黃州的第四年，又患紅眼病，有一個多月的時間只能待在家裡，酒也不敢喝。外界謠傳他去世了，害得恩師范鎮還為此大哭一場。蘇東坡得知後哈哈大笑。

病好之後，他又開始暢飲，某天夜晚酩酊大醉的他獨自回家。家裡人都睡著了，進不了家門的蘇東坡乾脆倚著手杖聽江水的聲音，感懷填了這首〈臨江仙〉：

> 夜飲東坡醒復醉，歸來彷彿三更。家童鼻息已雷鳴，敲門都不應，倚杖聽江聲。
> 長恨此身非我有，何時忘卻營營。夜闌風靜縠紋平，小舟從此逝，江海寄餘生。

他隨手在家中牆壁題了這首詩，據葉夢得《避暑錄話》卷二記載，第二天有人看到「小舟從此逝，江海寄餘生」一句，以為蘇東坡跳江自盡。消息傳到徐大受那裡，徐大受被嚇得不輕，「急命駕往謁，則子瞻鼻鼾如雷，猶未興也」。

黃州的酒太難喝，他還抱怨：「酸酒如齏湯，甜酒如蜜汁。三年黃州城，飲酒但飲溼。」（〈岐亭〉五首其四）但又別無選擇，因「我如更揀擇，一醉豈易得」。

朋友們知道他好酒，都會送酒給他，徐大受就經常送他最佳的州釀。而黃州鄰近郡縣送來的酒，一時喝不完的，蘇東坡會將它們混合放在一個酒器中，這便成了自創的雞尾酒，他稱之「雪堂義樽」。雪堂是他在東坡處建的幾間房子，兼具書房和會客廳功能，他還作〈飲酒說〉：

> 予雖飲酒不多，而日欲把盞為樂，殆不可一日無此君。州釀既少，官酤又惡而貴，自醞則苦硬

> 不可向口，慨然而嘆，知窮人之所為，無一成者。然甜酸甘苦，忽然過口，何足追計，取能醉人，則吾酒何以佳為？但客不喜爾，然客之喜怒，亦何與吾事哉。

蘇東坡說，酒好酒壞我無所謂，能喝醉就行，只是太差的酒客人不喜歡，但是客人不喜歡又關我什麼事？

喜歡吃豬肉的他，在黃州當然不會放過豬肉。在徐州時，他就把自家的烹豬肉祕方給了李常，到了黃州，他還升級了食譜，這就是各地東坡肉的基礎。至於怎麼做，他寫成了〈豬肉頌〉：

> 淨洗鐺，少著水，柴頭罨煙焰不起。待他自熟莫催他，火候足時他自美。黃州好豬肉，價賤如泥土。貴者不肯吃，貧者不解煮。早晨起來打兩碗，飽得自家君莫管。

雖然沒寫到用了什麼調味料，但蘇東坡研究起豬肉的烹調藝術來，卻直指核心：淨洗鐺——把鍋子洗得乾乾淨淨。蘇東坡對烹調極其執著、投入，不要小看這寥寥三字，這是**追求最潔淨、最佳烹調效果的具體表現，也是他心情平靜、榮辱皆忘精神境界的微妙體現**。

「待他自熟莫催他，火候足時他自美」，這是一種不慍不火的從容心態，一種全力投入、忘卻自我的創造性境界。蘇軾確信這一烹調手法，必將獲得「他自美」的美妙結果。

「黃州好豬肉，價賤如泥土。貴者不肯吃，貧者不解煮」的嘆息，襯托出他發明新烹調藝術的快意、樂觀。為什麼偌大的黃州，面對這樣好品質的豬肉，竟然無一人能研究、創造出上好的豬肉美食？這種艱難困苦下的樂觀、適意，是蘇東坡創作這道獨一無二東坡肉的重要前提！

蘇東坡一生共寫了兩千七百多首詩、三百多首詞，以及各類文章約四千五百篇，在當時傾倒世人，被奉為天下文宗。《宋史》稱讚其「雄視百代」。

他的文字，富於創造和開拓，取材廣闊、創意奇雄，長於描摹、善於比喻，用事用典揮灑自如、議論風發理趣橫生。他貶謫黃州時的作品，被公認為其創作高峰，這個時期的作品超然、豁達、樂觀，為天下讀書人所敬仰，尤其是前後〈赤壁賦〉和〈念奴嬌．赤壁懷古〉，正是這些精神的體現。

這些傑作中，有些因美食而起。元豐五年，蘇東坡來黃州三年多，七月時他寫下名篇〈赤壁賦〉。這年十月十五日夜，蘇軾與客人從會客的東坡雪堂回住家臨皋亭，也許是肚子餓了，這時有人說當天傍晚在江邊舉網，捕得一條巨口細鱗，狀似松江之鱸的鮮魚，只可惜沒有酒。蘇東坡便興沖沖回家跟夫人要酒。

三人帶著好酒好菜，乘上小船，再遊赤壁，於是有了另一名篇〈後赤壁賦〉。

想用蘇軾，卻又想推行新政的矛盾

蘇東坡在黃州平靜的過著他的農夫生活，此時的朝政卻是一場糊塗。制衡新黨力量的吳充因病去世，朝政重新由以蔡確、王珪為首的新黨主持。

宋神宗多次有意重新任用司馬光和蘇軾，而新黨力主只有推動戰爭才可鞏固政權，宋神宗自然就沒有起用反戰的舊黨，司馬光、蘇軾不被起用，新黨的地位自然就更加牢固。

新黨鼓勵神宗對西夏發動戰爭，經過靈州、永樂兩次戰役，宋人戰死約六十萬人，喪棄銀錢絹穀更是不可計數。神宗得知永樂敗訊時，「當廷痛哭，自此不飲不食，繞室彷徨，悔恨不已，因此得病，遂爾崩逝，可以說是齎恨而歿」。

不過，宋神宗在死前還是做了一件正確的事——**重新起用蘇軾**。

放逐蘇東坡，是宋神宗給舊黨的一個警示，表明他繼續推行新政的決心；另一方面他又很欣賞蘇東坡的才華，幾次想重新起用蘇軾，卻被王珪、蔡確攔下。神宗貴為皇帝，如果堅決想用蘇軾，別人也攔不住，但他又離不開幫他執行新政的王珪、蔡確等人，所以只能作罷。

元豐七年春，神宗不與執政的宰輔商量，以「皇帝手劄」，量移蘇軾汝州。用皇帝手劄是萬不得已的，這種特別的文件一經頒下，臣下只能奉行，不得再議。時年四月，告下黃州，特授蘇軾檢校尚書水部員外郎、汝州團練副使，本州安置。雖然只是從偏遠的黃州移到京畿附近的汝州，但告詞中有：「蘇軾黜居思咎，閱歲滋深；人才實難，不忍終棄。」這是蘇軾回京任職前的重要預示。

蘇東坡自元豐三年二月到達黃州，至元豐七年四月離去，在此住了整整四年兩個月。黃州鄰里、朋友，紛紛設餞話別。一個流落天涯的人，對於溫暖的人情，更易感動，他作了這首著名的〈滿庭芳．歸去來兮〉：

歸去來兮，吾歸何處？萬里家在岷峨。百年強半，來日苦無多。坐見黃州再閏，兒童盡楚語吳歌。山中友，雞豚社酒，相勸老東坡。

云何。當此去，人生底事，來往如梭。待閒看秋風，洛水清波。好在堂前細柳，應念我，莫剪柔柯。仍傳語，江南父老，時與晒漁蓑。

大意是：歸去，但我能回到哪裡呢？故鄉在萬里以外的岷山、峨眉山。人生百年過了一大半，苦於來日無多。眼見黃州四年兩閏，孩子都會唱楚語吳歌了。山中老友們備上酒席，盛情款待，勸慰我這老東坡。面對友人一片冰心，我還有什麼可說的？人生到底為了什麼，如此輾轉奔波如穿梭？唯盼他年閒暇，坐看秋風洛水蕩清波。別了，堂前親種的細柳，拜託父老鄉親們，別剪這細柳。致語再三，天晴時替我晾晒漁蓑，我還要回來呢。

黃州這片土地和這裡的人們，呵護了蘇東坡四年多，而他也真心喜歡這個地方。即使在元祐年間（宋哲宗年號，一〇八六年至一〇九四年），他處於職業生涯的顛峰，在〈與潘彥明〉十首之六（一說為〈與潘彥明〉四首之三）中還說：「僕暫出苟祿耳，終不久客塵間，東坡不可令荒茀，終當作主，與諸君遊，如昔日也。願遍致此意。」

可惜命運多舛，蘇東坡從此再也沒能回到黃州，也沒能再看他親手開墾的東坡。**幸好他留下了東坡魚羹、熊白、東坡羹、東坡肉、為甚酥、元修菜等美食，寬厚的黃州，有資格擁有這份財富。**

第八章

經歷風霜後的淡然與深刻

1 身為一條魚，也不該太完美

汝州在現在河南的汝陽，離開封不遠[1]。在黃州四年多，蘇東坡是被監視的，不能跨境走動。這次調至汝州，換了個地方被監視，但赴任途中是自由的，善於「磨蹭」的蘇軾自然不會錯過這難得的機會，畢竟他有太多朋友要見，尤其是在江西高安的弟弟。他迫不及待的先行出發，家屬們則慢慢來，約好在九江會合。這個時候參寥正好到黃州陪蘇東坡，於是結伴同行，陳慥一路相送到了九江才依依惜別。

到了九江，當然要上廬山了。廬山寺院眾多，蘇東坡要上廬山的消息早就傳開了，再加上有參寥陪伴，一路被招待得相當愉快，雖然沒留下什麼美食記憶，卻留下了不少膾炙人口的詩詞，包括這首著名的〈題西林壁〉：

橫看成嶺側成峰，遠近高低各不同。不識廬山真面目，只緣身在此山中。

這首小詩，千百年來為大家傳頌，並不是因為它在文學上有何特別優異的表現，而是因為蘇軾能夠跳脫「身在廬山」的立場來看廬山，他所看的，不僅是詩的山、畫的山，他是跳出廬山看山，給大家極大的啟發：**人只有跳出眼前所見的局限，才能領略事物的真實**，得到精神生活與大自然圓融一致的享受。

遊完廬山，蘇東坡到高安看望老弟蘇轍一家。此時的蘇轍在筠州監鹽酒稅，也就是負責市場稅收的基層官員。「朝來榷酒江南市，日暮歸為江北人」，上下班都要坐船，連陪哥哥的時間都沒有。端午節這天，蘇東坡去遊真如寺，蘇轍要上班，他又用上幾年前在濟南派孩子迎接蘇軾的招數，讓三個孩子陪他。

蘇東坡把這段經歷寫了一首詩，詩名就叫〈端午遊真如遲適遠從子由在酒局〉，遲、適、遠是蘇轍的三個兒子，「子由在酒局」不是指蘇轍在喝酒，而是忙著上班收酒稅，這首詩是這麼寫的：

一與子由別，卻數七端午。身隨彩絲繫，心與昌歜苦。
今年匹馬來，佳節日夜數。兒童喜我至，典衣具雞黍。
水餅既懷鄉，飯筒仍湣楚。謂言必一醉，快作西川語。
寧知是官身，糟麴困熏煮。獨攜三子出，古剎訪禪祖。
高談付梁羅，詩律到阿虎。歸來一調笑，慰此長齟齬。

說的是端午節期間到蘇轍家，家裡人穿得整整齊齊，熱情接待他，他們吃著家鄉的小吃水餅和

1 約三小時車程。

當地的粽子，講著家鄉話，一醉方休。端午節這天蘇軾帶著三個侄子訪真如寺，說說笑笑、吟詩作對。蘇軾稱作對為「齟齬」。

這裡面說到幾道美食：雞黍，字面意思是以雞作菜，以黍作飯，指招待賓客的家常菜餚，也用以表示招待朋友情意直率。典出《論語．微子》：「止子路宿，殺雞為黍而食之。」孟浩然的〈過故人莊〉，就有「故人具雞黍，邀我至田家」。

水餅是麵條，在宋代，麵條這個詞還沒有出現，湯餅、索餅、水引餅、餺飥等都可以指麵條。蘇東坡說「水餅既懷鄉」，意指吃水餅懷念家鄉，四川一帶將水引餅簡稱為水餅，他的學生黃庭堅在〈次韻子瞻春菜〉有「韭苗水餅姑置之，苦菜黃雞羹糝滑」，水餅搭配韭菜苗。飯筒就是粽子，相傳屈原五月五日投汨羅江，楚人哀之，至此日以竹筒貯米，製成筒粽，投水以祭之，後世以粽葉、竹葉等代替竹筒，才演變為粽子。

蘇東坡在另一首詩〈和黃魯直食筍次韻〉中寫「尚可餉三閭，飯筒纏五采」，按楚地習俗，五月初五繫五彩絲於臂，可以辟邪且令人不病瘟，也證明了飯筒就是那時候的粽子。

老年喪子

蘇東坡在老弟家僅住了十天，他還要到九江與一家人會合，繼續趕路。

不得不說，蘇軾雖然注重養生，卻不具備基本的健康生活知識。從他的名篇〈石鐘山記〉中可以得知，他的家人在六月初九至湖口，並同遊當地名勝石鐘山。老老少少從九江出發是盛夏的六月，從湖口經池州，六月二十三日到蕪湖，六月底抵達當塗、南京。

一家人這段長江上的旅程，恰好在六月的大熱天，頭頂日晒、腳下水蒸，小船空間狹窄不透氣。生活在這小小船艙裡，路途遙遠，他還要探親訪友、遊山玩水，一路下來長達兩個多月，怎能有人不生病？

最先病倒的是王夫人，而他自己也瘡毒復發，在給友人的書信中屢次提到「瘡癬大作，殆難久坐」、「瘡腫大作，坐臥楚痛」、「某到金陵一月矣，以賤累更臥病，殆不堪懷」。最要命的是，最小的兒子——侍妾朝雲所生的遯兒（同「遁」），還不滿十個月，禁不住溼熱夾攻，於七月二十八日病死於往金陵（今南京）的船上。

這一年蘇軾四十九歲，在那個年代已近老年，老年喪子之痛，可想而知。蘇東坡把這一切歸因於自己的惡孽連累孩子。在黃州的最後時期，這個孩子的出生給他帶來莫大的幸福，「吾老常鮮歡，賴此一笑喜」（〈去歲九月二十七日，在黃州生子，名遯，小名幹兒，頎然穎異，至今年七月二十八日病亡，於金陵作二詩哭之〉）。如今遭遇喪子，蘇東坡難忍悲傷，親自抱著孩子下葬，極少提及家人的他也寫了「哭子詩」。

「歸來懷抱空，老淚如瀉水。我淚猶可拭，日遠當日忘。母哭不可聞，欲與汝俱亡。」讀來令人潸然淚下。歷經苦難的蘇東坡，面對艱難困苦，他可以笑著面對，可喪子之痛不一樣。

王夫人也病得不輕，只能在金陵休整一下。下野後的王安石就住在金陵，此時史上最有趣的一幕出現了，王安石主動來探望他。

與政敵和解

蘇東坡一輩子的遭遇，除了他自身的性格外，王安石應該負絕大部分責任：雖然王安石只是在宋神宗面前詆毀蘇東坡的學識、把他趕出朝廷，但後來加害蘇軾的王珪、呂惠卿、蔡確、李定、舒亶、章惇、蔡京等人，都是王安石一手起用、提拔的。

王安石推崇法家，為達目的不擇手段，但他還算是有底線，詆毀不構陷、趕盡不殺絕。被他一手提拔的呂惠卿反咬，王安石也許對蘇東坡有些許愧疚，主動趕來江邊，到船上拜訪。

沒有了政治立場，心態平和下來的**王安石終於認可了蘇東坡的文學成就**。蘇東坡還在黃州時，凡遇有從黃州來的人，王安石必定要問：「子瞻近日有何妙語？」看到蘇東坡的文章，他大讚「子瞻，人中龍也」。這次他們兩人接連數日朝夕相見，談詩論典說道、飲食遊玩，都在一起。深度認識蘇東坡後，王安石終於服了，發出「不知更幾百年，方有如此人物！」的感嘆，蘇東坡也早就一笑泯恩仇，〈次荊公韻〉四絕其三更是寫道：

騎驢渺渺入荒陂，想見先生未病時。勸我試求三畝宅，從公已覺十年遲。

王安石希望蘇東坡能在金陵買地陪他養老，蘇東坡說我早十年跟著你就好了，這是一句客套話，兩個政見完全不同的人，怎麼可能誰從誰？

其實，王安石也只是欣賞蘇東坡的文學才華，對他的政治前途並不關心，此時的蘇東坡還是最低品級、被剝奪工作權利的貶官，生活的下一步還是個大問號。

以王安石與宋神宗的關係，向神宗皇帝推薦一下，哪怕是說情也會有一點幫助，但他也沒這麼做。不過，與王安石培養的那幫小人比，王安石當然可列入君子之列。

王安石已經下野，躬身主動接近蘇軾，蘇軾當然不至於不給面子，但要據此說兩人惺惺相惜，是想多了。蘇東坡確實是個心大之人，他說他眼前沒有一個壞人，但是敵是友這種觀念他還是有的，後來在他當權有機會清算呂惠卿時，也是罵得相當徹底。

蘇東坡在金陵滯留了約兩個半月，儘管身體不適，奈何朋友們非常熱情，吃吃喝喝少不了。在南京，他吃到了鮰魚，作〈戲說鮰魚一絕〉：

粉紅石首仍無骨，雪白河豚不藥人。寄語天公與河伯，何妨乞與水精鱗。

這首詩，除了詩名「鮰魚」，**通篇不提鮰魚，卻大談其他魚，他是用其他魚來襯托鮰魚之美，**所以是「戲說」。

鮰魚的正式名稱為長吻鮠，是鱨科鮠屬魚類，分布於中國東部的遼河、淮河、長江、閩江至珠江等水系及朝鮮西部。除了鮰魚這個叫法，還有江團、肥沱、肥王魚、淮王魚等稱呼。

這首詩是說與粉紅的石首魚比，鮰魚勝在無骨；與雪白的河豚魚比，鮰魚勝在不會毒死人。言下之意，鮰魚的美味與石首魚、河豚魚有得比，但優點比牠們多。

蘇東坡還留意到，鮰魚的魚鱗不容易處理，於是跟天公和河伯說，這麼好的魚，不妨讓牠身上長鱗，一條魚太完美，不合適！

南京可能沒有意識到蘇東坡為他們留下了如此有名的「美食ＩＰ」，倒是有人張冠李戴，說蘇東坡寫的是湖北石首市的鮰魚。

石首魚是頭部長有石頭的魚類總稱，大黃魚就屬石首魚。現在湖北荊州的石首市，源於西晉太康五年（二八四年）置縣，以城北石首山為縣名。此石首非彼石首，雖然石首市也出鮰魚。

蘇家在南京待了兩個多月。小兒子死了、家人病了，若不休整一下再上路，再有死傷都有可能。但所謂的休整，也只是在船上住著，一家子人，無論是哪個朋友的家裡，都安置不下。

2 蘇老先生有塊地

小兒子去世、王夫人病倒，這讓蘇東坡意識到不能再這麼折騰家人。在南京，他收到消息，老朋友滕元發被起用知湖州，也在趕往赴任的路上，於是他們相約在路途中「偶遇」。

一行人從南京出發赴真州（今江蘇儀徵），當時知真州的袁陟幫他安頓家眷。真州也算是江南的一部分，蘇軾打算乾脆在此買點田地，讓家人住在這裡，自己再前往汝州赴任。

袁陟幫了很多忙，他讓蘇家暫住在儀徵學舍，蘇東坡則積極準備買田置地。

蘇東坡託人把京城的老宅南園賣了，「得錢八百餘千」，也就是八十萬。他寫信給蘇轍，「少留真，欲葺房緡，令整齊也」。有錢才好辦事，下一步就是找到心儀的田地。

在黃州的第三年，滕元發曾借從池州徙官安州的機會看望他。算一算時間，滕元發已經快到了，蘇東坡便趕去揚州會合，兩人在半路相遇，〈與滕達道〉二十四首之二十二中說：

> 一別十四年，流離契闊，不謂復得見公。執手恍然，不覺涕下。風俗日惡，忠義寂寥，見公使人差增氣也。

見了滕元發，怎麼就使蘇東坡「增氣」？原來，滕元發給了他一個很好的建議：上表請求改謫常州，極有可能獲得恩准。蘇東坡聽了為之心動：他自己極喜歡江南，現在也考慮在此買田安家，如果能夠獲恩准在常州居住，並在這裡終老，那是很完美的。

這更堅定了蘇東坡在儀徵買地的決心。遊附近的鎮江金山寺時，與佛印說到這個想法，佛印說要買就買鄰近金山寺廟產的田畝，這樣他就可以幫忙照管，蘇東坡還認真的看了京口蒜山的一塊地，〈蒜山松林中可卜居，余欲僦其地，地屬金山，故作此詩與金山元長老〉的末四句「問我此生何所歸，笑指浮休百年宅。蒜山幸有閒田地，招此無家一房客」，直接向佛印表明自己的心思：東坡我屬無房戶，蒜山這剛好有閒田，我想此生歸隱在這裡。

蘇東坡與佛印很合得來，兩人還喜歡互開玩笑，佛印知道他喜歡吃燒豬肉，就做了燒豬肉等他，沒想到不知被誰偷吃了，蘇東坡於是作〈戲答佛印〉：

> 遠公沽酒飲陶潛，佛印燒豬待子瞻。採得百花成蜜後，不知辛苦為誰甜。

古有慧遠和尚，用美酒款待陶淵明；今有佛印，用燒豬款待我蘇軾。做人最重要的就是開心，千萬莫學蜜蜂，採得百花才能釀成蜜，究竟是為誰如此辛苦？

蘇東坡最終還是將家業放在陽羨（今江蘇宜興），在杭州通判任上，到潤州、常州賑災放糧時，他曾經過宜興，並被荊溪的風景和美味吸引，在他寫給當時杭州知州陳襄的詩裡，設想著退休後，他就住在宜興，只要陳襄到訪，他一定殺雞餉客。

宜興與蘇東坡頗有緣，蘇東坡剛登進士、進瓊林宴時，與同年蔣之奇共席，蔣之奇是宜興人，他向蘇東坡盛讚家鄉之美，並約定退休後共到宜興卜鄰而居。此時蔣之奇剛好任江淮發運副使，其駐地就在真州，聽說蘇東坡在找地，便寫詩給蘇東坡：當年中進士時約過一起卜居陽羨（宜興）的，現在老家陽羨有人要賣地，要的話就請族人蔣公裕去協助商談。真是踏破鐵鞋無覓處，得來全不費功夫。蘇東坡隨即寫了〈次韻蔣穎叔〉：

> 月明驚鵲未安枝，一棹飄然影自隨。江上秋風無限浪，枕中春夢不多時。
> 瓊林花草聞前語，罨畫溪山指後期。豈敢便為雞黍約，玉堂金殿要論思。

蔣之奇找到宜興的賣主，蘇東坡便從金山到宜興看田。田在深山黃土村中，距城五十五里，田主姓曹。買下這塊地後，曹姓地主還請他吃了一頓飯，並向蘇東坡介紹名叫「紅友」的土酒，蘇東坡笑道：「此人知有紅友，不知有黃封，真快活人也。」宮廷內的酒多用黃色羅緞密封，謂之「黃封酒」，意思是：民間比官場開心多了。不過，這個曹姓地主收錢後卻反悔，誣告到官府，所幸最後蘇東坡贏得官司。此事後來被御史黃慶基拿來作為誣陷蘇東坡侵占民田的罪狀，專章彈劾。

蘇東坡真心喜歡田園生活，在這段尋找田地的日子裡，他寫了這首〈豆粥〉：

> 君不見滹沱流澌車折軸，公孫倉皇奉豆粥。溼薪破灶自燎衣，飢寒頓解劉文叔。
> 又不見金谷敲冰草木春，帳下烹煎皆美人。萍齏豆粥不傳法，咄嗟而辦石季倫。
> 干戈未解身如寄，聲色相纏心已醉。身心顛倒自不知，更識人間有真味。

豈如江頭千頃雪色蘆，茅簷出沒晨煙孤。地碓舂粳光似玉，沙瓶煮豆軟如酥。
我老此身無著處，賣書來問東家住。臥聽雞鳴粥熟時，蓬頭曳履君家去。

豆粥是一道平民美食，卻平凡得很有名。詩裡提到兩個故事：第一個故事講的是漢光武帝劉秀。西漢末年，外戚專權，王莽篡位，天下大亂，群雄揭竿起義，綠林軍、赤眉軍、劉秀大軍等。有一次，劉秀被追殺，倉皇逃命，從薊東跑到饒陽蕪蔞亭，當時天色已晚，在馬上顛簸了一天，又冷又餓。這時，征西大將軍馮異端了一碗豆粥給他，劉秀喝完後說：「得公孫豆粥，飢寒俱解。」

另一個典故是關於西晉富豪石崇。豆粥較難煮熟，但當石崇想讓客人喝豆粥時，只要吩咐一聲，須臾間就熱騰騰的端了出來。與石崇鬥富的王愷百思不得其解，買通石崇家廚師才知道其中的玄機：原來，廚師事先把豆子煮熟碾碎，等客人來了熬好白粥，再把豆粉撒在粥裡煮一下就行。

蘇東坡總結了這兩個故事，說：劉秀當時身陷危難，石崇則沉迷聲色，他們都無法從容、安詳的仔細品味豆粥，沒能體會到這人間真味，**如今老夫我雖然漂泊不定，但一樣能喝到這碗豆粥**。於是臉不洗、頭不梳、拖著鞋喝粥去。

蘇東坡也詳細描述豆粥如何煮：「地碓舂粳光似玉，沙瓶煮豆軟如酥。」舂碾後的米光澤如玉，砂鍋中慢熬的豆柔軟鬆酥。用砂鍋慢熬需要時間，看來並不是石崇把豆子弄成豆粉的速成法。

如今，豆粥還在江蘇、安徽、山東、河南一帶流行，不過都是升級版，比如商丘豆粥，是將小米和黃豆浸泡以後，再用石磨碾成漿，濾去豆皮和豆渣，再用鍋細煮慢熬而成。

買好了田地，蘇東坡嚮往的田園生活就成功了一半，另一半則要待神宗皇帝恩准。

3 人間有味是清歡

在宜興買了田後，蘇東坡即向朝廷提出申請，希望能改汝州安置為常州安置，讓他住在常州，他向朝廷上了〈乞常州居住表〉[2]，其中說道：

臣以家貧累重，須至乘船赴安置所。自離黃州，風濤驚恐，舉家重病，幼子喪亡。今雖已至揚州，而貲用罄竭，無以出陸；又汝州別無田業可以為生，犬馬之憂，飢寒為急。竊謂朝廷至仁，既已全其性命，必亦憐其失所。臣有薄田在常州宜興縣，粗給饘粥，欲望聖慈特許於常州居住。若罪戾之餘，稍獲全濟，則捐軀論報，有死不回。

蘇東坡是寫作高手，這理由編得合情合理：一是裝可憐，一路顛簸，全家重病，幼兒喪亡；再是「哭窮」，水路到了揚州，須轉陸路到汝州，但錢花光了，不知如何是好；三是生活上的困難，我在汝州沒有田地、家業，去了以何為生？四是講道理、提要求，既然留我一條命，肯定想讓我活

2 此文節錄自未能投進之初表，今〈乞常州居住表〉多指再表。

下去，我在宜興有薄田，喝個粥還可以勉強維持，希望能讓我住在常州。

這樣的陳請，相信神宗皇帝看了都會被感動，但是，神宗皇帝根本就沒看到。**開封主管章奏的官署，挑剔蘇東坡文字上的小毛病，不肯轉呈**，只是蘇東坡暫時還不知道，他把這封乞狀往揚州府一遞，就開開心心的去找朋友們了。

在揚州，蘇東坡見到了前輩呂公著，知揚州的呂公著設宴款待了這位遠客，而呂公著一向嚴肅寡言，這頓飯吃得蘇東坡都睡著了。而蘇門四學士之一的秦觀是揚州附近的高郵人，蘇東坡自然要到他家裡玩幾天，講起這幾年的各種不容易和各地苦中作樂、秦觀的懷才不遇，蘇東坡寫成了一闋〈虞美人〉：

波聲拍枕長淮曉，隙月窺人小。無情汴水自東流，只載一船離恨向西州。

竹溪花浦曾同醉，酒味多於淚。誰教風鑒在塵埃，醞造一場煩惱送人來。

這闋詞的最後兩句才是重點，蘇東坡說像秦觀這樣有高見卓識的人才，竟然無人賞識，只能蒙塵於野，這讓他那被離別擾動的心情更加煩悶，回還之路上只有這煩擾情緒相伴。此時的蘇家一行人何去何從還不知道，卻關心起秦觀，他藉著與王安石剛修好的關係，兩次去信向王安石推薦秦觀。**蘇東坡這人，自己的事不擔心，卻總操心別人**。

到了泗州（今江蘇盱眙），蘇東坡已離開黃州大半年，居無定所。十二月十八日，他到雍熙塔下的一個澡堂裡，洗了個痛痛快快的熱水澡，作了兩闋〈如夢令〉，其中一闋如下：

水垢何曾相受，細看兩俱無有。寄語揩背人，盡日勞君揮肘。輕手，輕手，居士本來無垢。

擦背自然要用力，但蘇東坡說自己是潔淨的，沒有汙垢，因此他告訴擦背的人，對身體潔淨的人不該出此重手。

此詞**表面上寫他囑咐擦背人切忌重手，實質是比喻自己秉性高潔，受貶是蒙冤的**。這詞要給神宗皇帝看到就麻煩了，這是想翻案啊！

在泗州，蘇東坡受到了知泗州的劉士彥等一眾友人熱情接待，數次遊泗州南郊的南山，也稱梁山。十二月二十四日，在與劉倩叔遊南山後，心情大好的蘇軾寫下了著名的〈浣溪沙〉：

細雨斜風作曉寒，淡煙疏柳媚晴灘。入淮清洛漸漫漫。
雪沫乳花浮午盞，蓼茸蒿筍試春盤。人間有味是清歡。

雨細、風斜、寒小、煙淡、柳疏、歡清，一切都是那麼美好，蘇東坡不禁「婉約」起來。婉約派的文小、質輕、境隱，他一樣信手拈來。

心情大好的蘇東坡，面對野餐時乳白色的一盞香茶和翡翠般的一盤春蔬，發出「人間有味是清歡」的感嘆，時節雖屬寒冬，想必他心裡已充盈著燦爛的春天。

這次從揚州到泗州，目的是到南都第四次探訪張方平，而南都離所貶汝州不遠，蘇東坡做好兩方準備，萬一請求移居常州不被批准，一家人還得北上汝州，所以這次帶著一家人。

到泗州時已近年關，一行人乾脆在泗州過年，除夕那天，淮東提舉常平的黃寔路經泗州，兩人偶遇，蘇東坡為此作〈泗州除夜雪中黃師是送酥酒〉兩首，其一為：

暮雪紛紛投碎米，春流咽咽走黃沙。舊遊似夢徒能說，逐客如僧豈有家。
冷硯欲書先自凍，孤燈何事獨成花。使君半夜分酥酒，驚起妻孥一笑嘩。

詩裡說的酥酒是什麼？據元末明初學者陶宗儀的《說郛》：「黃寔自言，元豐甲子為淮東提舉，嘗於除夜泊汴口，見蘇子瞻植杖立對岸，若有所俟者，歸舟中，即以揚州廚釀二尊，雍酥一奩遺之。」可見酥酒指的是雍酥和酒兩樣東西。

黃寔是蘇轍的親家，送了廚釀兩樽給蘇東坡，看來這是揚州的名酒。至於雍酥是什麼東西，歷來有爭議，我猜測是一種奶製品。

與蘇東坡同時代的周邦彥寫過一組題為〈天啟惠酥〉的七言律詩，其中第二首寫道：「淺黃拂拂小鵝雛，色好從來說雍酥。花草偏宜女兒手，緘封枉入野人廚。細塗麥餅珍無敵，雜煉豬肪術最迂。臠肉便知全鼎味，它時不用識醍醐。」

周邦彥收到的雍酥，從他詩裡看，是小鵝一樣的黃色，外形還很典雅，可以用來塗在麥餅上，與豬油一起吃就太油膩了，只須一小塊就風味十足，有了它就不用醍醐了，醍醐是從牛奶中精煉出來的乳酪，可以肯定，雍酥又不同於醍醐，估計與奶油差不多。

河豚的美味，值得為之一死

在泗州時蘇東坡發現，宋神宗沒看到他先前在揚州上奏的〈乞常州居住表〉，於是他改寫一狀，派遣專人入京投遞，這次還深入檢討自己「狂狷妄發，上負恩私。既有司皆以為可誅，雖明主不得而獨赦」，又進一步裝可憐，說「但以祿廩久空虛，衣食不繼。累重道遠，不免舟行」，末句說「敢祈仁聖，少賜矜憐。臣見一面前去至南京以來，聽候朝旨」，表明自己此行的主要目的是拜訪蘇家恩人張方平。

剛到張方平家不久，朝廷告下，准了他的申請：「仍以檢校尚書水部員外郎、團練副使、不得簽書公事，常州居住。」

宋神宗原本想找個合適的時機再起用蘇軾，可是，這個機會不再，就**在允許蘇軾「常州居住」的一個多月後，三十六歲的宋神宗駕崩**。

從現存的文字看，很難得知蘇東坡對宋神宗去世的真實想法，他作了三首〈神宗皇帝挽詞〉，但當時的臣子們幾乎都有這類作品，屬於必須的表態。在寫給好朋友王鞏的信中，他說烏臺詩案很多人置他於死地，好在有神宗皇帝保護才倖免於難，這應該是真實情感，但蘇東坡對神宗的感情，恐怕也僅此而已。

可以改謫常州居住，理想終於實現，高興是正常的，但此時神宗剛去世，怎麼樣也應該忍住，蘇東坡卻寫成詩：「道人勸飲雞蘇水，童子能煎罌粟湯。暫借藤床與瓦枕，莫教辜負竹風涼。」

雞蘇水即用雞蘇（土藿香，中藥）煮的飲料，罌粟湯也是一種藥用飲品，用艾葉、黑豆、陳皮、乾薑、甘草、罌粟殼煎煮而成。

又作詩：「此生已覺都無事，今歲仍逢大有年。山寺歸來聞好語，野花啼鳥亦欣然。」他還把這首詩命名為〈歸宜興留題竹西寺〉（共三首），一起題在途中僧舍壁上。**這幾首詩後來被御史趙君錫、賈易，作為誣陷蘇軾見先帝駕崩幸災樂禍、無人臣禮、大逆不道的罪證。**

蘇東坡興沖沖的回到常州，開始他的第二段貶謫生活，此時江南正逢春天，桃花流水鱖魚肥，正是河豚欲上時。身為美食家的蘇東坡，不免食指大動，盡情享受一番。他特別喜歡吃河豚，幸好他只是沒忍住嘴但忍住了手，只吃魚不寫詩，否則不知又得給別人留下多少把柄。

他自己不寫，但別人會寫。南宋孫奕《示兒編》載有一則蘇東坡謫居常州時，愛吃河豚的軼事：有一士大夫家，烹製河豚有獨到之處，想請大名鼎鼎的蘇軾吃一頓，一想到能蒙這位婦孺皆知的名士首肯，士大夫的家人都很興奮。

待蘇東坡吃河豚時，許多人都躲在屏風後面，想聽他如何品題。但見蘇東坡埋頭大啖，不聞讚美之聲，當這家人相顧失望之際，這時已打飽嗝、停止下箸的蘇東坡，忽又下箸，口中說道：「也值一死！」屏風後面的人，聽到無不大悅。

幸好這是南宋時的筆記，要是當時有這種紀錄，這句「也值一死」不免被御史們說成在惡狠狠詛咒神宗該死。

蘇東坡在常州的日子過得非常悠閒，他以為只要風調雨順收成好，便可衣食無虞，從此做個陶淵明式的詩人，從容欣賞江南的好山好水，盡情享受江南的水陸珍饈了。他把這種逍遙的想法寫在了這闋〈菩薩蠻〉詞中：

買田陽羨吾將老，從來只為溪山好。來往一虛舟，聊隨物外遊。有書仍懶著，水調歌歸去。筋力不辭詩，要須風雨時。

然而蘇東坡又想多了，陶淵明式的生活不屬於他，又一場政治大戲已經拉開序幕，他依舊是這場戲的主角之一，即將被捲入一場血雨腥風中。

4 只要祈禱，奇蹟就會出現

蘇東坡在常州逍遙自在，此時開封卻正在經歷重大的人事變動。

神宗皇帝駕崩後，只有十歲的太子趙煦嗣位為哲宗，而十歲的皇帝當然不能親政，由祖母太皇太后高氏垂簾攝政，為宣仁太皇太后。

宣仁太皇太后歷經她的丈夫英宗、兒子神宗的兩朝政事，看到神宗皇帝用王安石、呂惠卿變法，行新政，邊臣無端挑起征西夏的軍事，招來戰敗的損傷，使神宗驚悸悔咎，奪走了他正當英年的生命。她嚮往仁宗嘉祐時代的太平安樂、寬厚雍睦的政風，所以定年號為「元祐」。

召用熙寧、元豐時代的舊臣，恢復熙豐以前的舊政，是高氏的用人策略，而治國策略則是遵循祖宗成法，她的目標是重拾大宋帝國如嘉祐時代一樣的和平與安樂。

原尚書右僕射兼中書侍郎蔡確，調為尚書左僕射兼門下侍郎，雖然都是宰相職位，但從「右」到「左」，還是升官了[3]；樞密院事韓縝為尚書右僕射兼中書侍郎、門下侍郎章惇知樞密院事，都升了一級。

另一方面，太皇太后又起用舊黨舊臣。首先是資政殿大學士、知揚州的呂公著，詔授尚書左丞。舊黨領袖司馬光此時則正以西京留司御史臺的身分，在洛陽修《資治通鑑》，不能直接委以重任，因此先受命知陳州，入見宣仁太后後，當即留為門下侍郎。

想要起用蘇軾則複雜得多，畢竟他已被降到最低一級，且沒有實權。根據宋代官制，想**任用降責的罪官，必須先恢復其正式官階，然後才實授官職**。元豐八年（一〇八五年）五月，五十歲的蘇東坡復官七品朝奉郎，六月以朝奉郎起知登州（今山東蓬萊）軍州事。

這打破了蘇東坡閒居常州的美夢，他可是全副身家都在常州啊，如今的他對官場的熱情不再，自然也高興不起來。最早通知他此消息的，是已在朝廷任職的王鞏，蘇東坡在給他的回信中說：

謫居六年，無一日不樂，今復促令作郡，坐生百憂。正如農夫小人，日耕百畝，負擔百斤，初無難色，一日坐之堂上，與相賓饗，便是一厄。

這封信說得有些誇張，被貶謫黃州至今六年，肯定有過艱難日子、寂寞難耐的時候，「無一日不樂」肯定不真，但復出為官高興不起來也不假，他寫〈蝶戀花．述懷〉：

雲水縈回溪上路。疊疊青山，環繞溪東注。月白沙汀翹宿鷺，更無一點塵來處。

溪叟相看私自語。底事區區，苦要為官去。尊酒不空田百畝，歸來分得閒中趣。

3 根據不同朝代，左右地位有所不同，宋代時則是尊左。

意思是荊溪太漂亮，我很喜歡這個地方，可惜我要走了，盼望著再回來。

「苦要為官去」，但不去也不行。蘇東坡在七月下旬離開常州，繼續使出他擅長磨磨蹭蹭的功夫，一路遊山玩水、拜會朋友。七月底至潤州，許遵陪他重遊金、焦二山；八月二十七日過揚州，受到接替呂公著的楊康公熱情接待；九月抵達楚州，與楊傑遊宴，至淮口，遇大風，蔡允元來看他，臨別作書相贈，說自己「東坡赴官之意，殆似小兒遷延避學」，用小孩子逃避上學形容自己此時的心情，十分恰當；十月時蘇軾過海州，經懷仁至密州。

蘇東坡離開密州已餘十年，時任太守霍翔親自提著牛肉和酒，在蘇東坡當年建的超然臺上置酒款待。蘇東坡高興的作了這首〈再過超然臺贈太守霍翔〉：

昔飲雩泉別常山，天寒歲在龍蛇間。山中兒童拍手笑，問我西去何當還。
十年不赴竹馬約，扁舟獨與魚蓑閒。重來父老喜我在，扶挈老幼相遮攀。
當時襁褓皆七尺，而我安得留朱顏。問今太守為誰歟，護羌充國鬢未斑。
躬持牛酒勞行役，無復杞菊嘲寒慳。超然置酒尋舊跡，尚有詩賦鑱堅頑。
孤雲落日在馬耳，照耀金碧開煙鬟。邦淇自古北流水，跳波下瀨鳴玦環。
願君談笑作石埭，坐使城郭生溪灣。

「重來父老喜我在，扶挈老幼相遮攀」，蘇東坡對鄉親父老們看待他如老朋友，感到十分開心，當然了，此次飲宴不再如當年他在密州吃枸杞、菊花那麼寒酸，而是有牛肉和酒等美味，「躬持牛酒勞行役，無復杞菊嘲寒慳」，也令這位超級吃貨非常享受。

新官只做五天，美食也不能錯過

蘇東坡一路拖磨，十月十五日才抵達登州，從常州到登州的旅程並不遠，但他足足走了近三個月。時隔六年，這一次被起用，蘇東坡真提不起勁。

他對政治不感興趣的態度，表現在他向老朋友滕元發索要兩個「朱紅累子」這件事情上，朱紅累子就是紅色的食盒，他在信中直說：「某好攜具野飲，欲問公求朱紅累子兩卓二十四隔者，極為左右費，然遂成藉草之樂，為賜亦不淺也。」蘇東坡想在登州任上逍遙過活，帶著食物出外遊玩。他曾當過湖州知州，知道湖州出產的朱紅累子極好，所以才向滕元發要。

然而，**宣仁太皇太后和司馬光的真實意圖，並不是讓他到登州當個地方官，而是回到朝廷中樞**。只是礙於宋代官制，即便再想任用一個人，也必須一步一步來。當然，這幾步可以走得快一點，因此蘇東坡還在赴登州任的路上，朝廷已發出新的任命：以朝奉郎知登州蘇軾為禮部郎中。

這份新的任命在蘇東坡抵達登州後的第五天送達，但他絕不會就此白跑一趟，蓬萊的美食必須吃到。登州最出名的是鮑魚，當時稱鰒魚，蘇東坡吃後大加稱讚，並寫了〈鰒魚行〉：

> 漸臺人散長弓射，初啖鰒魚人未識。西陵衰老繐帳空，肯向北河親饋食。
> 兩雄一律盜漢家，嗜好亦若肩相差。食每對之先太息，不因噎嘔緣瘡痂。

中間霸據關梁隔，一枚何啻千金直。百年南北鮭菜通，往往殘餘飽臧獲。
東隨海舶號倭螺，異方珍寶來更多。磨沙瀹沉成大截，剖蚌作脯分餘波。
君不聞蓬萊閣下駝碁島，八月邊風備胡獠。舶船跋浪黿鼉震，長鑱鏟處崖谷倒。
膳夫善治薦華堂，坐令雕俎生輝光。肉芝石耳不足數，醋芼魚皮真倚牆。
中都貴人珍此味，糟浥油藏能遠致。割肥方厭萬錢廚，決眥可醒千日醉。
三韓使者金鼎來，方奩饋送煩輿臺。遼東太守遠自獻，臨淄掾吏誰為材。
吾生東歸收一斛，包苴未肯鑽華屋。分送羹材作眼明，卻取細書防老讀。

這首詩很長，資訊量也很多：一說鮑魚歷來為名人所好，包括王莽和曹操；二是受運輸條件限制，「一枚何啻千金直」，鮑魚十分昂貴；三是鮑魚採捕手段既複雜又困難，「長鏟處崖谷倒」；四是做鮑魚必須有好廚師，「膳夫善治薦華堂」，要「善治」才行，好廚藝做出的鮑魚，能讓靈芝、石耳、醋泡魚皮等口感相似的食材，通通顯得遜色；五是鮑魚保鮮，可用酒糟或油泡，可見蘇東坡吃的不是乾鮑魚；六是蘇東坡慷慨的送鮑魚給朋友，說鮑魚不僅好吃，還有藥用價值，「分送羹材作眼明，卻取細書防老讀」，食療可治眼疾——這是蘇東坡的老毛病。

而蘇軾這次送出鮑魚的友人，就是滕元發。蘇東坡一生共寫給了六十五封信給他，從這次的信中我們知道，蘇東坡送出了三百隻鮑魚。

除了吃鮑魚，蘇東坡還看到了海市蜃樓。登州海上有名的奇景海市蜃樓，一般出現於春夏兩季，而此時已是十月底，並不易見，他在登州消磨幾天的原因之一，就是想看看有沒有奇蹟出現。

於是，蘇東坡再次使出祈禱這一招，祈禱於海神廣德王廟，這一次居然又應驗，他終於在虛無縹緲中看到這一奇景，作長詩〈海市〉記其觀感：

東方雲海空復空，群仙出沒空明中。蕩搖浮世生萬象，豈有貝闕藏珠宮？
心知所見皆幻影，敢以耳目煩神工。歲寒水冷天地閉，為我起蟄鞭魚龍。
重樓翠阜出霜曉，異事驚倒百歲翁。人間所得容力取，世外無物誰為雄。
率然有請不我拒，信我人厄非天窮。潮陽太守南遷歸，喜見石廩堆祝融。
自言正直動山鬼，豈知造物哀龍鍾。信眉一笑豈易得，神之報汝亦已豐。
斜陽萬里孤鳥沒，但見碧海磨青銅。新詩綺語亦安用，相與變滅隨東風。

十一月二日，蘇東坡別登州，過萊州、青社、濟南、鄆州、南都，十二月上旬抵達京師，這一路走了一個多月，效率不算太低。

儘管只做了五天登州知州，但**蘇東坡還是看出登州兩大弊政：一是防備鬆懈，二是鹽政須改革**。登州與北遼隔海相望，因久無戰事，駐防部隊常常被調到其他地方。對此，他上〈登州召還議水軍狀〉，請令登州兵士不得差往別州屯駐；在〈乞罷登萊榷鹽狀〉中，他請求官收鹽稅，並恢復食鹽的自由貿易，以刺激生產、便利民食。

蘇東坡一向關心民生，而這兩狀，也是他再度步入政壇的第一步。無可奈何下他再度歸朝，而蘇轍也被召回京，擔任御史一職，兄弟倆即將加入一場轟轟烈烈的政治鬥爭中。

5 你被貶官，真讓我羨慕

宋神宗開啟的黨派鬥爭，是導致大宋發展一落千丈的根本原因。而神宗熙寧年間，新黨如何對付舊黨，元祐年間舊黨就如何收拾新黨。

宋代的御史可以風聞言事，不用證據就能狀告別人，也不需要負責任，因此黨爭往往先由御史們發起。劉摯和朱光庭攻擊蔡確，蔡確罷相、出知陳州，後改知亳州，朝廷當即以司馬光接替蔡確的相位，並兼門下侍郎原職；右相韓縝被御史中丞劉摯及諫官孫覺、蘇轍、王覿彈劾，理由是「才鄙望輕」，罷為觀文殿大學士、知潁昌府。

與此同時，蘇東坡開始了他仕途的巔峰時刻。在太后和司馬光的關照下，蘇東坡在舊黨把持的朝堂中步步高升。首先從正七品的第二十二級文官[4]的朝奉郎，升遷為禮部郎中，這是從六品的第十八級文官。半個月後，蘇東坡又升為起居舍人[5]，品級沒變，但已是第十七級文官了。

三個月後，又升中書舍人[6]，正四品，第十級文官。這還不是他擔任的最高官職，元祐元年（一〇八六年）下半，離上次升遷才約半年，蘇東坡升為翰林學士、知制誥，知禮部貢舉。翰林學士是正三品，清貴無比，從此蘇東坡又有一個稱呼——蘇大學士。

北宋與南宋一共有三百七十一位翰林學士，其中有一百六十三人成了宰相。更重要的是，蘇東坡不僅是中書舍人，還是知制誥，負責為皇帝草擬公文，是十分重要的朝堂大員。**翰林學士與知**

制誥的組合，是蘇東坡仕途的制高點，意味著他真正進入了權力中樞，離宰相也只有一步之遙。不久，他又兼官侍讀，這可是「帝師」，只要與年少的哲宗皇帝建立良好關係，待他親政時，宰相之位垂手可得。

如日中天的蘇東坡，卻在此時犯下人生最致命的錯誤：錯待新黨的第三號人物章惇。

在烏臺詩案中，章惇不惜與當時的宰相王珪翻臉，在神宗面前駁斥王珪對蘇東坡的誣陷、在他經濟困難時及時接濟。現在舊黨上臺，章惇勢必下臺，而這位朋友兼恩人，就算蘇東坡極力挽留，可能也改變不了他的命運，卻考驗著蘇東坡的人格。

雖然蘇東坡不至於親自操刀，但擔任右司諫的弟弟蘇轍卻跑在衝鋒殺敵的最前線，上〈乞罷章惇知樞密院狀〉，其中曰：

臣竊見知樞密院章惇，始與三省同議司馬光論差役事，明知光所言事節有疏略差誤，而不推公心，即加詳議，待修完成法然後施行。而乃雷同眾人，連書劄子，一切依奏。及其既已行下，然後論列可否，至紛爭殿上，無復君臣之禮。然使惇因此究窮利害，立成條約，使州縣推行更無疑阻，則惇之情狀猶或可恕。今乃不候修完，便乞再行指揮，使諸路一依前件劄子施行，卻令被差人戶具

4 宋神宗元豐以後，文官分九品三十二級。
5 記載皇帝言行與國家大事。
6 輔佐皇帝的高級祕書官，掌詔令、侍從、敕旨、審閱上奏表章等事。

利害實封聞奏。臣不知陛下謂惇此舉，其意安在？惇不過欲使被差之人有所不便，人人與司馬光為敵，但得光言不效，則朝廷利害更不復顧。用心如此而陛下置之樞府，臣竊惑矣。尚賴陛下明聖，覺其深意，中止不行，若其不然，必害良法。且差役之利，天下所願，賢愚共知。行未逾月，四方鼓舞。惇猶巧加智數，力欲破壞。臣竊恐朝廷急有邊防之事，戰守之機，人命所存，社稷所繫，使惇用心一一如此，豈不深誤國計？故臣乞陛下早賜裁斷，特行罷免，無使惇得行巧智，以害國事。

在免役法的問題上，章惇的立場與蘇東坡的想法一致，兩人都認為新法中的免役法利國利民，不應廢除。不同的是，蘇軾採取的方式是私下與司馬光溝通，而章惇則是憑一己之力反駁司馬光。

章惇當時的官職是知樞密院。為了罷免章惇，蘇轍的邏輯是「竊恐朝廷急有邊防之事，戰守之機，人命所存，社稷所繫，使惇用心一一如此，豈不深誤國計？」說章惇就是破壞王，一旦軍情告急，若他繼續使壞，那就麻煩了。真是欲加之罪，何患無辭。

有人認為蘇轍是就事論事。但是，從章惇反對廢除免役法，聯想到他會在軍情告急時搞破壞，豈不是誣陷他會叛國？五天後，章惇被貶知汝州。也許就算蘇轍不彈劾章惇，也會有別人出面，但章惇可是與蘇東坡有過命交情的啊！兩兄弟的關係又如此密切，蘇轍出面彈劾章惇，章惇肯定將帳記在蘇東坡身上。

更麻煩的是，就在章惇出知汝州後，蘇東坡在上〈繳進詞頭狀．沈起〉中說：「臣伏見熙寧以來，王安石用事，始求邊功，構隙四夷。王韶以熙河進，章惇以五溪用，熊本以瀘夷奮，沈起、劉彝聞而效之，結怨交蠻，兵連禍結，死者數十萬人……。」蘇東坡說的是事實，他的目的是反對朝廷再次起用沈起，並非針對章惇。

他說王韶、章惇、熊本等人是因有邊功而獲得晉升，沈起、劉彝等人則拙劣效仿而兵連禍結，造成數十萬人死亡，但那句「臣伏見熙寧以來，王安石用事，始求邊功，構隙四夷」一併否定了章惇的功績。蘇東坡是反戰派，這點他與章惇的立場相悖，但為了反對沈起而拿老朋友、有過命交情、已被貶至汝州的章惇說事，有必要嗎？章惇看到蘇東坡這樣的表現，能不記恨嗎？

蘇軾和蘇轍應該不至於恩將仇報，蘇轍雖然是舊黨的匕首，但蘇軾倒是不結黨，他或許打從心底認為章惇不適合在中樞任職，所以沒有為章惇說話。但是，章惇是個有仇必報的人，我猜章惇當時的想法是：你蘇軾當年差點被殺，我為你說話，現在你弟弟居然將矛頭指向我，你不攔著，也不吭聲。當初你被貶黃州，我送錢、送藥；我被貶汝州，你卻落井下石。

蘇東坡確實認為章惇不宜身居要職，到汝州去挺好，他沒想到章惇此時正一腔怒火，為了「安慰」他，蘇東坡竟寫了這封〈歸安丘園帖〉：

> 軾啟。前日少致區區，重煩誨答，且審臺候康勝，感慰兼極。歸安丘園，早歲共有此意，公獨先獲其漸，豈勝企羡。但恐世緣已深，未知果脫否耳？無緣一見，少道宿昔為恨。人還，布謝不宣。軾頓首再拜，子厚宮使正議兄執事。十二月廿七日。

大意是說：日前來信，勞煩您回覆，得知您身體健康，十分寬慰。還歸故里安居家園，早年我們都有此願望。您能先實現此願，真是讓我羨慕企盼。只是您在官場混得很深，不知道是否真能脫身？只恨無緣見面說說過去的事情，來人要回去了，再次感謝！

文人失意時，都喜歡用陶淵明歸隱安慰自己，蘇東坡與章惇都表達過此心境。但章惇是個有追求、有野心的人，歸隱也就是說說而已。此時兩人身分懸殊，蘇學士卻仍是一副幽默詼諧的口吻，說咱倆都曾有隱居田園的夢想，沒想到你先我一步實現了，可真讓我羨慕呀。這話對倒楣的人來說，是多大的挖苦和嘲諷！可以想像，章惇看到此信時是什麼心情。

蘇東坡以為章惇和他一樣，拿得起、放得下，畢竟還是知州，日子還可以很風光，壓根沒想到章惇從此把他視為仇人，日後章惇拜相，也因此對他加倍報復。

其實，蘇東坡也並非不念舊，站在權力的高峰，他很感謝那些幫助他度過人生低谷的人。他曾邀陳慥來京，安排住宿，又多有飲宴題詞，此時他已是天下文宗，題幾個字那可不得了。還有一位老朋友，揚州的道士杜介，過去曾送魚給蘇軾，他為此寫了〈杜介送魚〉：

> 新年已賜黃封酒，舊老仍分頳尾魚。陋巷關門負朝日，小園除雪得春蔬。
> 病妻起斫銀絲膾，稚子歡尋尺素書。醉眼朦朧覓歸路，松江煙雨晚疏疏。

杜介是一名會煉丹的道士，與蘇東坡有些交情。烏臺詩案時，蘇東坡被押解進京，途經揚州，遠遠望見杜介的房子，他對杜介的自由之身，能在靜謐的私宅裡做自己喜歡的事，無人打擾、沒有憂患的生活十分羨慕。因此，在黃州時他就寫信給杜介：

去歲八月初，就逮過揚，路由天長，過平山堂下，隔牆見君家紙窗竹屋依然，想見君黃冠草屨，在藥墟棋局間，而鄙夫方在縲紲，未知死生，慨然羡慕，何止霄漢。

杜介送了頳尾魚給蘇軾，頳尾魚就是紅色尾巴的魴魚，也就是鯿魚。〈詩經．周南．汝墳〉有「魴魚頳尾，王室如燬」[7]。

蘇東坡說新年了，皇室賜了酒，加上杜介送的鯿魚、家中小園裡白雪覆蓋的蔬菜，病中的妻子起床做了鯿魚刺身。孩子們忙著看魚肚裡有沒有藏著書信，我的歸屬在哪裡呢？希望是江南。

〈杜介送魚〉裡的資訊量不少，包括蘇軾夫人的手藝不錯，能把鯿魚做成刺身，刀工相當了得，須知鯿魚可是布滿肌間刺的；**已達人生顛峰的蘇東坡，仍最喜歡江南**；而最重要的訊息是，他從未忘記他的老朋友們。

但是，難道蘇軾就沒把章惇當朋友嗎？當然不是，他只是認為章惇不需要他關心。

縱觀蘇東坡的朋友圈，可以下這樣的結論：與權貴相處，他總處不好，與部屬或江湖朋友卻處得不錯。不媚權貴，是古代知識分子的人格追求，但情商極低的蘇東坡，卻常把不媚權貴做成得罪權貴，讓權貴把他視為敵人、對手。

---

7 鯿魚尾巴色赤紅，王室事務急如火。魴魚疲勞時，白尾會變成紅色，故後人用以比喻生活極勞苦。

6 窮，是因為天生好客

舊黨上臺，對新黨除惡務盡，攻下新黨三位首要人物蔡確、韓縝、章惇後，又將矛頭對準張璪、李清臣、安燾、李定。其中張璪、李定是烏臺詩案的主謀，李清臣則是蘇東坡的好朋友，烏臺詩案時他也受牽連，被罰銅三十斤，此次卻因為他同屬新黨，作為諫官的蘇轍就無情開火。

烏臺詩案最大的黑手是時任宰相王珪，這人也是新黨，但因宋神宗患病時，奏請皇太后擁立宋哲宗有功，在哲宗即位後被進封為金紫光祿大夫、封岐國公。同年五月十八日，卒於任上，又追贈太尉，謚號文恭，後又加贈太師，蘇家兩兄弟想說他幾句也無能為力。

對王安石變法的主要推手、已被貶謫地方多年的呂惠卿，兩兄弟是糾纏不放。蘇轍上〈乞誅竄呂惠卿狀〉，指他詭變多端，見利忘義。於是呂惠卿被降官光祿卿，分司南京、蘇州居住。蘇轍、王巖叟、朱光庭、王覿、劉摯等人認為處罰太輕，又繼續輪番彈劾，呂惠卿再降為建寧軍節度副使，建州安置。

這份譴責和處罰呂惠卿的公文，按照輪值次序，本應由蘇東坡的好朋友劉攽草制，劉攽知道他有一肚子怒氣，不吐不快，就推說身體不舒服，趁機溜走，蘇東坡接手此事後，痛快淋漓的撰寫了「責詞」〈呂惠卿責授建寧軍節度副使本州安置不得簽書公事〉[8]，細數呂惠卿的罪。

這篇責詞，寫得大為快意，當時為天下傳誦。但蘇東坡萬萬沒有想到，呂惠卿助王安石推行新政，背後是因為有宋神宗支持，如此痛斥呂惠卿，多少會殃及先帝，這是大忌，無異於在自己的前途上遍插荊棘。

蘇軾曾對蘇轍說：「吾上可陪玉皇大帝，下可陪卑田院乞兒，眼前見天下無一個不好人。」但那是他落魄的時候，而在開封春風得意的這幾年，他是一個隨性的鬥士，黨同伐異，對章惇和李清臣這兩位政治立場不同的老朋友，蘇軾照樣不講情面，只是在他們被貶後寫封信、賦首詩安慰一下，他以為誰都和他一樣超然。

對自己人，他則寵愛有加。最令人稱道的是他與蘇門四學士黃庭堅、秦觀、晁補之、張耒的交往。蘇東坡此時官運亨通，他們也先後來到京城，在館閣內任職，這其中不可能沒有蘇東坡這位老師從中周旋，對學生們的揄揚，蘇東坡不遺餘力。

在〈答李昭玘書〉中，蘇東坡說：「如黃庭堅魯直、晁補之無咎、秦觀太虛、張耒文潛之流，皆世未之知，而軾獨先知之。」被天下文宗如此讚揚，這四人馬上名滿天下。這是直接的表揚，還有間接以美食為載體的表揚，比如黃庭堅：

魯直詩文如蝤蛑、江瑤柱，格韻高絕，盤餐盡廢，然不可多食，多食則發風動氣。

8　成語滔天之罪即出自此文。

青蟹和江瑤柱是蘇東坡的最愛，他常用來比喻美好的東西，這次他用來評價黃庭堅的詩，說黃庭堅的詩文立意高遠，如青蟹和江瑤柱般，有了這些美味，哪需要其他美食？當然，黃庭堅的詩文也不是沒有缺點，青蟹、江瑤柱這些東西是好吃，但吃多了會「發風動氣」。黃庭堅的文章看多了，也如吃多了青蟹和江瑤柱，消受不起。如此表揚一個人，可是不留餘地啊！

與昔日好友重聚於京

蘇東坡一生愛茶，此時頗受皇室恩寵的他，有時會受賞賜獲得皇室專享的御茶「密雲龍」，他奉此為至寶，只用於招待最好的客人。蘇東坡曾作〈行香子．茶詞〉，盛讚密雲龍：

綺席才終，歡意猶濃。酒闌時、高興無窮。
共誇君賜，初拆臣封。看分香餅，黃金縷，密雲龍。
鬥贏一水，功敵千鍾。覺涼生、兩腋清風。
暫留紅袖，少卻紗籠。放笙歌散，庭館靜，略從容。

我們現在評價一泡好茶，會說脣齒留香、渾身通透、背脊冒汗，而蘇東坡卻說喝了密雲龍「覺涼生，兩腋清風」。這種喝完頓覺兩腋有陣陣清風、涼風襲來的好茶，只要蘇門四學士來到蘇家府上，蘇東坡必然取之招待。時間一久，家中僕人都記住此事，只要四人來，不需要特別吩咐就知道要上什麼茶，有時朝雲還會親自為他們準備。《春渚紀聞》卷六〈龍團稱屈賦〉有這樣的記載：

先生一日與魯直、文潛諸人會飯，既食骨塠兒血羹，客有須薄茶者，因就取所碾龍團，遍啜坐人。或曰：「使龍茶能言，當須稱屈。」先生撫掌久之，曰：「是亦可為一題。」因援筆戲作律賦一首，以「俾薦血羹，龍團稱屈」為韻。山谷擊節稱詠，不能已已。無藏本，聞關子開能誦，今亡矣。惜哉！

文中說的「骨塠兒血羹」，是用骨頭熬煮的高湯和羊血一起蒸的血羹，吃完後再喝如此難得的龍團茶，茶太珍貴，這麼喝有點奢侈，如果龍團茶能說話，會喊冤屈。蘇東坡對蘇門四學士之好，簡直到了不惜一切代價的地步。當然了，他一生豪爽，所以也存不了錢。

蘇東坡在京師待了約三年多，主要工作是草擬各種公文，從現存的資料看，除奏議外，所作有《內制》十卷，附《樂語》一卷，以及《外制》三卷，共八百多篇。這些公文內容包含朝廷典制、宮禁儀文、宰執恩例、館閣掌故、寺觀致禱、原廟告虔、外藩部落與邊臣使客間的朝聘燕饗、撫綏存問，另有修省哀慕、節序令辰的應景文字等，包羅萬象。工作之重，估計也只有下筆快的他才能勝任。

這幾年裡，蘇東坡的詩、詞、文，與密州和黃州比，確實沒有什麼拿得出手的大作，主要是時間和精力都被公務占用了。當然了，這幾年也是蘇東坡一生最幸福的幾年，家人團聚，俸祿也高，物質生活上那是不必說，原來貶謫各地的朋友們也回到京城，飲宴開心的日子當然不會少。

還記得蘇東坡最有錢的朋友駙馬王詵嗎？烏臺詩案中他受連累，現在也聚首京師。與蘇東坡要好的李公麟創作的〈西園雅集圖〉，以寫實的方式描繪了一眾好友在王詵的西園聚會的場景，畫中除了主人王詵和畫家李公麟本人外，還有蘇家兄弟、蘇門四學士、米芾、蔡肇、李之儀、鄭靖老、王欽臣、劉涇、以及僧圓通、道士陳碧虛等十六人。畫中，這些文人雅士風雲際會，揮毫用墨、吟詩賦詞、撫琴唱和、打坐問禪，衣著得體，動靜自然。透過此畫，大概可以想像當年聚會的情景。

最愛還是江南

蘇東坡詩書畫俱佳，在京師這幾年，不少人拿著畫請他鑑賞、題詞。蘇東坡自許「平生好詩仍好畫」，傳世的題畫詩總計約有六十一題、一百零九首之多。他觀畫作詩，多數出於一種品賞的態度，只從畫中景物下手，直抒畫面給予他的感受，深得畫中趣。在這期間，他在惠崇的春江晚景圖中留下了這首鑑賞名詩：

竹外桃花三兩枝，春江水暖鴨先知。蔞蒿滿地蘆芽短，正是河豚欲上時。

惠崇是宋代著名的畫家、僧人，是歐陽修所謂「九僧」[9]之一，與蘇東坡不是同一時代[10]。

惠崇能詩善畫，特別是畫鵝、雁、鷺鷥、小景尤為拿手，〈春江晚景〉的第一幅即為他的名作鴨戲圖。

此詩先從身邊寫起：初春，大地復甦，竹林已被新葉染成一片嫩綠，更引人注目的是，桃樹上也已綻開了三兩枝早開的桃花，色彩鮮明，向人們報告春的消息。接著，他的視線由江邊轉到江中，那在岸邊期待了整整一個冬季的鴨群，早已按捺不住，搶著下水嬉戲。

蘇東坡再由江中寫到江岸，更細緻的觀察和描寫初春景象：由於得到了春江的滋潤，滿地的蔞蒿長出新枝、蘆芽兒吐尖，這一切無不顯示出春天的活力，惹人憐愛。畫裡能看到的就這麼多，但作為一名吃貨，他很自然的聯想到，這正是河豚肥美、逆江而上的時節。蔞蒿、蘆芽、河豚，都是他久未嘗到的美味，從畫裡的江南美景，想到畫裡沒有的江南美食，不知他題此詩時，會不會口水流了一地。

身在京師，公務纏身，蘇東坡時刻想到的還是他理想的安居之所江南，京城的工作和生活並不是他最想要的，江南才是。

9 劍南希書、金華保暹、南越文兆、天臺行肇、沃州簡長、貴城惟鳳、淮南惠崇、江南宇昭、峨眉懷古。

10 惠崇於蘇軾出生前已逝世。

7 此心安處，便是吾鄉

烏臺詩案中，除了蘇東坡被貶謫外，還有王詵和王鞏。蘇軾被貶黃州，而王鞏居然被貶至更遠的嶺南賓州監酒鹽稅，這是最令他內疚和不安的。有一年重陽節，在黃州的蘇東坡登棲霞樓，淒然填詞〈南鄉子．重九涵輝樓呈徐君猷〉，所掛念者即是王鞏：

霜降水痕收，淺碧鱗鱗露遠洲。酒力漸消風力軟，颼颼，破帽多情卻戀頭。

佳節若為酬，但把清樽斷送秋。萬事到頭都是夢，休休，明日黃花蝶也愁。

「明日黃花蝶也愁」，蘇東坡第二次用了這句，這句誕生了成語「明日黃花」和中國俗語「黃花菜都涼了」[11]，在此讀來令人傷感。

王鞏在賓州做了三年，幸好期滿後北歸。這三年裡，王鞏與蘇東坡書信、詩詞唱和不斷。其實，這三年王鞏的遭遇很慘。蘇東坡在給王鞏的詩集作序時說「以余故得罪，貶海上三年，一子死貶所，一子死於家，定國亦病幾死」。

王鞏被貶嶺南時，一樣拖家帶口，其中就包括歌伎柔奴。蘇東坡剛回到京城不久，與久別重逢的好朋友王鞏見面，王鞏讓柔奴倒茶，蘇東坡問她：「廣南風土應是不好？」柔奴回答：「**此心安**

處，便是吾鄉。」這對同樣體驗過苦難的蘇東坡來說，如同針刺要穴，凜然感到話中哲理和智慧，於是蘇軾特地為她填了一闋〈定風波〉：

> 常羨人間琢玉郎，天應乞與點酥娘。自作清歌傳皓齒，風起，雪飛炎海變清涼。
> 萬里歸來年愈少，微笑，笑時猶帶嶺梅香。試問嶺南應不好，卻道：此心安處是吾鄉。

面對這樣志同道合又遭自己連累的兄弟，處在仕途顛峰的蘇軾非常想幫助他，然而，每次他舉薦王鞏時，總遭諫官們一陣圍攻，真是越幫越忙。

這是因為，**蘇東坡雖然受皇家庇護，卻同時得罪朝中最重要的兩股勢力**，諫官們知道，他們對蘇東坡無可奈何，但王鞏等好友是蘇東坡的軟肋，所以他們不會施以援手。

派系鬥爭從來都是殘酷的，舊黨剛上臺時，集中精力對付新黨，把新黨趕出朝廷後，舊黨內部也開始了爭權奪利。舊黨剛執政時，宰相司馬光和呂公著都是正人君子，把控著大局，但即便如此，政治智慧極差的蘇東坡也把關係處理得一塌糊塗。

他先是得罪了老師司馬光。司馬光是蘇東坡參加制科考試時的恩師，舊黨上臺，司馬光力推蘇東坡，蘇東坡也被公認為舊黨喉舌，理應唯司馬光馬首是瞻。但是，經過杭州、密州、徐州、湖州

11 用來調侃、批評遲到的人或遲辦的事。

地方工作的歷練，在對待新政的問題上，蘇東坡與司馬光的看法已不盡一致，**司馬光對新法全盤否定，蘇東坡則認為其中也有可取之處，不宜盡廢**。

經歷了烏臺詩案和黃州貶謫生活，蘇東坡的性情謙遜了不少，特別是在金陵見了王安石後，對王安石好感大增，他當時對王安石說「從公已覺十年遲」，不全是客套。他並不全盤否定王安石，甚至帶有些許好感。

司馬光盡罷熙豐新法，罷到免役法時，即便是在舊黨中也出現了反對意見。免役法是王安石變法中較便民利民的部分，它按照老百姓的戶產高低，分等出錢雇役，「有錢出錢，有力出力」，可以斷絕胥吏勒索的機會，這一已經實行了十六年的辦法，確實沒有改回差役的必要。

但司馬光是「逢王必反」，很少有人敢在他面前爭論，爭亦無用，反倒是蘇東坡一而再、再而三的與他爭辯。司馬光心裡不耐煩，臉上就不免忿然作色起來，蘇東坡也很氣惱，就詰責他的態度。表面上，司馬光強笑表示歉意，心裡不免有些芥蒂。

舊黨內部矛盾，分崩離析

朝廷為了詳定役法，設了役局專門研討役法的修訂，蘇東坡也是被詔派參加的一員。在會議中，他屢次與局中官員孫永、傅堯俞激烈辯論，關係緊張。在說服司馬光失敗後，他就以與大臣主張不同為理由，乞罷此一兼差，狀言：「臣既不同，決難隨眾簽書。伏乞依前降指揮，早賜罷免，取進止。」這一強硬表態，不僅不給司馬光面子，也表明了他的政治態度，把司馬光一派全得罪了。司馬光不久後去世，追隨者更將蘇東坡列為政治對手。

如果說得罪司馬光一派還是政見之爭，那麼得罪程頤一派則完全是意氣用事。程頤是司馬光、呂公著兩人會同薦舉的河南處士。他十五、六歲時，與其兄程顥從周濂溪學，為承襲宋學的代表人物，人稱「二程子」，居學術界的領導地位，程頤此時是崇政殿說書，帝師之一。

司馬光去世時，程頤負責操辦喪事，同為喪事禮儀的蘇東坡與他起了爭執，嬉笑怒罵慣了的蘇東坡還笑謔他，這不但傷害程頤的尊嚴，也得罪視程頤為聖人的一班洛學弟子，遺下無窮後患。

元祐元年（一〇八六年），蘇軾主持進士考試，擬定的考題為「師仁祖之忠厚，法神考之勵精」，這兩派反蘇勢力的機會終於來了。

首先向蘇東坡發難的是老朋友朱光庭。朱光庭與蘇東坡進士同年，是程頤的得意弟子，以司馬光之薦，此時正任左司諫。「師仁祖之忠厚」，這不是說神宗皇帝不忠厚嗎？「法神考之勵精」，這不是說仁宗皇帝不思進取嗎？如此斷章取義，浮想聯翩，令人無語。他彈劾蘇東坡為臣不忠，譏議先朝，控他誹謗仁宗、神宗兩代先帝。

蘇東坡的老鄉呂陶此時為右司諫，為蘇東坡抱不平，上疏糾彈朱光庭，他說：「蘇軾所撰策題，蓋設此問以觀其答，非謂仁宗不如漢文，神考不如漢宣。臺諫當徇至公，不可假借事權，以報私隙。」他又一針見血的揭發此案的真實背景：「議者謂軾嘗戲薄程頤，光庭乃其門人，故為報怨。夫欲加軾罪，何所不可？必指其策問以為訕謗，恐朋黨之弊自此起矣。」

這時，司馬光門下的官僚們也都出聲，御史中丞傅堯俞、侍御史王巖叟，這兩人原本與蘇東坡關係都不錯，這時卻掉轉槍口幫朱光庭說話，疏論蘇東坡「以文帝有蔽，則仁宗不為無蔽；以宣帝有失，則神宗不為無失，雖不明言，其意在此」。

朱光庭這些洛學弟子以國家賦予的諫權，作為報復私怨的工具，雖然可恥，但其動機還可以理解。然而，司馬光門下的傅堯俞，是蘇軾多年好友，王巖叟與他私交也相當深厚，現在也來趁火打劫，蘇東坡卻不能理解，只覺得政治上的人情詭變，令他非常沮喪，於是請求辭職到地方任職。

此事雖經呂公著疏解、太皇太后試圖解圍，但洛蜀二黨之說不脛而走，有朋黨分立之勢[12]。其實，當時最大的派系，是司馬光門下的朔派，而蘇軾此時則有太皇太后寵著，如日中天，坐上相位是遲早的事，這是朔派和洛派最不願意看到的。蘇東坡在京這幾年被攻擊，正是由此所致。

蘇東坡也不是完全疏於交際，京城的兩大家族韓家和呂家，他多有親近。韓絳於元祐二年以司空、檢校太尉致仕。韓絳於秋冬間從潁州進京時，皇帝留他在京過年，觀賞上元燈景。

蘇東坡是韓絳省試時的門生，韓絳曾經接替王安石為相，在密州時蘇東坡曾多次向他上書求助。榮休的恩師來京，蘇東坡依禮往謁，韓絳殷勤置酒留飲，他便作〈次韻韓康公置酒見留〉：

> 庭下黃花一醉同，重來雪巘已穹窿。不應屢費譏安石，但使無多酌次公。
> 鐘乳金釵人似玉，鵾弦鐵撥坐生風。少卿尚有車茵在，頗覺寬容勝弱翁。

在韓家的富貴氣派面前，勉強側身貴族之家的蘇東坡，顯得落落寡合，無可奈何。

二月，春暖花開，韓家又一次設宴，席設花園中的水閣。主人出家伎十餘人歌舞娛客，檀板金樽，衣香鬢影，好不熱鬧。蘇東坡在〈韓康公坐上侍兒求書扇〉其一中寫道：

一一窗扉面水開，更於何處覓蓬萊？天香滿袖人知否？曾到旃檀小殿來。

家伎身上的衣香，帶給他的感官享受，還是相當愉悅的。

當朝宰相呂公著，是北宋中期名相呂夷簡的第三子，他的侄子呂行甫與蘇軾關係不錯。呂行甫送鯔魚給蘇軾，他便寫了這首〈走筆謝呂行甫惠子魚〉：

臥沙細肋吾方厭，通印長魚誰肯分。好事東平貴公子，貴人不與與蘇君。

子魚就是鯔魚，也是詩中所說的「通印長魚」，馳名的烏魚子正是這魚的魚卵，潮汕菜烏魚飯、明爐烏魚也用此魚。叫法如此之多，北宋王得臣在《麈史．詩話》中把它們之間的關係說清楚了：「閩中鮮食最珍者，所謂子魚者也。長七八寸，闊二三寸許，剖之子滿腹，冬月正其佳時，莆田迎仙鎮乃其出處。」

文中進一步解釋了子魚又名通印子魚的原因：「予按部過之，驛左有祠，謂之『通應祠』，下有水曰『通應溪』，潮汐上下，土人以鹹淡水不相入處魚最美。」原來，子魚因產自通應溪為佳而

12 元祐元年司馬光病逝後，舊黨逐漸分為三派：由蜀學蘇軾、蘇轍、呂陶等人領導的蜀派；崇尚程頤思想的洛派，主要人物為程頤、朱光庭；介於兩者之間，多為司馬光門人的學派則為朔黨，主要人物為劉摯、梁燾、王巖叟等。

得名，可是當時士人卻將其誤寫成「通印」，而子魚魚頭還真有一長方形平臺，確實有點像印章，於是以訛傳訛。

「臥沙細肋」多被解釋為肋魚或鯊魚，這是錯誤的。據中國科學院自然科學史研究所研究員曾雄生考證，這一錯誤自南宋施元之在為此詩作注時始。

施元之引用辭典《埤雅》「肋魚，似鰣魚而小，身薄骨細」，以為蘇東坡說的是肋魚。曾雄生認為，**臥沙細肋是唐宋時期著名的同州羊，又名苦泉羊**，這在北宋詩人的作品中多次出現，如：司馬光「羊羹憶臥沙」，並注「關中羊有臥沙細肋」；梅堯臣「細肋胡羊臥苑沙」；黃庭堅「細肋柔毛飽臥沙」，並注「同州沙苑監有佳羊，俗謂之細肋臥沙」；陳師道「細肋臥沙勤下箸」，並注「馮翊沙苑監，有臥沙細肋羊」；張耒有「重闈共此燭燈光，肥羊細肋蟹著黃」。

蘇東坡說：羊肉我吃厭了，想吃子魚啊，呂行甫你這個貴公子，子魚不送給更厲害的人，卻送給了我，謝謝你！

不畏洛、朔黨兩股政治勢力，並與政治世家韓家和呂家保持良好關係，這是蘇東坡在元祐年間的生存之道。政治主張不同、態度不同，他便不屑與之為伍，但他並不討厭權貴，也不是見誰都變成一隻刺蝟，這就是極具個性的蘇東坡。

第九章

治理地方，用力、用心、用情

1 釀酒也講究陰陽調和

蘇軾並不善於搞政治，拉幫結派更是他所不屑的，將與他交往的人冠以「蜀黨」，這是政治對手們的汙衊。他做事向來我行我素，絕不遷就別人，在朝中一向孤立，很少有政治上聲應氣求的朋友。**真正和他往來密切的，只有王鞏和他的幾個門生而已**。

政治對手對蘇軾的圍剿，火力集中在這些與他交好的人身上。蘇軾明白，只要他一天在朝，就會對政治對手們形成威脅，導致麻煩不斷。現實政治的醜惡，已到了令他絕望的地步，他屢次向太皇太后請求外放，說自己「二年之中，四遭口語，發策草麻，皆謂之誹謗。未出省榜，先言其失士。以至臣所薦士，例加誣衊」。

蘇軾求太皇太后體諒他的處境，給他一個「不爭之地」。太皇太后最終明白她沒辦法控制言官，准了蘇軾的請求。誥下：「蘇軾罷翰林學士兼侍讀，除龍圖閣學士充兩浙西路兵馬鈐轄、知杭州軍州事。」

自元豐八年（一〇八五年）十二月自登州來京，至元祐四年（一〇八九年）四月離開京城，蘇軾在開封待了約三年四個月。

二度來杭州，這一年蘇軾五十四歲。朝廷對此行給予了特別禮遇，太皇太后特准用宰相級別外放的特例，詔賜衣一對、金腰帶一條，金鍍銀鞍轡一副，馬一匹，這都是加殿、閣銜的封疆大臣才能得到的寵賜。不僅如此，剛要出杭州郊區，皇室的賞賜又至。據〈亡兄子瞻端明墓誌銘〉：「公出郊未發，遣內侍賜龍茶、銀合，用前執政恩例，所以慰勞甚厚。」

龍茶，就是皇室貢茶密雲龍。

蘇軾一向豪爽，在赴杭州太守途經揚州時，時任揚州從事的米芾前來相見，蘇軾拿出密雲龍與他共享，朝雲親自奉茶。米芾為此寫下〈滿庭芳．詠茶〉：「雅燕飛觴，清談揮麈，使君高會群賢。密雲雙鳳，初破縷金團。窗外爐煙自動，開瓶試、一品香泉。輕濤起，香生玉乳，雪濺紫甌圓。嬌鬟，宜美盼，雙擎翠袖，穩步紅蓮。座中客翻愁，酒醒歌闌。點上紗籠畫燭，花驄弄、月影當軒。頻相顧，餘歡未盡，欲去且留連。」

此詞細膩傳神的寫出煮茶的程序，又寫出了雅宴清談中侍茶者朝雲的嬌美、坐客的流連，呈現高會難逢、主人意蘊情重，充滿清雅、高曠的情致。這是從米芾的角度看這次盛會，至於蘇軾心情如何？離開京城是非之地，來到他鍾愛的杭州，肯定很高興，所以把皇家賞賜的密雲龍拿出來喝。

蘇軾此行攜家帶眷，還從京城帶了百斛[1]小麥，想到杭州釀酒用。他後來在〈黍麥說〉中說：「吾嘗在京師，載麥百斛至錢塘以踏曲，是歲官酒比京醞。而北方造酒皆用南米，故當有善酒。」

這個酒鬼在這篇文章中，解釋了他為什麼要千里迢迢帶著小麥到杭州：「北方之稻不足以陰，南方之麥不足於陽，故南方無嘉酒者，以麴麥雜陰氣也。」他認為做酒的稻米屬陰，做酒麴的小麥

1 約三百三十五萬毫升。

屬陽，而**南方屬陽**、**北方屬陰**，**所以稻米是南方的好**，而小麥是北方的好；到了杭州，用杭州當地的稻米和北方的小麥做麴釀酒，才可以釀出好酒，所以蘇東坡從京城帶了百斛麥去杭州上任。

蘇軾喜歡自己釀酒，還寫了一篇三百多字的〈酒經〉，不過技術不怎麼樣，在黃州釀的蜜酒讓人拉肚子，在密州釀的酒，自信滿滿的蘇軾還自稱為「薄薄酒」。

在同年七月三日到杭州上任前的旅途中，很會利用調任機會探親訪友、遊山玩水的他，這一路花了兩個多月。儘管杭州是他做夢都會想到的地方，也是他稱病請求到地方任職的，但蘇軾在得知發派杭州時，作〈病後醉中〉詩，得意之情，溢於言表：

病為兀兀安身物，酒作蓬蓬入腦聲。堪笑錢塘十萬戶，官家付與老書生。

不善於經營朝廷中上司和同僚關係，但善於經營地方同僚和部屬關係的蘇軾，到了杭州簡直就是如魚得水。杭州屬於兩浙路，任兩浙路提刑的是同年莫君陳，蘇軾剛到任不久，兩人泛舟西湖，邊飲美酒邊賞美景，作詩〈與莫同年雨中飲湖上〉：

到處相逢是偶然，夢中相對各華顛。還來一醉西湖雨，不見跳珠十五年。

蘇軾說，人生在各處的相遇都是偶然，此次相聚彷彿是在夢中，但你我都有了白髮。遠離杭州許久，這次回來又能夠如痴如醉的觀賞西湖的雨景，不見這雨珠跳落湖面的景象已經十五年了。

在寫此詩十五年前，蘇軾任杭州通判時寫有〈六月二十七日望湖樓醉書〉，詩中有「白雨跳珠亂入船」（其一）之句，寫船遊雨中之景，真切生動。也有人認為詩中的「跳珠」指的是西湖的「跳珠軒」，因有泉出石罅，飛灑如珠而得名。**此詩寫久別重逢，亦喜亦悲，但詩中無悲喜二字，這才是高手。**

蜂蜜不只能調理，也能治百病

蘇東坡二度來杭州，留下了大量遊山玩水的詩詞，在這些詩詞中可以看出，他出遊大都是與同僚一起，頗有逃出京城牢籠、享受人生之意，而且還談起養生來。他有一副手，通判袁公濟，蘇軾時常與他一起飲宴，並寫下〈次韻袁公濟謝芎椒〉：

> 燥吻時時著酒濡，要令臥疾致文殊。河魚潰腹空號楚，汗水流骹始信吳。
> 自笑方求三歲艾，不如長作獨眠夫。羨君清瘦真仙骨，更助飄飄鶴背軀。

川芎和花椒都是中藥，清瘦的袁公濟用來養身體，可內服、泡腳，以通經絡、治嘴脣乾燥。蘇軾也給了袁公濟另一個養生祕訣：獨臥。

依據葛洪《神仙傳》「彭祖教采女云：服藥百裹，不如獨臥」，蘇軾將現在看起來是無稽之談的《神仙傳》當成養生聖經。

這期間，蘇軾也把蜂蜜當成養生神器。蘇軾的老朋友仲殊和尚是安州人，他「為詩敏捷立成，而工妙絕人遠甚」。這人經常吃蜂蜜，熟悉佛經的蘇軾想到《四十二章經》裡有「若有人得道，猶如食蜜，中邊皆甜」，於是寫了〈安州老人食蜜歌〉：

安州老人心似鐵，老人心肝小兒舌。不食五穀唯食蜜，笑指蜜蜂作檀越。
蜜中有詩人不知，千花百草爭含姿。老人咀嚼時一吐，還引世間痴小兒。
小兒得詩如得蜜，蜜中有藥治百疾。正當狂走捉風時，一笑看詩百憂失。
東坡先生取人廉，幾人相歡幾人嫌。恰似飲茶甘苦雜，不如食蜜中邊甜。
因君寄與雙龍餅，鏡空一照雙龍影。三吳六月水如湯，老人心似雙龍井。

「蜜中有藥治百疾」，這是誇大蜂蜜的藥效，蘇軾應該不會相信，但他本人確實喜歡蜂蜜。蜂蜜不論正中間還是邊緣，都是一樣甜，不像喝茶有甘有苦。由此他想到自己，「東坡先生取人廉，幾人相歡幾人嫌」。他為人廉潔正直，所以有人喜歡他、有人不喜歡他，從吃蜜說到取人，蘇東坡的思維真是天馬行空。

在杭州見到粽筍，他還介紹給僧人仲殊，並寫了這首〈粽筍〉：

贈君木魚三百尾，中有鵝黃子魚子。夜叉剖癭欲分甘，籜龍藏頭敢言美。
願隨蔬果得自用，勿使山林空老死。問君何事食木魚，烹不能鳴固其理。

棕筍是棕櫚樹含苞未放的蓓蕾，或者說未綻放的幼嫩花序。蘇軾在詩序中介紹：「棕筍，狀如魚，剖之得魚子，味如苦筍而加甘芳。蜀人以饌佛，僧甚貴之，而南方不知也。筍生膚毳中，蓋花之方孕者。正二月間，可剝取，過此，苦澀不可食矣。取之無害於木，而宜於飲食，法當蒸熟，所施略與筍同，蜜煮酢浸，可致千里外。今以餉殊長老。」

棕筍富含鈣、多種維生素、氨基酸、蛋白質、纖維質，是一種豐美、微澀、甘甜的蔬菜。棕蓓炒菜，味微苦，繼而回甘，有特別的花香味。食用棕蓓亦可促進腸胃蠕動，幫助消化，促進食欲，還有消炎清火及降血壓的功效。現在的做法多是泡水、焯水去澀後用來炒肉或做湯，而蘇軾介紹的方法是用蜜浸泡。

2 難得親自下廚

蘇軾第二次到杭州，當然不只吃喝玩樂，雖然他留下的詩詞裡大都是遊山玩水，但工作才是他的日常，而蘇軾平常不會把工作寫進詩詞裡，那太枯燥了。不過，我們還是可以從他上奏的狀和其他文字，看到他的工作成果。

這次到杭州，蘇軾最大的貢獻是疏浚西湖，剛到杭州不久，先是遊西湖，寫了這首〈去杭十五年復遊西湖用歐陽察判韻〉：

> 我識南屏金鯽魚，重來拊檻散齋餘。還從舊社得心印，似省前生覓手書。
> 葑合平湖久蕪漫，人經豐歲尚凋疏。誰憐寂寞高常侍，老去狂歌憶孟諸。

蘇軾看到的西湖是「葑合平湖久蕪漫」，葑指茭白的根，蕪指雜草，意思是西湖被茭白根占據、雜草叢生，湖面都快闔上了。江南的湖面本來就適合各種水生植物生長，西湖本為皇家放生池，但浚湖的工作被疏忽了。每年乾旱時節，水草叢生，湖面上會出現一塊又一塊葑田，湖的表面便越來越小。

蘇軾在上奏的〈杭州乞度牒開西湖狀〉說：「熙寧中，臣通判本州，湖之葑合者，蓋十二三耳；而今者十六七年之間，遂塞其半。父老皆言，十年以來，水淺葑橫，如雲翳空，倏忽便滿。更二十年，無西湖矣。」

這是一項艱巨的任務，需要朝廷撥款支持，還要發動群眾參與。但是，在此之前蘇軾剛獲中央撥款、初步解決飢荒，又疏通了運河，再向朝廷開口，朝廷會答應嗎？

這時，蘇軾展現了傑出的施政能力，他先是製造輿論，由杭州父老鄉親一百一十五人到帥府請願，請願的父老說：「西湖之利，上自運河，下及民田，億萬生聚飲食所資，非止為遊觀之美。而近年以來，堙塞幾半，水面日減，茭葑日滋，更二十年無西湖矣。」這時蘇軾憤然道：「使杭州而無西湖，如人去其眉目，豈復為人乎！」

這一步很重要，既煽動了群眾的熱情，又堵住了朝廷裡反對派的嘴：疏浚西湖是杭州老百姓的期盼，別到時又說我是為了個人遊玩享樂。接著，蘇軾再以他三寸不爛之舌，上〈杭州乞度牒開西湖狀〉。

首先從西湖的歷史說起，得出「湖通則天下太平」的結論。其次，列出五條西湖不可廢的理由，分別是：西湖乃皇家放生地，**事關皇上萬壽無疆**，一不可廢；西湖關乎**全城居民用水**，二不可廢；西湖用於灌溉，**影響農業收成**，三不可廢；西湖**影響運河**，四不可廢；西湖影響釀酒泉水，**事關杭州二十多萬緡酒稅**，五不可廢。

算清西湖疏浚所需費用，需要三萬四千貫錢。蘇軾提出將利用之前節約的餘款，**自籌一半，並以工代賑**，解決部分飢民問題，剩下的就請朝廷支持了，也不必給錢，給一百道度牒即可，花小錢辦大事。辦法如此周到，朝廷想不答應也不行。

度牒是出家人的身分證明，出家人不用服兵役、勞役，不出身丁錢和其他苛捐雜稅，屬於寺院的田產免付租賦。

宋代度牒由中央政府專賣，當宋代人要出家時，須先買好度牒，才由寺院剃度。老百姓和地主買度牒，就能享受出家人的待遇，所以度牒賣得很貴。蘇軾向朝廷要的這一百道度牒就賣了一萬七千貫錢。

錢解決了，剩下就是執行的問題，蘇軾的組織能力更是出色，他特別善於用人。駐杭州的兩浙兵馬都監劉季孫，是與他志同道合的同僚，所用的兵工，完全由他調度；監杭州商稅的蘇堅，嫻習水道工程，蘇東坡委以重任；錢塘縣尉許敦仁，開西湖是他首先提的建議，且又是他所轄屬地區的分內公事，交給他不會錯。

至於工程的設計，藝術大師蘇東坡不需要假手於人，比如將疏浚出的大量淤泥，用以建築湖上的長堤，長堤上栽種花木楊柳，建小橋亭閣，這樣點染的自然之美構成了西湖十景中著名的「蘇堤春曉」和「蘇堤六橋」。

蘇軾的詩句「六橋橫絕天漢上，北山始與南屏通。忽驚二十五萬丈，老葑席捲蒼雲空」（〈軾在潁州，與趙德麟同治西湖，未成，改揚州。三月十六，湖成，德麟有詩見懷，次韻〉）就描述了這些美景。長堤貫通西湖的南北兩岸，大大縮短了遊玩西湖的往返距離，遊客出行更為便利，這就是今日的蘇堤。

至於如何使西湖中的雜草不再滋生，蘇軾又想出一個兩全其美的辦法：**將湖邊緣部分租給民眾種植菱角**，民眾若想種植菱角增加家庭收入，必須自己養護草地，同時官府將所得的租種費用和稅收收入用於湖堤的保養。

為了限制種植面積，蘇東坡在西湖中建造了三座小石塔，圍成一個水域，嚴禁民眾在此水域內種植菱角。這些小石塔就是現在西湖最為著名的美景「三潭印月」。

傳說西湖疏浚工程開工後七天的端午節，百姓挑來豬肉和酒答謝蘇軾，蘇軾讓人做成東坡肉後分給大家吃，這是杭州東坡肉的「身影」。可惜的是，這個傳說沒有證據。

忙到忘記回家，只好和堤工一起吃飯

自西湖工程開工之日起，蘇軾一有空就親自督察，奔走於礫石泥淖之中，他將錢塘門外大佛頭山石佛院的十三間樓，借作他的臨時辦公處。開工後七日是端午假日，各地遊人都到錢塘門和十三間樓來玩，蘇軾也還在那裡督工。

蘇軾看到湖上遊人如織，詞興大發，填了〈南歌子〉詞：

山與歌眉斂，波同醉眼流。遊人都上十三樓，不羨竹西歌吹、古揚州。

菰黍連昌歜，瓊彝倒玉舟。誰家水調唱歌頭，聲繞碧山飛去、晚雲留。

大意是：山色像歌女黛眉濃聚一樣碧綠，碧波就像人的朦朧睡眼一樣流淌。人們都愛登上十三樓，不再羨慕竹西歌吹的古揚州。吃著菰葉包的粽子和菖蒲菜，喝著玉杯中玉壺倒出的美酒，不知誰家唱起了水調歌頭，歌聲繞著青山飛去，晚雲又將它挽留。

雖然此詞沒有提到豬肉，也沒有提到東坡肉，但與美食有關的倒是不少。菰黍指的是粽子。菰，本指茭白，此處指裹粽的菰葉；黍指大黃米，兩者連起來就是菰葉裹大黃米的粽子。昌歜，當時以菖蒲嫩莖切碎加鹽以佐餐，名昌歜。瓊彝指玉製的盛酒器皿。玉舟是玉製的酒杯。

蘇軾也在此與民同樂，他督工時常忘記回家吃飯，生活一向簡單，史料有他與堤工同吃一樣飯菜的記載。南宋施德操《北窗炙輠錄》說：「築新堤時，坡日往視之。一日飢，令具食，食未至，遂於堤上取築堤人飯器，滿貯其陳倉米一器，盡之。」施德操是洛學弟子，二程洛學一向對蘇軾感冒，沒有美化蘇軾的動機，因此施德操這一記載可信。

蘇軾雖是個吃貨，但生活節儉簡單，只要有人送什麼好吃的，他都會寫下來。比如好朋友錢勰送給他江瑤，他寫信感謝，說：「惠示江瑤極鮮，庶得大嚼，甚快。」

吃到竹筍，他也寫信給錢勰：「新刻特蒙頒惠，不勝珍感。竹萌亦佳貺，取筍簟菘心與鱖相對，清水煮熟，用薑蘆服自然汁及酒三物等，入少鹽，漸漸點灑之，過熟可食。不敢獨味此，請依法作，與老嫂共之。呵呵。」說竹筍是個好東西，把竹筍、蕈菇、白菜心和鱖魚，用清水煮熟，加入薑、蘿蔔汁、酒等，分次撒鹽，熟了就可以吃了。這種美味我不敢私藏，請你按照這個方法做做看，跟家人一起享用。

妻弟王元直從眉山到錢塘來看望他，他在〈書贈王元直〉三首其一中記道：「十月十八日夜，與王元直飲酒，掇薺菜食之，甚美。頗憶蜀中巢菜，悵然久之。」這是吃薺菜時懷念起家鄉的巢菜，蘇軾在黃州時，巢谷開玩笑說是「吾家菜」，才有了元修菜的名稱。

「十一月二十八日，既雨，微雪。予以寒疾在告，危坐至夜。與王元直飲薑蜜酒一杯，醺然徑醉，親執槍匕作薺青蝦羹，食之甚美。他日歸鄉，勿忘此味也。」（〈書贈王元直〉三首其二）這是用薺菜與蝦肉做的一道羹，**蘇軾親自下廚**，他可是個不殺生的人，能親自下廚非常不簡單，看來確實是喝多了。最後還叮囑王元直「他日歸鄉，勿忘此味」，看來對自己的廚藝相當有自信。

當然不能排除蘇軾在杭州留下東坡肉做法的可能，其實他早在黃州時就把東坡肉的做法公開了，哪個地方都可以做東坡肉，何況這是他第二次來杭州。如果說「昌歜」這道菜太普通，沒有推廣意義，那麼就把「薺青蝦羹」好好宣傳一下——這道菜屬於杭州。

3 好茶就像美人

蘇軾曾官至三品翰林學士、杭州知州，待遇自然不低。知杭州期間，應該是他日子最優渥的時候，何況他生活一向極簡。當然，也有奢侈的時候，這主要體現在喝茶。

大家都知道蘇軾喜歡喝茶，所以會送茶給他。此時他還受皇家恩寵，能喝得到皇家的貢品密雲龍。密雲龍產自福建，這是時任福建轉運使賈清在元豐元年（一〇七八年）奉神宗詔，專門製作供皇室專享的御茶，神宗賜名密雲龍。

元祐五年（一〇九〇年）春天，時任福州轉運使的曹輔寄了一些茶給蘇軾，當然不可能是密雲龍，但也是品質很不錯的福建壑源山新茶，曹輔附上自己新寫的一首七律，蘇軾作〈次韻曹輔寄壑源試焙新芽〉答謝：

仙山靈草溼行雲，洗遍香肌粉未勻。明月來投玉川子，清風吹破武林春。
要知玉雪心腸好，不是膏油首面新。戲作小詩君一笑，從來佳茗似佳人。

壑源位於福建建甌。據宋子安《東溪試茶錄》，壑源是建安郡東望北苑之南山，「其絕頂四南下視建之地邑，民間謂之望州山。山起壑源口西，四周抱北苑之群山，迤逶南絕，其尾巋然，山阜高者為壑源頭……土皆黑墳，茶生山陰，厥味甘香，厥色青白」。

在宋代，這裡因為出產上等好茶而聞名。與蘇軾同代的梅堯臣、曾鞏也多有詩文詠賞，但都不如蘇軾**「從來佳茗似佳人」這一妙喻，這一句也成了評價好茶的絕好評語**。

除了喝茶，蘇軾在杭州的吃得普通、喝得普通。寒食節時，他吃到了饊子[2]，那時候叫「寒具」，還煞有其事的寫了一首詩，就叫〈寒具〉：

> 纖手搓成玉數尋，碧油輕蘸嫩黃深。夜來春睡濃於酒，壓褊佳人纏臂金。

在古代，寒食節要禁火三天[3]，於是人們會提前炸好一些環狀麵食，作為寒食節期間的快餐。因是為寒食節所準備，故而被稱作「寒具」，歷代還有粔籹、細環餅、撚頭等稱呼。

這種油炸環形麵食，形似手鐲，蘇軾由此聯想到春睡的佳人腕上的手鐲。讚美西湖，他用西施，說「**欲把西湖比西子**」（〈飲湖上初晴後雨〉）；欣賞茶葉，他說「**從來佳茗似佳人**」；說到寒具，他想到「**壓褊佳人纏臂金**」。飲食男女，蘇軾也不例外。

---

2 一種北方點心，為油炸麵食。

3 為紀念春秋時期晉文公重耳的輔臣介子推（介之推）而設。重耳想封賞介子推時，介子推已歸隱山林，其臣擅自放火燒山，想以此逼出介之推，最後卻發現介之推母子抱著槐樹被燒死。重耳難過至極，便規定每年此時不得生火。

這些比喻都寫在杭州，說明他在杭州時心情大好，人在情緒低落時，不會想到佳人。蘇軾的吃喝並不奢華，照理來說應該能存下來一點錢，但他一生貶謫時間太多，錢都用在路上了，謫官收入極低，而他經濟寬裕時又太大方。

他到杭州不久，杭州就遇飢荒，接著瘟疫，蘇軾立即實行兩項救濟措施：一是設置病坊，二是施藥。除了撥出結餘官錢兩千貫外，蘇軾又從家裡拿出黃金五十兩，在城裡的眾安橋設置病坊一所，取名「安樂」，遴選懂點醫術的僧人主持施醫的工作，還規定每年從田賦中留出病坊的常年經費。這堪稱中國歷史上第一所公立的慈善醫院，且由蘇軾個人贊助黃金五十兩。

〈與某宣德書〉載，有一范姓友人，送給蘇軾黃金五兩、銀一百五十兩，也都被他捐給安樂坊。有了錢，還得有藥。說來也巧，這藥方就在蘇軾手裡，是從巢谷手上得到的，蘇軾說：

其方不知所從出，得之於眉山人巢君谷。谷多學好方，祕惜此方，不傳其子，余苦求得之。謫居黃州，比年時疫，合此藥散之，所活不可勝數。巢初授餘，約不傳人，指江水為盟。余竊隘之，乃以傳蘄水人龐君安時。安時以善醫聞於世，又善著書，欲以傳後，故以授之，亦使巢君之名，與此方同不朽也。（節錄自〈聖散子敘〉）

原來，蘇軾謫居黃州的時候，黃州也發生過瘟疫，當時就是用此方製藥救人無數，當然也花了不少錢。巢谷傳給蘇軾這祕方時約定不許外傳，還對江水發誓，他卻乾脆的把祕方傳給善著書的龐安時，讓這祕方徹底公開。

不僅如此，他還自費修合藥劑——聖散子，施給貧窮的病人。聖散子的功效，蘇軾也有記載：

昔嘗覽《千金方・三建散》[4]云：風冷痰飲，症癖痎瘧，無所不治。而孫思邈特為著論，以謂此方用藥節度，不近人情，至於救急，其驗特異。乃知神物效靈……真濟世之具，衛家之寶也。

多才多藝的蘇軾，於醫術方面，還真有兩下子。

愛民如子的蘇軾，史料裡還留下不少他在杭州的趣事。何薳的《春渚紀聞》載，某人欠綾絹錢兩萬不償，被債主告到官府。蘇軾把被告傳來訊問，被告說：「我家以製扇為業，父親剛死，又遇今年入春以來，連雨天寒，所製的扇子賣不出去，並非故意不還。」

蘇軾看了他老半天，然後說：「姑且把你所製的扇子拿來，我來替你發個利市。」一會兒扇子取到，他選取白色夾絹團扇二十柄，拿起判官筆各寫行書、草字，畫枯木竹石，頃刻而盡。蘇東坡將扇子還給被告說：「拿去，趕快變錢還債。」那個人抱扇泣謝而出。一出府門，就被聞訊而至的人搶購，一扇賣一千錢，剛好可以還清。

《春渚紀聞》還說了一個「贗換真書」的故事：一次，所屬都商稅務查獲了一個逃稅人，此人是南劍州鄉貢進士吳味道，帶了兩大包私貨，上面寫著蘇軾的名字，送至「京師侍郎宅」。

4 指唐代醫學家孫思邈《備及千金要方》。

蘇軾問他內裝何物，此人實說道：「味道今秋忝冒鄉薦，鄉人集錢為赴省之贐。以百千就置建陽小紗，得二百端。因計道路所經，場務盡行如抽稅，則至都下不存其半。心竊計之，當今負天下重名而愛獎士類，唯內翰與侍郎耳。縱有敗露，必能情貸。」

他說的侍郎，就是蘇轍，原來是假冒蘇軾的名義送東西給蘇轍，目的是在進京趕考的路上逃避稅收。這個吳味道，不知道此時蘇轍已從吏部侍郎升為翰林學士、吏部尚書，所以一下子就露餡。蘇軾聽後很同情，叫筆吏另加包封，寫上自己名銜送「京師竹竿巷蘇學士收」，並手書一封信給蘇轍，交給吳味道。這個吳味道，後來果然考中，自是一番感謝。

知杭州這兩年，蘇軾遠離朝廷鬥爭，是人生中極為開心的一段時光。然而，朝廷裡並不因為蘇軾的離去而太平，原本的左右相呂大防、范純仁，在言官們一輪輪攻擊下，范純仁被劉摯取代，朔黨黨首劉摯終於攀上政治高峰。

為了防止朔黨繼續壯大勢力，太皇太后一面重用蘇轍，以蘇轍為中大夫守尚書右丞，相當於副宰相，一面以翰林學士承旨知制誥召蘇軾回朝。

元祐六年二月二十八日詔下杭州，這一年蘇東坡五十六歲。他在杭州的時間只有一年十個月，但即便他有十萬個不願意，卻也無奈。

接任的是知潤州（今江蘇省鎮江市潤州區）的林希，這人也是蘇東坡的好朋友，兩人在杭州詩詞唱和特別多。交接工作時，他還希望對方能完成自己任上的工作。

然而事實證明，蘇東坡不太會看人。這個林希，蘇軾多次向朝廷推薦，卻也是關鍵時候對他下狠手的角色。

第十章

處處皆可安身立命

1 每次飯後，都要用茶漱口

元祐六年（一〇九一年）三月初九，蘇東坡離開杭州，經吳淞江到蘇州、揚州、潤州、商丘，於五月底入京。一路上他再三上書，請求太皇太后讓他到地方任職，即便是到一個軍事州也行，他對京城裡的政治鬥爭徹底失望，也極不願意面對。

但**太皇太后此次召蘇軾回京，目的就是牽制以劉摯為首的朔黨勢力**，蘇東坡外放的請求越懇切，太皇太后對蘇家兩兄弟的信任就越堅決，便駁回所有的請求。

為了表示請辭的決心，蘇東坡此次赴京沒帶家眷。抵達京城後，為表示自己仍是外官，並沒有住進蘇轍官邸，而是寄居於開封城內興國寺浴室院，繼續上書乞請外放，但一切都是徒勞。

六月一日，降旨宣召再入學士院，四日又奉詔兼侍讀。六月中旬，蘇東坡不得不搬到東府，與蘇轍同住。

另一方面，劉摯也為圍剿蘇家兩兄弟布下天羅地網，擢升與蘇東坡有極大矛盾的洛黨賈易為侍御史。然而明知山有虎，卻不得不向虎山行，此次應召回京，他本來就沒想在京城裡待下去，體面一點就是主動請求外放被允許，大不了就是一番鬧事，結果也是外放。既然如此，不如主動出擊。

於是蘇東坡上〈再乞郡劄子〉揭穿劉摯的陰謀，並細數從前他與賈易之間的嫌怨，堅乞外放州郡，避免發生糾葛，他說：

賈易，（程）頤之死黨，專欲與頤報怨。因頤教誘孔文仲，令以其私意論事，為文仲所奏，頤既得罪，易亦坐去。而易乃於謝表中誣臣弟轍漏洩密命，緣此再貶知廣德軍，故怨臣兄弟最深。臣多難早衰，無心進取，豈復有意記憶小怨？而易志在必報，未嘗一日忘臣。

其後召為臺官，又論臣不合刺配杭州凶人顏章等。今既擢貳風憲，付以雄權，升沉進退，在其口吻……不久必須言臣，並及弟轍。轍既備位執政，進退之間，事關國體，則易必須扇結黨與，再三論奏，煩瀆聖聽。

惡人肯定會先告狀，而對付惡人的手段就是在他告狀前揭穿他。只能說蘇東坡學精了，反正此回避無可避，狹路相逢勇者勝，不如直接開打。

不過，架要吵，生活也還得繼續。他的日常工作是撰寫各種公文，閒來的消遣就是與王詵、王鞏、黃庭堅、秦觀等不在政治核心的老朋友一起作詩、品畫。

看畫也能看出畫中人的籍貫？

南宋岳珂在《桯史》上記載了一段蘇東坡看畫判斷畫中人籍貫的故事，有些匪夷所思，卻又有理有據，讓人信服。

黃、秦諸君子在館。暇日觀畫，山谷出李龍眠所作〈賢己圖〉：博弈、樗蒲之儔咸列焉。博者六七人，方據一局，投進盆中，五皆[illegible]，而一猶旋轉不已，一人俯盆疾呼，旁觀皆變色起立，纖穠態度，曲盡其妙，相與嘆賞，以為卓絕。適東坡從外來，睨之曰：「李龍眠天下士，顧乃效閩人語耶！」眾咸怪，請其故，東坡曰：「四海語音言『六』皆合口，唯閩音則張口，今盆中皆『六』，一猶未定，法當呼六，而疾呼者乃張口，何也？」龍眠聞之，亦笑而服。

說的是李公麟畫的〈賢己圖〉，畫名看似好聽，其實是一幫賭徒聚賭的畫面。這幫賭徒賭的是骰子，而五個骰子都停在了六點，最後一個骰子還在不停滾動。

畫中賭徒姿態各異，十分傳神。黃庭堅、秦觀等人在看〈賢己圖〉時，對李公麟的畫技讚嘆不已。這時候，蘇東坡從外面回來，只是隨便瞅了一眼，就說：「李公麟為啥畫了個福建人？」大家問他為什麼這麼說，怎麼看出人的籍貫？蘇東坡解釋：如果最後一個骰子也是六，就是豹子[1]，通吃。所以，這個在賭桌邊大呼小叫的人，一定是在喊「六！六！六！」而全國各地的口音說「六」的時候，都是閉嘴的，只有福建人說「六」時會張嘴。後來有人找李公麟求證，李公麟也十分嘆服，因為他畫的真是一個福建人。

現在還流行於福建的中秋博餅[2]，就是用六粒骰子，看來正是宋代的遺風。

看畫能看出畫中人的籍貫，這叫眼力。除此之外，蘇東坡還是個對護牙頗有心得的人，但這不能叫「吃力」。**古人沒有牙刷，也沒有牙膏，潔牙是個大問題，而漱口是常用的手段**。

茶葉香氣濃郁，用來漱口是不錯的選擇，蘇東坡就曾寫〈漱茶說〉，其中講道：

每食已，輒以濃茶漱口，煩膩既去，而脾胃不知。凡肉之在齒間者，得茶浸漱之，乃消縮不覺脫去，不煩挑刺也。而齒便漱濯，緣此漸堅密，蠹病自己。然率皆用中下茶，其上者自不常有，間數日一啜，亦不為害也。此大是有理，而人罕知者。故詳述云。

意思是：每次飯後，用濃茶漱口，口內油膩得以去除，脾胃也不會受到損傷。齒縫間的肉絲，經過茶水漱口之後也會脫落，不需要再剔牙。牙齒得茶漱洗，也會漸漸堅固密實，蛀牙之類的疾病也會慢慢好轉。漱口的茶用中下等的就好了，上等茶不常有，幾天漱一次沒有壞處。這個道理知道的人不多，所以我把它寫出來。

此時劉摯正指揮著兩個無恥小人，對蘇東坡發動一輪輪猛攻。蘇東坡來京時，特意實地勘察浙西災情，到京之後，就上箚子報告，太皇太后詔准賜米百萬石、錢二十萬緡救災。侍御史賈易即與楊畏、安鼎聯銜疏論：「蘇軾所報浙西災傷不實，乞行考驗。」

賈易這一招很毒，他們乞行考驗，朝廷不能不同意，但一經查驗，地方官若為推卸責任而掩飾災情，不敢實奏，那麼蘇東坡將被冠奏報不實的罪名，浙西的飢民也得不到救援，不知有多少人會餓死。

---

1 所有骰子正面均相同。

2 投擲六粒骰子，以組合結果決定參與者的獎品，傳統上獎品為月餅。

不過，蘇東坡這次有備而來，賈易的上級是御史中丞趙君錫，以他的職位，幫忙講一兩句話就會產生不一樣的結果，而趙君錫與蘇東坡的關係不錯，便立刻派人去見趙君錫，求一言以助。

這是一步險棋，御史中丞是言官的首領，必須有獨立思考的意識，被諫官員勾結御史中丞，可是大忌，除非兩人私交極好，有辦法保守此祕密。這個思路沒問題，但問題出在蘇東坡不懂看人的毛病上：被他視為朋友的趙君錫，此時已投靠劉摯。趙君錫聯合賈易羅織許多罪名，最致命的是蘇東坡書於揚州竹西寺的那首小詩，賈易狀說：先帝崩逝，人臣當泣血號慕，蘇軾卻作詩自慶。

蘇東坡〈歸宜興留題竹西寺〉確實流露出高興的情緒，那是因為他求改謫常州被允許而開心，卻被硬說成是因宋神宗駕崩。加上趙君錫狀告蘇東坡仗勢頤指御史中丞與侍御史自相攻擊，也確實是把柄。

太皇太后自然不會懷疑蘇東坡的忠心，雖然這很明顯是誣陷，但事已至此，她也不得不交給宰相們處理。太皇太后想嚴懲構陷蘇東坡的賈易和趙君錫，而劉摯則千方百計護著這兩人，左右相呂大防、劉摯最終妥協為「兩罷」，太皇太后也只能同意，於是降旨：翰林學士承旨侍讀蘇軾為龍圖閣學士知潁州，侍御史賈易以本官知廬州，後改宣州。至於御史中丞趙君錫，也被降為吏部侍郎。

蘇東坡這次還朝，在京不滿三個月，不過，就在蘇軾被罷潁州後，劉摯也反過來被楊畏告發，太皇太后於是罷了他的右相。

2 超然如蘇東坡也想成仙

蘇東坡於元祐六年（一〇九一年）八月廿二日到任潁州。

面對這次再度離京，他沒太多遺憾，畢竟他本就不想回京。在惜別蘇轍的詩中，他說「想見冰盤中，石蜜與柿霜」（〈感舊詩〉）。意思是，自己現在還能從潁州溯江回鄉，重嘗家鄉名產石蜜與柿霜，而老弟蘇轍就不知何時才可以了。

對能知潁州，蘇東坡還算滿意，他的恩師**歐陽修四十三年前曾知潁州，並因喜歡潁州這個地方的風土，致仕後就定居於此**。他在到任謝上表裡說：「文獻相續，有晏殊、歐陽修之遺風。顧臣何人，亦與茲選。」

更重要的是，喜歡熱鬧的他，在潁州有不少老朋友。副手通判趙令畤就是他在杭州時的老朋友，蘇東坡非常欣賞他的幹練和才華，說他「吏事通敏，志節端亮」；潁州州學教授陳師道，元祐初，由於蘇軾推薦才以布衣身分出任徐州教授，算是蘇門中人，此時剛好在潁州，真是冥冥之中的安排；恩師歐陽修家的兩位公子歐陽棐和歐陽辯，此時也在家丁母憂。

在潁州期間政務清閒，蘇東坡經常邀客飲酒作詩，雖然**只有半年時間，卻留下六十多首詩詞**。

遺憾當然也有，那就是潁州這個地方窮了點，可以用於接待的公使錢太少，不足杭州的三分之一，這讓他想到在密州採枸杞、菊花充飢的日子。但在〈到潁未幾，公帑已竭，齋廚索然，戲作數句〉中，他說「幸此一郡老，依然十年初」。幸好此時的蘇東坡是三品大官，待遇不低，加上在京時太皇太后多有賞賜，過日子不成問題。

最值得高興的是，他知杭州時的同事兼好友劉景文來訪。這位劉景文，就是協助他疏浚西湖的兩浙兵馬都監，蘇東坡曾向朝廷極力推薦，這次得改換為文官，除知隰州，於是順道拜訪。

蘇東坡在〈喜劉景文至〉中說「我聞其來喜欲舞，病自能起不用扶」。兩人重逢，不需要什麼客套，「相看握手了無事，千里一笑毋乃迂」。知杭州的日子十分開心，自是一番回憶和惦記，「新堤舊井各無恙，參寥六一豈念吾？」

蘇東坡最留戀的也是杭州，所以他在詩中說「平生所樂在吳會，老死欲葬杭與蘇」，希望死後葬在杭州、蘇州。這是讚美，對古人來說，死後要葬在哪裡，是非常複雜和重要的大事。

在潁州的時間雖然短，蘇東坡也辦了不少事。一是向朝廷上〈論八丈溝利害不可開狀〉，**取消開八丈溝**這個對地方不利的計畫；二是**興修水利工程**，奏請朝廷將原來派修黃河的夫役，留一萬人開掘轄內的溝洫，構築清河三閘，通焦陂水，浚治潁州西湖。是的，潁州也有西湖。這些工程雖在他離任以後才陸續完成，但主要功勞還是歸於蘇東坡。

三是**賑災**，這一年，與潁州相鄰的廬州、濠州、壽州都大鬧飢荒，難民湧向潁州。在通判趙令時的大力協助下，開義倉積穀數千石予災民，又以原價將數十萬秤的柴賣給貧民；四是**緝盜**。有個強盜叫尹遇，與人結夥，招搖過市、劫財劫人，凶悍無比。

蘇東坡知道部屬汝陰縣尉李直方素有才幹、忠勇負責，就將此事責成於他，許諾他「君能擒此賊，當向朝廷力言，給予優賞」。後來李直方果真把尹遇抓獲，他也向朝廷上書，請求獎勵李直方，可惜礙於制度，朝廷無法兌現蘇東坡對李直方的承諾。後來，蘇東坡應遷升朝散郎一官時，也請求朝廷特開恩例，將此官位讓給李直方，但這也不被應允。

少數傳世的蘇軾真跡

說到蘇東坡潁州的工作和生活，不得不提通判趙令畤，他是蘇東坡在潁州的得力助手，讓蘇東坡省心不少，生活上也多了個陪伴。

據趙令畤《侯鯖錄》載，在潁州時，雖因公使錢太少，無法安排公務接待，但蘇東坡仍樂於在家中用詩酒宴請賓朋，連王夫人也幾乎變成了詩人。

正月十五夜，梅花盛開，月色如水，王夫人看他獨坐無聊，便說：「春月色勝如秋月色，秋月色令人淒慘，春月色令人和悅，何如召趙德麟輩來，飲此花下？」蘇東坡大喜，邀了趙令畤來飲酒，還用王夫人的語氣，作〈減字木蘭花〉詞：

春庭月午，搖盪香醪光欲舞。步轉回廊，半落梅花婉娩香。

輕雲薄霧，總是少年行樂處。不似秋光，只與離人照斷腸。

趙令畤的身分是王族，是安定郡王趙君平的侄子，趙君平用黃柑釀了酒，取名「洞庭春色」，送了一些給趙令畤，趙令畤就帶來送給蘇東坡，他因此作〈洞庭春色賦〉：

吾聞橘中之樂，不減商山。豈霜餘之不食，而四老人者遊戲於其間。悟此世之泡幻，藏千里於一斑。舉棗葉之有餘，納芥子其何艱，宜賢王之達觀，寄逸想於人寰。嫋嫋兮春風，泛天宇兮清閒。吹洞庭之白浪，漲北渚之蒼灣。攜佳人而往遊，勒霧鬢與風鬟，命黃頭之千奴，卷震澤而與俱還。糅以二米之禾，藉以三脊之菅。忽雲蒸而冰解，旋珠零而涕潸。翠勺銀罌，紫絡青綸，隨屬車之鴟夷，款木門之銅鐶。分帝觴之餘瀝，幸公子之破慳。我洗盞而起嘗，散腰足之痺頑。盡三江於一吸，吞魚龍之神奸，醉夢紛紜，始如髦蠻。鼓包山之桂楫，扣林屋之瓊關。臥松風之瑟縮，揭春溜之淙潺，追范蠡於渺茫，吊夫差之煢鰥。屬此觴於西子，洗亡國之愁顏。驚羅襪之塵飛，失舞袖之弓彎。覺而賦之，以授公子曰：烏乎噫嘻，吾言誇矣，公子其為我刪之。

大意是：我聽說在橘林中遊玩，必定會提到商山（今陝西省商縣東南）。怎能說霜後的橘子不能吃，秦末漢初東園公等四位老人不是在橘林中遊戲嗎？感悟這人世間的泡影，把千里江山隱藏在一瓣橘子的斑點之中。手舉大棗的葉子很容易，蒐集芥子卻很困難。應該要像賢德的安定王這樣豁達開朗，把超脫的想像寄託於人世間。

猶如嫋嫋的春風，清閒的飄蕩在天宇之上。吹動洞庭的滔滔白浪，漲滿了北方大河的蒼灣。攜著佳人一起去那裡遊覽，讓清風吹拂我們的鬢髮。讓黃色的駿馬帶領許多隨從，掀起震撼湖澤的威力，與之一起奔騰而來。摻揉上江米和大米的稻草，鋪上三稜形的菅草。忽然間蒸氣升騰冰水化解，隨即釀出的酒猶如珍珠，又像淚水一樣滴落下來。用鑲著翡翠和銀質的酒器，穿戴裝飾著紫色珠絡的青色綸巾。隨著運酒車上的酒囊，叩敲木門上的銅環。

分享帝王酒觴裡剩下的那一部分殘酒，所幸的是公子德麟並不吝嗇。我急忙洗淨了酒杯起來品嘗，驅散腰腿麻木憋痛的頑疾。好像三江的大水都在這一口豪飲之中，氣吞大江中的魚龍和神鬼。忽而如醉，忽而如夢，腦子裡景色紛紜，開始變得有些瘋瘋癲癲。搖起用包山上桂樹做成的船槳，叩開林間瓊樓仙屋的門。醉臥在凜冽松風中瑟瑟的縮緊身體，掬起春天裡潺潺的清泉。

追隨春秋時期越國的名士范蠡到渺茫的幻影之中，追憶和憑弔吳王夫差那孤單的身影。叮囑不幸的西施姑娘用這杯酒，洗刷因亡國愁怨而衰老的容顏。

跌跌撞撞的趕路，衣服鞋襪驚起陣陣滌塵，失去了舞動袍袖、彎腰弓背的姿勢。醒來後作了這篇賦，呈送給公子說：「哈哈！我的話誇張誇大了，敬請公子替我作些刪改。」

蘇東坡這是**借酒抒懷：仕途坎坷又如何？不如意就該豁達開朗，飲酒為樂**。在作此詩後三年，蘇東坡被貶嶺南，路經襄邑（今河南睢縣）時下大雨，他將這〈洞庭春色賦〉和另一首寫酒的〈中山松醪賦〉一併作書，加上後記總計六百八十四字，為其傳世墨跡中字數最多的。

這幅書法在乾隆時入清內府，刻入《御刻三希堂石渠寶笈法帖》[3]；溥儀遜位，被輾轉藏入偽滿皇宮博物院[4]；一九四五年散失民間；一九八二年十二月上旬被發現，並入藏吉林省博物館，是不可多得的蘇東坡傳世真跡。

3 乾隆時期編刻的一部大型叢帖。
4 滿洲國帝宮舊址上設立的宮廷遺址型博物館。

超然且從容的蘇東坡，此時也想到「成仙」一事。他寫信給知河中（今山西省永濟市蒲州鎮）的朋友蒲廷淵：

河中永洛出棗，道家所貴，事見《真誥》。唐有道士侯道華，嘗得無核者三，食之後，竟竊鄧太主藥上升。君到彼，試求之，但恐得之不偶然，非力求所能致耳。

蘇軾在知徐州前曾被任命至河中府，擦肩而過。好朋友蒲廷淵知河中，讓博學的蘇東坡想到《真誥》裡的故事：河中永樂縣有個道淨院，在唐文宗時，道士鄧太玄在此煉成丹藥，由於懷疑沒有成功，便留貯在院內。鄧太玄死後，門徒周悟仙主院事，這時有個叫侯道華的道士，專門侍候周悟仙，眾道士也隨便使喚他。侯道華好經史、讀子集，手不釋卷，眾人問他為什麼讀這麼多書，他說：「天上無愚懵仙人。」

河中府盛產大棗，但無核棗每年不過一兩顆，「道華比三年輒得啖之」，連吃了三年。一天，侯道華從市中喝醉歸來，偷了鄧太玄煉的丹藥吃下，用力砍院前的松樹說：「不要妨礙我飛到高處去。」七天後，松樹上有雲鶴出現，並傳出笙歌，侯道華飛坐在松頂，揮手成仙而去。

蘇東坡認為，侯道華成仙與他吃的丹藥有關，也許與無核棗也有點關係。

無核棗是核嚴重退化的棗，其棗核部分無棗仁，只剩核膜，可以食用。用現代農業科技可以輕易做到，但古時當然少之又少。他不是真想成仙，而是出於好奇，請蒲廷淵幫忙找找。

此時的蘇東坡，安逸得很！

3 品茶有三點

蘇東坡在潁州安逸的任期只有半年，元祐七年（一〇九二年）正月底，朝廷告下，調蘇軾以龍圖閣學士充兵馬淮南東路鈐轄知揚州軍州事。原來，上一任李承之去世，也許是太皇太后想照顧一下蘇軾，畢竟揚州地屬江南，再怎麼差都比潁州好一些。

蘇東坡在三月二十六日到揚州任上，這一年他五十七歲。其實，揚州不比潁州好多少，比如用於接待的公使錢，每年只有五千貫，比杭州少兩千貫，而揚州也是東南大都會，招待、饋贈、迎送的開銷很大，五千貫錢實在不夠。蘇東坡向朝廷上〈申明揚州公使錢狀〉，要求增加兩千五百貫。

向朝廷伸手，蘇東坡一向很有辦法，一般是開口時要多一點，經批准、刪減預算後，數量就差不多。同時，他也幫朝廷想好錢的來處，「系省官醋務錢內撥二千五百貫元額錢」。**宋代的醋也是由官方壟斷**，從本地賣醋錢裡撥付。不過，未等朝廷回覆，他又被調回京。

蘇東坡在揚州的副手通判，是他的學生晁補之，這讓蘇軾處理州務時輕鬆很多。但揚州的事也是真多，蘇軾剛到任就忙個不停，先是停辦了正在轟轟烈烈籌備的萬花會：**洛陽以牡丹聞名天下，宋代揚州則是芍藥**，蔡京在知揚州時，當地每年萬花會一次會用上十餘萬枝花。儘管盛況空前，但胥吏緣此為奸，以此名義剝削老百姓，蘇東坡說「以一笑樂，為窮民之害」，毅然禁止，雖然他心裡也知道這是大煞風景的事情。

再是**根據淮南、兩浙災情，上書請求寬延百姓的欠款一年，並得到朝廷的支持**。蘇東坡高興的為此賦詩「詔書寬積欠，父老顏色好。再拜賀吾君，獲此不貪寶」（〈和陶飲酒〉其十一）。

三是**整治漕運**，上〈論綱梢欠折利害並劾倉部金部發運轉運官吏情罪狀〉，揭露官船夾帶私貨、偷盜官糧，狀請朝廷撤銷倉法，追問金部官吏不取聖旨、擅自立法、盤剝兵梢的罪行，清查並追究發運轉運司吏的責任。

這個時候的蘇東坡，像個鬥士，親民除弊，渾身長滿了刺，不怕得罪人，是他職業生涯中極為積極、主動作為的一段時期。這可能與他的最大政敵劉摯被罷相有關。

左相依然是不結黨的老好人呂大防，右相是范仲淹的兒子范純仁，另一位宰相是蘇東坡的好朋友蘇頌，也就是烏臺詩案中與他同被關在御史臺獄中的那位。蘇轍也擔任副相，正所謂朝中有人好做官，此時的蘇東坡往朝廷上報的狀多，言語也頗激烈。從蘇東坡留下來的文字，我們可以看到在揚州這半年，他的生活品質遠遠沒有在潁州時好，飲宴不多、訪客更是少之又少。

江東兩浙轉運副使毛正仲送了茶葉給他，他賦了一首〈到官病倦，未嘗會客，毛正仲惠茶，乃以端午小集石塔，戲作一詩為謝〉：

我生亦何須，一飽萬想滅。胡為設方丈，養此膚寸舌。爾來又衰病，過午食輒噎。
謬為淮海帥，每愧廚傳缺。爨無欲清人，奉使免內熱。空煩赤泥印，遠致紫玉玦。
為君伐羔豚，歌舞菰黍節。禪窗麗午景，蜀井出冰雪。坐客皆可人，鼎器手自潔。
金釵候湯眼，魚蟹亦應訣。遂令色香味，一日備三絕。報君不虛受，知我非輕啜。

作為一名吃貨，他說「我生亦何須，一飽萬想滅」，一生沒什麼牽掛，只要能飽餐一頓就能放下一切；「爾來又衰病，過午食輒噎」，到了揚州後又老又病，過了中午就吃不下東西，這是身體不允許；「謬為淮海帥，每愧廚傳缺」，揚州公使錢不夠，也不可能大擺宴席，是條件不允許。

但是，端午節逢毛正仲送來好茶，這個節也得好好過，於是「為君伐羔豚，歌舞菰黍節」。羔豚泛指佳餚，菰黍指粽子，**菰黍節便是端午節**。吃不是重點，喝好茶才是，而喝好茶必須有好水。

詩中的「蜀井出冰雪」，蜀井並非四川的一口水井，而是井名，古稱「蜀岡第一泉」，位於揚州市區西北郊大明寺附近，江蘇揚州西北四里處。蘇東坡在〈書六合麻紙〉一文中提到「揚州有蜀岡，岡上有大明寺井，知味者，以謂與蜀水相似。西至六合，岡盡而水發，合為大溪」。

有了好茶好水，石塔寺窗外是美麗、富有詩意的午後景色，一起品茶的客人在盛水的鼎器中洗淨雙手，準備品茶。**古人品茶講究「三點」和「三不點」，包括品茶環境、茶葉和器具，以及品飲者的修養**，都是品茶時需要考慮的。

三點中，新茶、甘泉、潔器為一點，天氣好為一點，風流儒雅、氣味相投的佳客又為一點。相反的，茶不新、泉不甘、器不潔，景色不好，品茶者缺乏教養、舉止粗魯，則為三不點。

至於「候湯眼」，魚眼、蟹眼等烹飪訣竅，色香味等品鑑方法，蘇東坡是例行交代一下，讓毛正仲知道：自己喝茶可是認真的，你不是「虛受」我的答謝之情，而自己也「輕啜」。

從這首詩中，我們可以看出蘇東坡的心情並不是很好，朋友們的往來變少了，熱鬧場面也不多。這固然與好友們一個個離世有關，也與政局正在醞釀一場即將到來的變化有關。

太皇太后垂簾聽政七年，舊黨在太皇太后的領導下理政，然而宋哲宗已經漸漸長大，親政指日可待，未來又會如何？受太皇太后恩寵，此時滿身是刺的蘇東坡，大家會不會有意與他保持距離？他是否意識到即將面臨的隱憂？

當然也有例外，比如蘇東坡藝術上的同道中人米芾就不管那麼多。這一年米芾從潤州（今江蘇鎮江）州學教授改授雍丘（今河南杞縣）縣令，從鎮江北上路過揚州時，就專程前往拜謁蘇東坡。據趙令畤《候鯖錄》卷七載：「東坡在淮揚，設客十餘人，皆一時名士，米元章在焉。酒半，元章忽起立，云：『少事白吾丈，世人皆以芾為顛，願質之。』坡云：『吾從眾。』坐客皆笑。」

蘇軾設宴招待米芾，找了不少名士作陪，米芾為人行事一向與眾不同，人稱「米癲」，酒喝到一半，米芾想讓知交為其辯解，蘇東坡笑著說：我同意大家的意見！座上客狂笑不已。

但這樣歡樂的日子並不多，就在這一年四月，十八歲的哲宗大婚，又緊鑼密鼓的籌辦冬季親行郊祀[5]之禮，這是哲宗親政前的重要活動。在這個重要的時刻，太皇太后又想起他，於是在八月中下詔揚州，召蘇軾還京為兵部尚書，兼差充南郊鹵簿使[6]。

因有郊祀的差遣，所以屢詔催促，不得遷延。蘇軾知揚州只有半年，又要離開，到充滿是非的京城，雖然心裡十萬個不願意，奈何推辭不得，只得匆匆交接，九月初就離開揚州，赴京去了。

5 古代帝王在郊外祭祀天地的典禮。
6 皇帝出行時的儀從和警衛。

4 身處朝中的最後饗宴

這次被召回京，最緊急的任務是參與宋哲宗年底的郊祀典禮，也就是由哲宗率領群臣到景靈宮，向歷代帝后的御容行禮，謂之「朝獻」，再到開封府城南熏門外的南郊壇祭天，這是哲宗皇帝親政前的重要環節。太皇太后把她心儀的人選通通召回，參與這一重要活動，向哲宗皇帝「交班」，希望這些人能繼續受重用。

這種任務推辭不得，但蘇東坡對於再次進入權力中樞一點興趣都沒有，在赴京途中，他就上〈任兵部尚書乞外郡劄子〉，朝廷不但不允，而且給他加了「侍讀學士」的頭銜，不僅要做好兵部尚書的工作，還要幫皇帝講課。

到了京師，蘇軾和上次一樣，仍住在興國寺的東堂，表示郊祀典禮結束後，仍要求外放，不想留在京師招惹是非。

南郊祀典一過，他便立即奏乞到越州任職。然而朝廷告下，蘇東坡詔遷**端明殿學士兼翰林侍讀學士、禮部尚書，這是他仕途的天花板，地位僅次於宰相**。雖然百般不情願，但他也只能硬著頭皮幹。一開始，蘇東坡頗能感受到被重視，這從他參加元宵節的傳柑宴並賦詩〈上元侍飲樓上三首呈同列〉（一作〈正月十四日夜扈從端門觀燈三絕〉）中可以看出：

其一

澹月疏星繞建章，仙風吹下御爐香。侍臣鵠立通明觀，一朵紅雲捧玉皇。

其二

薄雪初消野未耕，賣薪買酒看升平。吾君勤儉倡優拙，自是豐年有笑聲。

其三

老病行穿萬馬群，九衢人散月紛紛。歸來一盞殘燈在，猶有傳柑遺細君。

這一年，大宋的糧倉江淮兩浙大豐收，蘇東坡高興的說「自是豐年有笑聲」，正月十四日、元宵節前的一天，「薄雪初消野未耕，賣薪買酒看升平」，看到國泰民安的景象，自己雖「老病行穿萬馬群」，但也與民同樂，「九衢人散月紛紛」。更重要的是，參加宣德樓御宴後，「歸來一盞殘燈在，猶有傳柑遺細君」。詩中的細君指妻子，飲宴之後，貴戚給赴宴的人送了柑，蘇軾便將宮廷的禮物帶給在家中等候的妻子。

這「傳柑」有何用意？蘇東坡自注：「侍飲樓上，則貴戚爭以黃柑遺近臣，謂之『傳柑』，聽攜以歸，蓋故事也。」原來，這是宋代以前的一種習俗，所以說是「故事」。元宵佳節，皇上請吃飯，**皇親國戚會送黃柑給近臣，這不僅僅是禮節，更是一種認同，說明受柑者都是有背景的人**。

既然是皇親國戚的近臣，當然值得吹捧一番，我們在宋詞中就可以看見不少傳柑典故，特別是南宋偏安一隅的君臣們，更以接近權力中心，有資格參加傳柑宴為榮。

蘇東坡用傳柑的典故頗多，在他的詩詞裡，**傳柑有時是榮耀**，高興的賦幾句，比如上述這首詩；**有時又避之不及**，比如在〈失調名・上元詞〉中，蘇軾寫到「拼沉醉、金荷須滿，怕年年此際，催歸禁籞，侍黃柑宴」，他對靠近權力中樞時的勾心鬥角感到恐懼。

數年後他被貶海南、與幼子蘇過相依為命，仍念念不忘傳柑宴，在〈上元夜過赴儋守召獨坐有感（戊寅歲）〉中寫道：「燈花結盡吾猶夢，香篆消時汝欲歸。搔首淒涼十年事，傳柑歸遺滿朝衣。」幾枚小小的黃柑，見證了人世間的繁華轉瞬、浮浮沉沉。

太皇太后辭世，哲宗皇帝親政

平靜的日子才過了半年，又有麻煩找上門。元祐八年（一〇九三年）三月，御史董敦逸連續四狀攻擊蘇東坡，接著御史黃慶基連續三狀彈劾蘇軾，這次被冠上的罪是「洛黨稍衰，川黨復盛」，指蘇東坡援引四川人和他的親戚入朝為官，培養個人權勢。此外，又找了一些瑣碎且毫無根據的事，沿襲熙寧、元豐間李定、舒亶等人的讒言，和元祐以來朱光庭、趙挺之、賈易之流的誹謗，拼拼湊湊，誓把蘇東坡拉下臺。

御史們總與他過不去，告狀也毫無新意，這種無根據的陷害，連大好人左相呂大防也看不下去了，太皇太后更是氣憤，最終罷董敦逸知臨江軍，黃慶基知南康軍。

被御史們中傷是小事，即將親政的哲宗皇帝對舊黨的厭惡才是大麻煩。

在侍讀的日子裡，蘇東坡發現，成長中的哲宗皇帝，相別雖僅四、五年，面目卻已完全不同。太皇太后剛剛垂簾聽政時，朝廷大臣都當他是個不足論事的小孩，非但沒有讓他插手實際政務，連向他解釋事情都覺得多餘，即便哲宗想問點什麼，大臣們也不怎麼理他。這種風氣自司馬光在世時就是如此，現在皇帝漸漸長大了，自己的權威遭到無視，他怎能沒有意見？

蘇東坡在侍讀時意識到哲宗怪異的態度，不願聽言的淡漠神情，於是千方百計循循善誘。然而，一切都是徒勞，哲宗皇帝因心裡反抗，與太皇太后任用的舊臣間，已經築起了一座隔閡的高牆，對任何一個元祐大臣都心生排斥，蘇軾也不例外。

屋漏偏逢連夜雨，先是蘇軾夫人王閏之在八月初一病逝，九月初三，太皇太后駕崩。太皇太后患病期間已經意識到哲宗皇帝的態度，但她也知道一切無可挽回，她對宰相們說「老身病勢有加，與公等必不相見；公等亦宜及早求退，令官家別用一番人」。

大臣們個個束手無策，蘇東坡此時卻放手一搏，他聯合另一侍讀學士范祖禹進〈聽政劄子〉，對哲宗皇帝訴說太皇太后對天下、對皇帝的恩德，希望哲宗不被小人的讒言蠱惑，不被那批失意在外的新黨政客離間。

然而形勢已經不可逆轉，這一年九月，朝廷告下，蘇軾罷禮部尚書任，以兩學士充河北西路安撫使兼馬步軍都總管、出知定州軍州事，蘇軾想和哲宗皇帝告別也被拒見。

政局變化的趨勢，徵兆已現。蘇東坡心裡明白，他們的失敗已是無可避免，年初的傳柑宴，竟是他最後的盛宴。

5 能吃上美食，苦痛都會消失

這次在京待了約一年，元祐八年（一〇九三年）九月底，五十八歲的蘇東坡離京赴定州，於同年十月二十三日到定州任上。

定州即今天河北保定的定州市，此地因與遼交界，成了邊防重鎮。如此偏遠的地方，沒有朋友，這對愛熱鬧的蘇軾來說是一個大問題，因此，他奏請兩位朋友同行：一是工詩的李之儀，蘇東坡在黃州時曾寫信給他，於是保薦他來當簽書判官廳公事；二是同鄉孫敏行，則擔任其幕僚。

儘管已是風雨欲來，此時朝廷還是舊黨的天下，執政的都還是「自己人」，朝廷便同意了。定州的兩位通判滕希靖（興公）、曾仲錫也與他相處融洽。蘇東坡剛到定州時，過得還算舒適，這從李之儀《姑溪集》的其中一段跋便可略知一二：

> 中山控北虜，為天下重鎮，一時選寄皆一時人物，輕裘緩帶，折衝尊俎。元祐末，東坡老人自禮部尚書為定州安撫使，之儀以門生從辟……每辨色會於公廳，領所事，窮日力而罷。或夜，則以曉角動為期，方從容醉笑間，多令官伎隨意歌於坐側，各因其譜，即席賦詠。

中山是定州的別稱。由李之儀的這段回憶可知，蘇東坡在定州的工作還算順利。每天下班後，晚上吃吃喝喝，還有官伎作陪，也會為她們填詞。

蘇東坡離京時已感到政局將面臨巨變，但心中多少還存有美好願望，說不定舊黨大臣們還有機會說服年輕的哲宗皇帝，力挽狂瀾。

而此時，年輕的哲宗皇帝正靜悄悄的開始布局，決定先穩住這幫元祐舊臣再說。十一月九日，哲宗還派翰林醫官王宗古送來慰問，包括冬天的衣服，蘇軾上表感謝了一番，更是往好方向去想。

十二月二十五日，每戶人家都在準備過年，家家都要舂米、做年糕，蘇家一大家人當然也忙得不亦樂乎。蘇軾剛醉，看到一種餾飯蒸氣做餅的工具，叫「餾臺刷瓶」，覺得很新鮮，於是也選了一具送給蘇轍，並附上〈寄餾臺刷瓶與子由〉：

老人心事日摧頹，宿火通紅手自焙。小甑短瓶良具足，稚兒嬌女共燔煨。

寄君東閣閒蒸栗，知我空堂坐畫灰。約束家僮好收拾，故山梨棗待翁來。

蘇軾對老弟說，我這個老人家，心事困頓，蹲在家裡的火爐邊焙手取暖，家裡的甑、瓶這些炊具倒是充足，大大小小都忙著蒸糕，也十分熱鬧。這個餾臺刷瓶很是不錯，就寄給你閒來蒸板栗吃，也讓你知道，你老哥我在空蕩蕩的大堂裡畫著灰。這東西可好用了，告訴家僮們保管好，故鄉的梨、棗啊，都還等著我們呢！

這種帶著隱憂的作樂，相信蘇東坡也樂不起來，個人的沉沉浮浮，他已經習慣了，做了最壞打算。**從京城赴定州時，他就遣散了京中家臣**，包括後來叱吒風雲的高俅[7]。但不管怎樣，該做的工作還是應該盡力做好，而當務之急是收拾定州一片衰敗的邊務。

蘇東坡透過一系列強硬的手段整治軍紀，又操演了一次閱兵，振奮士氣。接著，他又想出兩招：**一，修葺破落的營房，改善士兵的居住條件；二，重組原來的民兵組織弓箭社。**這兩個建議，前者需要錢，後者屬於須管制的民間軍事組織，都需要朝廷批准。然而，此時朝廷內外亂成一片，大宋的政局又將發生一場劇烈的變動，誰還管這些遠在天邊的問題？

人事變換，就如荔枝生長

哲宗穩住政局後，馬上排兵布陣，先是由潛伏在左相呂大防身邊的禮部侍郎楊畏密奏重啟新法，除舊黨、用新黨，列出一個包括章惇、安燾、呂惠卿、鄧潤甫、王安中、李清臣等人的名單，建議哲宗起用這些人。

於是哲宗先起用已在京師的戶部尚書李清臣為中書侍郎，兵部尚書鄧潤甫為尚書右丞。一場殘酷的政治鬥爭拉開了帷幕。

遠在定州的蘇東坡，如一隻待宰羔羊，只能選擇及時行樂，與僚屬李之儀、孫敏行、滕希靖、

7 北宋末禁軍統帥之一，亦為小說《水滸傳》中的知名反派人物，原為蘇軾書僮。蘇軾離京時先後將高俅推薦給曾布和王詵，後又獲端王趙佶（即後來的宋徽宗）賞識。

曾仲錫朝夕酬唱不倦，說說美食美酒，譬如作〈立春日小集戲李端叔〉，詩中說：

衰懷久灰槁，習氣尚饞貪。白啖本河朔，紅消真劍南。
辛盤得青韭，臘酒是黃柑。歸臥燈殘帳，醒聞葉打庵。
須煩李居士，重說後三三。

他們談河朔的熊白和四川的紅消梨、青韭，以及黃柑釀臘酒等美食，最後他還要求李之儀講講他所愛喜歡的營伎[8]董九。蘇軾以「三三得九」的諧音相戲。

定州多松樹，**將松脂和黍米、麥子一起釀成酒，稱為松醪**。當時的人認為這酒可以治風溼，蘇軾為此作了〈中山松醪賦〉，說道：

取通明於盤錯，出肪澤於烹熬。與黍麥而皆熟，沸春聲之嘈嘈。味甘餘而小苦，嘆幽姿之獨高。知甘酸之易壞，笑涼州之葡萄。似玉池之生肥，非內府之蒸羔。酌以癭藤之紋樽，薦以石蟹之霜螯。曾日飲之幾何，覺天刑之可逃。投拄杖而起行，罷兒童之抑搔。

大意是：從盤根錯節的松枝取出透明汁液，並透過烹煮滲出脂汁。跟黍米、麥子一起蒸煮時，沸騰烹濺而發出嘈雜的聲響。釀出的酒味甘而餘味略苦，驚嘆幽雅的味覺體驗獨具風味。由此可知甘酸的食物容易腐壞，因此譏笑涼州的葡萄酒是用腐壞的葡萄釀成。

這些美食像玉池中肥美的肉食，而不是宮廷內府的蒸羔。斟滿刻有櫻桃紫藤花紋的酒杯，配上螃蟹那白白的雙螯。每天喝上幾回、飲上幾杯，頓時感到蒼天降給人的一切苦痛都可以消除。由於松醪可以治風溼苦痛，所以我把拐杖扔到一邊站起來行走，從此不再需要小童每天幫我捶背按摩。

享受松醪酒之餘，蘇東坡有感而發，想到了嵇康、阮籍，想到傳說中的八仙，幻想著加入這個豪放的群體，或者騎上麒麟，乘著長風，像歷史上的劉伶那樣端著執酒器，甚至拿起水瓢豪飲。**嚮往徹底的自由，這是蘇軾此時的真實想法**。

因為明白政局改變而導致的災禍避無可避，此時的蘇東坡異常沉著鎮靜，他不願把有限的時日，虛靡於無用的憂慮，於是經常與定州幾位交好的同僚飲酒作詩、聽歌言笑，欣賞蜜漬荔枝的美味，並連作三首荔枝詩。

在〈次韻曾仲錫承議食蜜漬生荔枝〉中，蘇軾說「逢鹽久已成枯臘，得蜜猶應是薄刑」。博學的蘇軾引用是北宋茶學專家蔡襄《荔枝譜》中關於荔枝的保存和吃法：「紅鹽之法，民間以鹽梅滷浸佛桑花為紅漿，投荔枝漬之，曝乾，色紅而甘酸……蜜煎剝生荔枝，笮去其漿，然後蜜煎之。」

看來當時的荔枝口味一般，直接吃不怎麼樣，需要調理一番，吃法有二：一種是用鹽醃製的鹹梅醬和扶桑花做成紅漿，再用以浸泡荔枝，晒乾後吃，而鹹梅醬負責提供酸味，扶桑花負責上色；另一種吃法是把新鮮荔枝的汁液擠去，用蜂蜜煎煮入味。

8 附屬於軍隊的女伎。

在〈再次韻曾仲錫荔枝〉中，蘇軾自注「荔枝至難長，二十四五年乃實」。那時荔枝結果需要很長的時間，要種二十四、五年才有荔枝吃。

在〈次韻劉燾撫勾蜜漬荔枝〉中，他說：

> 時新滿座聞名字，別久何人記色香。葉似楊梅蒸霧雨，花如盧橘傲風霜。
> 每憐蓴菜下鹽豉，肯與葡萄壓酒漿。回首驚塵卷飛雪，詩情真合與君嘗。

白居易曾在〈荔枝圖序〉寫道：「荔枝生巴峽間，若離本枝，一日而色變，二日而香變，三日而味變，四五日外，色香味盡去矣。」

蘇軾想說，眼看朝廷換新人，那些老人就像荔枝一樣，離開後就不吃香了。看著這場滿天驚塵飛雪的政局，還是與你吃吃蜜漬荔枝，欣賞詩情畫意好了。

其實，用不著吃醃過的蜜漬荔枝，蘇軾很快就可以品嘗到不錯的新鮮荔枝，因為這一次，他將被貶至盛產荔枝的惠州。

哲宗皇帝為了報復被太皇太后壓制、被大臣漠視的仇恨，以及捲土重來的新黨官僚們這多年來被排擠在外、投閒置散的怨憤，元祐九年以降，當政者被一網打盡。

先是由蘇東坡的昔日朋友李清臣出面，說「蘇轍兄弟改變先帝法度」，不久蘇轍被趕出朝廷，以端明殿學士知汝州。四月下旬，御史虞策、來之邵就上言彈劾蘇軾，說他從前所作的誥詔文字，語涉譏訕，望朝廷全面清算。此時，蘇東坡曾經的朋友張商英也落井下石，由死對頭趙挺之領銜的御史臺御史們紛紛彈劾蘇軾誹謗先帝。

朝中只有右相范純仁為蘇軾據理力爭，奈何哲宗皇帝不聽。紹聖元年（一〇九四年）閏四月初三日，朝廷告下定州，蘇軾坐前掌制命，語涉譏訕，落端明殿學士兼翰林侍讀學士，降到黃州起復時的原官：以左朝奉郎責知英州軍州事，一下子從三品官降至七品。

過了幾天，蘇軾又降官為左承議郎，為從七品。但這還不是終點，隨著章惇被起用為左相，他對蘇軾的報復隨之而來。在蘇軾抵達當塗縣時，新的詔令也到了，「落左承議郎，責授建昌軍司馬，惠州安置，不得簽書公事」。這是最低級別的九品公務員，且與黃州一樣，蘇軾又一次被剝奪工作權。而負責寫這一詔書、嚴厲譴責他的，正是他先前多次推薦，接替他知杭州的林希。

這次撲出來撕咬蘇東坡的，都是他的老朋友們。不得不說，蘇東坡的交友和識人的能力，實在不行！

第十一章

再貶惠州，把困境活成人生佳話

1 只要能吃，天涯都不算遠

蘇東坡在定州任上才半年，五十九歲時再次被貶，他泰然處之：黃州四年多的貶謫生活，他經歷過，此去嶺南，只是比黃州更苦一點而已，也沒什麼大不了。貶詔到時，還得上表感謝，在〈英州謝上表〉中，他說：

伏念臣草芥賤儒，岷峨冷族，襲先人之素業，借一第以竊名。雖幼歲勤勞，實學聖人之大道；而終身窮薄，常為天下之罪人……累歲寵榮，固已太過。此時竄責，誠所宜然。

他說自己不過就是岷山、峨眉山下一個卑賤的讀書人，因勤奮讀書僥倖得名，這麼多年所得到寵愛已經太多，此時不論如何責怪，都是應該的。

其中沒有一字自辯，蘇東坡獨自承受一切的苦難。對於被謫嶺南，他也十分灑脫，說「瘴海炎陬，去若清涼之地」，將瘴氣繚繞、炎熱的嶺南山腳當成清涼之地。時勢如此，沒有人能擋得住這一股滔天的逆流。蘇東坡已將一片用世的熱腸，決然放下，從今以後，天悠地闊，何處不可安身？他已看透人生，不再希冀什麼。

在宋代，**謫官收到誥命後，必須立即離任，也不用交接**，於是蘇東坡在當天夜裡就率領全家眷口啟程。一家人自北往南，再兵分兩路：一路由大兒子蘇邁帶大部分人前往宜興，幾年前蘇軾在那裡置了田，生活沒有問題；而蘇軾則由小兒子蘇過和侍妾朝雲陪同，加上兩位老婢，遠赴惠州。

一個人調整情緒並不難，家人大都與他一起經歷過黃州的貶謫生活，應該也能適應，但對人生的起起落落，感悟肯定沒有他深刻，這就有必要再三叮囑家人們該注意哪些事情。

在途經河南安陽湯陰縣道旁一攤肆，大家停下車來，喝了豌豆大麥粥，蘇軾作了這首〈過湯陰市得豌豆大麥粥示三兒子〉：

朔野方赤地，河壖但黃塵。秋霖暗豆莢，夏旱臞麥人。
逆旅唱晨粥，行庖得時珍。青斑照匕箸，脆響鳴牙齦。
玉食謝故吏，風餐便逐臣。飄零竟何適，浩蕩寄此身。
爭勸加餐食，實無負吏民。何當萬里客，歸及三年新。

河南安陽湯陰，是周文王、扁鵲的故鄉，但蘇軾此時沒有心情懷古，他提醒兒子們注意，蘇家環境已經今不如昔：現在在黃塵蔽天、赤地千里的路上，能夠吃到「青斑照匕箸，脆響鳴牙齦」的新鮮豌豆，已經很不容易；昨日的「玉食」已成為過去，風餐露宿將是未來生活的一部分，今天這一碗豌豆大麥粥，以後可能是無上的享受。

路經南都，王鞏想約他見面，但蘇東坡怕連累王鞏，於是說「但不如彼此省事之為愈也」（〈答王定國〉三首之一），對再次被貶的生活，他說：「其餘坦然無疑，雞豬魚蒜，遇著便吃，生老病死，符到奉行，此法差似簡徑也。」（〈答王定國〉三首之二）由此可見，他已準備好過艱難的日子。

大宋立國時，立了不殺大臣的規矩，因此貶謫到嶺南就是最嚴重的懲罰，蘇軾也做好客死嶺南的心理準備，而傳說中可怕的嶺南，有幸迎來了中國歷史上最偉大的文人之一，廣東從此留下了蘇東坡的足跡。

即便被貶，也要先玩遍山水

蘇東坡先過大庾嶺，題詩龍泉寺的龍泉鐘。從南雄下始興，到韶州，遊坐落於今韶關市曲江區烏石鎮濛浬村北江之畔的月華寺，題梁「上祝天子萬年，永作神主。鉸時五福，敷錫庶民。地獄天宮，皆為淨土。有性無性，齊成佛道」。

至曹溪，又遊六祖慧能的道場南華寺，南華寺原名寶林寺，宋太平興國三年（九七八年）重建，改名南華。蘇東坡至寺，禮拜藏六祖真身的大鑑塔，為南華寺題「寶林」兩個大字作寺額，至今猶存。期間作〈卓錫泉銘〉、〈蘇程庵銘〉，又作〈南華寺〉，詩中說：「我本修行人，三世積精煉。中間一念失，受此百年譴。摳衣禮真相，感動淚雨霰。」他把一切不幸歸於誤落人間。

到了英州（今廣東英德市），這是他原本應被貶的地方，還可當一州之長，但章惇一上臺，連英州也不讓他待，把他趕到更遠的惠州。但既然經過了，也要一遊。

蘇東坡曾憩於州治小廳之西。南宋時將他小住過的地方命名為「坡公堂」，不過現在已不見蹤影。又遊碧落洞，就在現在的寶晶宮景區裡，並賦詩〈次韻程正輔遊碧落洞〉。

當時英德境內有壽聖寺，也就是現在的南山聖壽寺，蘇東坡在那裡留下了「蜀人蘇軾子瞻，南遷惠州，艤舟岩下。與幼子過同遊壽聖寺，遇隱者石君汝礪器之，話羅浮之勝，至暮乃去。紹聖元年九月十二日書」。石汝礪向蘇東坡描繪了羅浮山的風景名勝，這讓他有些神往。

到清遠峽，遊峽山寺、觀瀑布，留下〈題廣州清遠峽山寺〉。至清遠縣（今廣東清遠市），遇見一位顧姓的當地秀才，大談惠州風物之美，蘇軾甚為高興，作詩〈舟行至清遠縣見顧秀才極談惠州風物之美〉：

> 到處聚觀香案吏，此邦宜著玉堂仙。江雲漠漠桂花溼，梅雨翛翛荔子然。
> 聞道黃柑常抵鵲，不容朱橘更論錢。恰從神武來弘景，便向羅浮覓稚川。

「香案吏」指起居舍人，「玉堂仙」則是翰林學士的雅號，惠州有桂花、荔枝、黃柑、朱橘，簡直是人間天堂。羅浮山是葛洪煉丹地，也是他得道成仙之地，這讓蘇東坡有點迫不及待的想擁抱這個南蠻之地。

一路向南，到了廣州，他拜訪了崇道大師何德順，德順向蘇東坡談及廣州女仙事，他因此作了〈廣州女仙〉。在貶謫黃州時，他已知曉子姑神，子姑神本是民間傳說，蘇東坡卻一本正經的寫了一篇〈子姑神記〉，記述他在黃州郭氏家中親眼見到這位「廁神」的場景，甚至還應這位神仙的請求，填了一闋〈少年遊〉送她。

楚地黃州，普通民眾於正月向廁神許願、求卜吉凶，是當地非常流行的民俗儀式，彼時的蘇軾早已懂得「看破不說破」的大智慧，自然也就順著郭氏家中這位神仙演了一齣好戲。這次在廣州，德順再說女仙，蘇軾乾脆直說：「我從她寫的詩來分析，絕對不是神仙。」

在廣州，蘇軾遊白雲山蒲澗寺、滴水岩。滴水岩今天尚在，蒲澗寺卻已蕩然無存。蘇軾在此留下了〈廣州蒲澗寺〉、〈贈蒲澗信長老〉兩首詩。接著又遊南海廟前浴日亭，作詩〈浴日亭〉。

從廣州出發去羅浮山前，又作了〈發廣州〉，他說「天涯未覺遠，處處各樵漁」，我可以看到各處的人都在砍柴、打魚，所以到天涯也不覺得遠，他已不再恐懼。

從廣州出發，他們先至東莞石瀧鎮，換乘小船溯溪至泊頭墟，改坐轎子至羅浮山；先憩於延祥寺，遊寺尋寶蓋峰，攀登峭崖之上；又入寶積寺，飲梁朝景泰禪師的卓錫泉泉水，作〈品水記〉。第二天遊長壽觀，再到沖虛觀參觀葛洪丹灶的遺跡和朱真人的朝斗壇，並宿於寶積寺中閣。

蘇東坡此行，遊蹤所至皆有詩，他全然為羅浮山的風光所陶醉。

2 酒量相當於一罐啤酒

蘇東坡於紹聖元年（一〇九四年）十月二日到達惠州。彼時的惠州，雖然山清水秀、風景絕佳，但尚未開發，還是個化外之地。忽然來了蘇軾這樣一位大名鼎鼎的人物，當地自然引起轟動，大家以極大的好奇心和熱情歡迎他的到來，蘇軾在〈十月二日初到惠州〉中高興的說：

彷彿曾遊豈夢中，欣然雞犬識新豐。吏民驚怪坐何事，父老相攜迎此翁。
蘇武豈知還漠北，管寧自欲老遼東。嶺南萬戶皆春色，會有幽人客寓公。

他說「父老相攜迎此翁」，還說如果蘇武、管寧當年也如此受歡迎，就留在漠北、遼東了。把被貶惠州說成如到仙境一般，他知道「章惇們」看到後會不開心，但是都已經被貶到惠州，又能差到哪裡？最好把他們氣死！

與上次被貶黃州不同，蘇軾是第一眼就喜歡上惠州，原因之一是這裡不缺酒。在詩裡他說「嶺南萬戶皆春色」，後面自注「嶺南萬戶酒」，這是個雙關語，**在古代，酒經常以「春」命名，因此這句既是說嶺南春色迷人，也說嶺南家家戶戶都有酒**。這個酒鬼！

惠州知州詹範，與已故的黃州太守徐大受關係很好，也因為這層關係，詹範對他十分照顧，並安排一家人居住在三司按臨所居的賓館合江樓。

按理這種地方貶官是住不得的，但蘇東坡不僅住了，還作詩〈寓居合江樓〉炫耀，大讚合江樓景色之美：「海上蔥曨氣佳哉，二江合處朱樓開。蓬萊方丈應不遠，肯為蘇子浮江來。」他又說「樓中老人日清新」，每天的心情都很好，「三山咫尺不歸去」，讓他捨不得走，不過原因還是離不開酒，「一杯付與羅浮春」，又自注「予家釀酒名羅浮春」，自己釀酒，還自己命名。

這段時期的蘇東坡，天天不離酒，詩詞裡也是酒氣熏天。程鄉（今廣東梅州）縣令侯晉叔及歸善（今惠陽）主簿譚汲，陪他同遊大雲寺，松下野飲，設松黃湯（松花酒），蘇軾作詞〈浣溪沙〉：

羅襪空飛洛浦塵，錦袍不見謫仙人。攜壺藉草亦天真。
玉粉輕黃千歲藥，雪花浮動萬家春。醉歸江路野梅新。

攜壺、醉歸、謫仙人……看來蘇東坡喝得很盡興。

桂酒喝醉也不失態，可以盡情喝

後來蘇東坡搬到嘉祐寺，寺旁有座松風亭，亭有梅花。他詠起梅花來也帶著酒氣，「天香國豔肯相顧，知我酒熟詩清溫」、「酒醒人散山寂寂，唯有落蕊粘空樽」（〈再用前韻〉）、「酒醒夢覺起繞樹，妙意有在終無言」（〈十一月二十六日松風亭下梅花盛開〉）。國色天香的梅花，已經與蘇東坡為伴，這裡面還有一個「第三者」，那就是酒。

從蘇東坡留下來的文字看，在惠州期間，幾乎每天都有客人。客至，則必置酒，所以他家中酒的消耗量很大。嶺南五州[1]的太守經常送酒給他，但也不夠他請客。蘇東坡在黃州時釀過蜜酒，因此他故技重演，自己釀起酒來，知循州（今龍川）的周彥質送來栗子和米，蘇東坡復書說：

惠米五碩，可得醇酒三十斗。日飲一勝，並舊有者，已足年計。既免東籬之嘆，又無北海之憂，感怍可知也。

其中孔北海指孔融，《後漢書．孔融傳》說孔融「座上客常滿，樽中酒不空」。博學的蘇東坡自比比孔融還幸福，你周彥質送我米，我用來釀酒，從此再也不用擔心沒酒喝。

除了釀羅浮春，他還釀桂花酒和真一酒。在給好朋友錢濟明的信中，他說：「嶺南家家造酒，近得一桂香酒法，釀成不減王晉卿家碧香，亦謫居一喜事也。有一頌，親作小字錄呈。」

王晉卿就是好朋友駙馬王詵，他將其自釀的桂香酒自比王詵家的碧香酒，還作了〈桂酒頌〉。對自釀的桂酒，蘇軾評價頗高，說「釀為我醪淳而清。甘終不壞醉不醒，輔安五神伐三彭」。「淳」指味濃，「酲」指醉酒後的病態，蘇東坡說他釀的桂酒不僅味道濃郁，而且清澈、久放不

1 廣州、桂州、容州、邕州和交州。

壞，喝醉後還不會失態。這事他很得意，又作詩〈新釀桂酒〉：

> 搗香篩辣入瓶盆，盎盎春溪帶雨渾。收拾小山藏社甕，招呼明月到芳樽。
> 酒材已遣門生致，菜把仍叨地主恩。爛煮葵羹斟桂醑，風流可惜在蠻村。

桂酒釀成，呼朋喚友大吃一頓，菜倒是一般，就是「爛煮葵羹」，但重點是喝酒。蘇軾嘆息「風流可惜在蠻村」，他有時把惠州形容成仙境，有時又說這裡是蠻村。其實，他是很想北歸的。比如紹聖二年九月，朝廷大赦天下，消息傳到惠州，蘇軾不免心動，寫信託表兄弟程之才探聽詳情：「今日伏讀赦書，有責降官量移指揮。自唯無狀，恐可該此恩命，庶幾復得生見嶺北江山矣。」又書：「赦後，痴望量移稍北，不知可望否？兄聞眾議如何？有所聞，批示也。」

這是蘇軾所奢望，但章惇對元祐黨人是打倒後再踩上一腳，雖然天下大赦，但「**元祐臣僚獨不赦，終身不徙**」。

蘇東坡得知後，徹底放棄了幻想，只好繼續釀酒。羅浮山道士鄧守安又傳他真一酒方，用白麵、糯米、清水各三分之一釀造。對這種酒，蘇東坡也給予了極高評價：「真一色味，頗類予在黃州所釀蜜酒。」並作詩〈真一酒〉：

> 撥雪披雲得乳泓，蜜蜂又欲醉先生。稻垂麥仰陰陽足，器潔泉新表裡清。
> 曉日著顏紅有暈，春風入髓散無聲。人間真一東坡老，與作青州從事名。

打開酒甕，撥開雲雪般的真一酒酒釀，就得到乳白色的真一酒了，這酒就如我在黃州釀的蜜酒，又可以把自己弄醉了。這酒為什麼好？因為垂著的稻是陰的，仰著的麥是陽的，釀酒的器具是乾淨的，釀酒的泉水是清新的。早晨喝了真一酒，臉面紅暈，春風一吹，酒氣就瀰漫全身，深入骨髓。桓溫有一主簿，擅長鑑別酒，**稱好酒為「青州從事」，差酒謂之「督郵」**，而自己的真一酒，就是青州從事，好酒好酒！

蘇軾在惠州自釀三種酒，多少有點老王賣瓜，自賣自誇。據葉夢得《避暑錄話》載，他問喝過這些酒的蘇邁、蘇過味道到底如何？答曰：「亦只一試而止，大抵氣味似屠蘇酒[2]。」兩人說到這，還「自撫掌大笑」。

蘇軾好酒而不善飲，自言：「予飲酒終日，不過五合。天下之不能飲，無在予下者。」一合是十分之一升，五合為一斤[3]。當時的酒精濃度較低，蘇軾的酒量約為一天一斤低酒精濃度的酒，但他喜歡看別人喝，「見客舉杯徐引，則予胸中為之浩浩焉，落落焉，酣適之味，乃過於客」（〈書東皋子傳後〉）。如此尋樂，世上也只有蘇東坡一人了。

---

2 一種藥酒，多用以預防感冒、活化血液循環等。
3 約三百三十五毫升。

3 此生有味蘇東坡

蘇東坡在惠州並不寂寞，雖然老朋友們相繼離世，或各自被貶，但他名聲太響，即便被貶嶺南，**嶺南各州的官員們也不避開他，紛紛與他交好**，成為新的朋友。

幫助他最多的，首推知惠州的詹範。蘇東坡剛到惠州時，身無居所，詹範就安排他居住在當時三司按臨所居的賓館合江樓，雖然半個月後遷居嘉祐寺，但這樣的安排，也足見詹範對他的敬重。

詹範對蘇東坡十分關心，時常攜酒來訪，與其暢飲。紹聖二年（一〇九五年）詹範在家置酒宴請，蘇東坡帶著酒、提著鱸魚去拜訪，並寫下〈二月十九日攜白酒鱸魚過詹使君食槐葉冷淘〉：

> 枇杷已熟粲金珠，桑落初嘗灩玉蛆。暫借垂蓮十分盞，一澆空腹五車書。
> 青浮卵碗槐芽餅，紅點冰盤藿葉魚。醉飽高眠真事業，此生有味在三餘。

詩名透露了許多資訊：時間是二月十九日，一個普通的日子；地點是詹範家，「過」即拜訪，「使君」指太守；主食即詩中所說的槐芽餅。「冷淘」指過水麵及涼麵一類食品，始於唐代的槐葉冷淘，唐制規定，夏日朝會有聚餐，皇家御廚所供應給官員的食物中，即有此味。

其製法大致為：採青槐嫩葉搗汁和入麵粉，做成細麵條，煮熟後放入冰水中浸泡，其色鮮碧，然後撈起，以熟油澆拌，放入井中或冰窖中冷藏，食用時再加佐料調味，成為令人爽心適口的消暑佳食，相當於現在的冷麵。詩中將其稱為槐芽餅，是因為**宋代還沒有麵的說法，所有麵食以「餅」稱之**。

詩名還透露了另一個重要信息：蘇東坡不是空手去的，而是攜白酒、鱸魚。

此處所說的鱸魚，不是市場上常見的加州鱸魚，加州鱸魚是現代人從美國引進的品種。那麼，此處的鱸魚只有兩種可能：被現代人稱為「海鱸」的花鱸或松江鱸。

蘇東坡曾多次提起鱸魚，比如在〈後赤壁賦〉中說：「『有客無酒，有酒無肴，月白風清，如此良夜何！』客曰：『今者薄暮，舉網得魚，巨口細鱗，狀如松江之鱸。顧安所得酒乎？』」於是美酒佳餚，賓主歡飲、吟詩誦歌，盡興而歸。

「巨口細鱗」是花鱸的特徵，「狀如松江之鱸」也是，花鱸魚鰓蓋上有一皺褶，看起來與松江鱸魚一樣是四鰓。

蘇東坡這次帶到詹範家的鱸魚，當然不排除就是松江鱸。因為松江鱸分布很廣，北到遼寧，南至福建、臺灣都有牠的身影，因此，出現在珠江流域的惠州也不奇怪。

蘇東坡在詩裡說，枇杷已經成熟，就如金珠一樣鮮亮，剛剛釀成的桑落酒，酒面上的浮沫也是透亮的。用垂蓮盞盛酒，來澆學富五車的空腹。青綠的卵形碗裝著冷淘麵、紅色的玉盤盛著豆葉煮的魚，酒足飯飽、高枕無憂才是真正的事業。

三國時魏國的董遇說冬天是一年的閒暇時間，夜晚和陰雨天分別是白天和日常的餘暇，人生最有意思的不是這些餘暇時間嗎？蘇東坡用這首詩自我安慰：**無官無職，時間多的是，正是「此生有**

味」之時。同時，他也向政敵們表達了不屑：把我貶到惠州，又奈我何？我可開心呢！

親民善政，不忘造福鄉里

蘇東坡利用與詹範這層關係，在惠州做了不少好事，比如：收拾枯骨、造為叢塚，廣泛施藥、救死扶傷，助力減輕賦稅，推廣水力碓磨及秧馬等中原的耕作技術，提高生產力。尤其可圈可點的是，他倡議並參與的西新橋、東新橋和西湖築堤這幾項修建工程，成為蘇東坡惠州功業中的亮點。

當工程面臨資金短缺時，蘇東坡將其最值錢的東西——皇帝賞賜的一條犀帶——捐了出來，並寫信給遠在筠州的弟弟蘇轍求助，蘇轍妻子史氏也將內宮賞賜的黃金捐了出來。

北宋紹聖三年六月，東新橋、西新橋與蘇堤（後人稱）最終落成，為惠州百姓解決了交通的大難題。

蘇東坡在〈兩橋詩〉（並引）中說，「以四十舟為二十舫，鐵鎖石碇，隨水漲落，榜曰東新橋」、「為飛樓九間，盡用石鹽木，堅若鐵石，榜曰西新橋」。惠州百姓歡欣鼓舞，徹夜慶祝，在東新橋上，「父老有不識，喜笑爭攀躋」（〈東新橋〉）；在西新橋上，「父老喜雲集，簞壺無空攜。三日飲不散，殺盡西村雞」（〈西新橋〉）。

此外，廣州與蘇東坡也頗有緣分。知廣州的老朋友章楶，字質夫，是章惇的堂兄，卻經常對蘇軾伸出援手，每月派人送六壺酒給他。有一次，酒在途中不慎打破，負責送酒的小吏不敢說。蘇軾作〈章質夫送酒六壺，書至而酒不達，戲作小詩問之〉：

白衣送酒舞淵明，急掃風軒洗破觥。豈意青州六從事，化為烏有一先生。
空煩左手持新蟹，漫繞東籬嗅落英。南海使君今北海，定分百榼餉春耕。

他說，我看到你信中說要送美酒給我，興奮得跳起舞來，趕緊打掃四處漏風的住所、洗乾淨破舊的盛酒器。哪知道這六壺酒就這麼消失了，空歡喜一場。枉我左手拿著螃蟹，胡亂繞著東籬聞著菊花。不過，章質夫你的酒就如孔融一樣「坐上客恆滿，樽中酒不空」——你還會補送給我的。

接任廣州知州的王古（字敏仲），是好朋友王鞏的從兄弟，蘇東坡聽羅浮山道士鄧守安說廣州人民飲水不潔致病，就寫信給王古：

羅浮山道士鄧守安，字道立，山野拙訥，然道行過人，廣、惠間敬愛之，好為勤身濟物之事。嘗與某言，廣州一城人，好飲鹹苦水，春夏疾疫時，所損多矣。唯官員及有力者得飲劉王山井水，貧丁何由得？唯蒲澗山有滴水岩，水所從來高，可引入城，蓋二十里以下爾。若於岩下作大石槽，以五管大竹續處，以麻纏，漆塗之，隨地高下，直入城中。又為一大石槽以受之，又以五管分引，散流城中，為小石槽以便汲者。不過用大竹萬餘竿，及二十里間，用葵茅苫蓋，大約不過費數百千可成。然須於循州置少良田，令歲可得租課五七千者。每歲買大筋竹萬竿，作筏下廣州，以備不住抽換。又須於廣州城中置少房錢，可以日掠二百，以備抽換之費……。

王古接納他的建議，用竹管從白雲山蒲澗引水，長僅十里，就解決了廣州的飲水問題。

經常陪伴、幫助蘇東坡的，還有知循州的周彥質、程鄉縣令侯晉叔、博羅縣令林抃（字天和）、推官柯常，以及歸善主簿譚汲等。而虔州處士王原、賴仙芝，和尚曇穎、行全，道士何宗一，則是蘇東坡的玩伴，也時常出現在蘇東坡謫居惠州時留下的詩詞、雜文裡。

嶺南以極大的熱情擁抱蘇軾，而蘇軾也用他的影響力和智慧，回饋給這片溫暖他的大地。

4 愛不釋手，每天吃三百顆

蘇東坡在惠州住了兩年七個月，留下詩詞、雜文五百八十七篇，**數量僅次於在黃州**的七百五十多篇。不過，他的創作高峰出現在密州和黃州，惠州時期的作品數量雖多，但與密州、黃州比，佳作則少了一些，但其中關於荔枝的幾篇，則無疑是佳作。

到惠州的第二年四月十一日，蘇東坡吃到了惠州荔枝。此時的荔枝是早熟品種，帶一點酸味，但足以讓他讚不絕口，認為「荔枝厚味高格兩絕，果中無比，食物中唯江瑤柱、河豚魚近耳」，於是寫下〈四月十一日初食荔枝〉：

> 南村諸楊北村盧，白華青葉冬不枯。垂黃綴紫煙雨裡，特與荔枝為先驅。
> 海山仙人絳羅襦，紅紗中單白玉膚。不須更待妃子笑，風骨自是傾城姝。
> 不知天公有意無，遣此尤物生海隅。雲山得伴松檜老，霜雪自困楂梨粗。
> 先生洗盞酌桂醑，冰盤薦此頳虬珠。似聞江鰩斫玉柱，更洗河豚烹腹腴。
> 我生涉世本為口，一官久已輕蓴鱸。人間何者非夢幻，南來萬里真良圖。

南村的楊梅、北村的盧橘，都有白色的花朵、青青的葉子，冬天也不枯萎。煙雨濛濛的春天，它們的果實開始成熟，都比荔枝早，彷彿在預告荔枝的來臨。荔枝的外殼好似海上仙女的大紅襖，內皮則是仙女紅紗的內衣，而荔枝肉就是仙女潔白的肌膚。根本無須美人楊貴妃賞鑑加持，荔枝本身自有動人的資質、絕世的姿容。天公遺留這仙品在凡塵，不知是有意為之，還是無意使然。

這荔枝與松樹一同生長，不像山楂、梨子的果質會因霜雪變得粗糙。主人清洗杯盞，斟滿了桂花酒，用潔白的盤子端來這紅色龍珠般的荔枝。荔枝的美味好似烹製好的江瑤柱，又像鮮美的河豚腹。自己一生做官不過是為了養家糊口，為求得一官半職，早把鄉土之念看輕了。哪裡知道人生變幻無常，居然能在異鄉品嘗到如此佳果，貶謫到這遙遠的南方也是一件好事啊。

蘇東坡素來愛吃荔枝，這首詩詩名雖為〈四月十一日初食荔枝〉，但並不是他第一次吃到荔枝，而是第一次在惠州吃到這麼好吃的荔枝。他的老家四川眉山就有荔枝，他在最後一次離開老家前，還親手種了一棵荔枝樹；被貶黃州時，杭州的朋友每年都託人送禮物問候，其中就包括荔枝乾；在定州時吃蜜漬荔枝，也寫了幾首詩。

有了荔枝吃，被貶也甘願

現今中國的荔枝產於兩廣、福建、海南、四川等地，眉山三蘇祠裡由後人栽種的荔枝樹每年還在結果。在宋代，氣候比現在熱，據氣候專家考證，元代經歷了小冰期[4]，才使氣候變成如今的樣子，所以不排除杭州當時也產荔枝。

雖然別的地方也有荔枝，但嶺南的荔枝為佳品中的佳品。四月的早熟荔枝[5]，已經讓蘇軾覺得被貶惠州值了，等到吃到更好的荔枝，則讓蘇東坡徹底愛上了惠州。他自言：「余在南中五年，每食荔枝，幾與飯相半。」在荔枝季節，他每天荔枝一半，飯一半。「日啖荔枝三百顆」，還真不一定是誇張之辭，〈食荔枝〉二首之二，是他的名篇：

羅浮山下四時春，盧橘楊梅次第新。日啖荔枝三百顆，不辭長作嶺南人。

這首七言絕句言簡意賅，堪稱〈四月十一日初食荔枝〉的精簡版，「不辭長作嶺南人」比「南來萬里真良圖」更直接、更易記，也更朗朗上口，遂為千百年所傳頌。

蘇軾多次撰文形容荔枝的滋味，在〈荔枝似江瑤柱說〉中，他說：

僕嘗問：「荔枝何所似？」或曰：「似龍眼。」坐客皆笑其陋。荔枝實無所似也。僕曰：「荔枝似江瑤柱。」應者皆憮然……。[6]

在〈荔枝龍眼說〉中，他說：

4 全球氣溫出現下降的現象。
5 荔枝一般在六月到八月間成熟。
6 此文指形容事物時要以相襯之物比喻或比較。

閩越人高荔子而下龍眼，吾為評之。荔子如食蝤蛑大蟹，斫雪流膏，一啖可飽。龍眼如食彭越石蟹，嚼齧久之，了無所得。然酒闌口爽，饜飽之餘，則咂啄之味，石蟹有時勝蝤蛑也。戲書此紙，為飲流一笑。[7]

在惠州，蘇軾還寫下多首詠荔枝詩，表達他對嶺南荔枝的喜愛。他又作〈荔枝嘆〉，以紀實手法，追思漢唐貢荔之害，轉入議論感慨，批判統治者的荒淫無恥，最後寫時事，對民眾遭受禍害深切同情：

十里一置飛塵灰，五里一堠兵火催。顛坑僕谷相枕藉，知是荔枝龍眼來。
飛車跨山鶻橫海，風枝露葉如新採。宮中美人一破顏，驚塵濺血流千載。
永元荔枝來交州，天寶歲貢取之涪。至今欲食林甫肉，無人舉觴酹伯遊。
我願天公憐赤子，莫生尤物為瘡痏。雨順風調百穀登，民不飢寒為上瑞。
君不見，武夷溪邊粟粒芽，前丁後蔡相寵加。爭新買寵各出意，今年鬥品充官茶。
吾君所乏豈此物，致養口體何陋耶？洛陽相君忠孝家，可憐亦進姚黃花。

大意是：五里一土堡、十里一驛站，運送荔枝的馬匹揚起滿天灰塵，急如星火；路旁坑谷中摔死的人交雜重疊，百姓都知道，這是荔枝、龍眼經過。飛快的車越過了重重高山，似隼鳥疾飛過海；到長安時，青枝綠葉，彷彿剛從樹上摘採下來。宮中美人高興的咧嘴一笑，那揚起的塵土、飛濺的鮮血，千載後仍令人難以忘懷。

東漢永元年間的荔枝來自交州，唐天寶年的荔枝來自重慶涪州，人們到今天還恨不得生吃李林甫（唐玄宗之相）的肉，卻無人把酒祭奠唐伯遊[8]。我只希望天公可憐可憐百姓，不要生這樣美好的事物禍害人民。只願風調雨順、百穀豐收，人民免受飢寒就是最好的吉兆。

你沒見到武夷溪邊名茶粟粒芽，前有丁謂、後有蔡襄，裝籠加封進貢給官家？爭新買寵各出巧意，弄得今年鬥品也成了貢茶。我們的君主難道缺少這些東西？只知滿足皇上口體欲望，是多麼卑鄙惡劣！可惜就連忠孝世家的洛陽留守錢惟演，也為邀寵進貢牡丹花！

作為一名詩人，蘇東坡沒有沉迷於荔枝的美味中，而是對這種勞民傷財的行為批判一番。這首詩對楊貴妃吃的荔枝，究竟來自嶺南還是四川下了結論：「永元荔枝來交州，天寶歲貢取之涪。」東漢永元年間進貢到宮裡的荔枝來自嶺南的交州，唐天寶年間進貢的荔枝則來自四川涪州。

能被列為貢品對產地來說是無上榮耀，而福建也不甘寂寞的參了一腳，蘇東坡又作〈減字木蘭花．荔枝〉：

閩溪珍獻，過海雲帆來似箭。玉座金盤，不貢奇葩四百年。

7 指荔枝味道之鮮美勝於龍眼，但在酒足飯飽後，反倒讓人厭膩，此時食龍眼反而佳。

8 東漢和帝時，曾上書懇求不以荔枝、龍眼為貢品。

輕紅釀白，雅稱佳人纖手擘。骨細肌香，恰是當年十八娘。

福建產的荔枝作為貢品被進獻到皇宮中，海運船隊的速度就像箭一樣快。後來，到了唐咸通七年（八六七年），終於停貢荔枝，從而朝廷上下的「金盤」都空了，此事到現在已經過去四百年。殼輕紅、肉濃白、果核小、果肉香，這種荔枝正適合美女纖細的手去剝開它，像極了當年叫十八娘的荔枝。

十八娘是福建荔枝的優良品種，據曾鞏《荔枝錄》記載，閩王有女第十八，極美，喜食一種顏色深紅、形狀細長的荔枝，因此該品種得名十八娘。

蘇東坡在惠州，邊吃荔枝，邊批評別人吃荔枝勞民傷財，還順帶考證了荔枝的進貢史，既是美食家，又是思想家，還是考據學家！

5 肉啃到連狗都沒得吃

與被貶黃州不同，蘇東坡被貶至惠州，可謂不慌不亂，心如止水，既無抱怨，也不哭窮。但即便他示人的是平靜的一面，甚至有些享受，也掩蓋不了真實生活中捉襟見肘的窘態，這些實際情況只有極為親近的幾個人知道。

比如，蘇家吃不起肉，只能買點羊脊骨，他卻寫得喜氣洋洋。此時蘇轍被貶筠州，在萬里家書中，蘇東坡傳授了他在惠州啃羊脊骨這一美味的訣竅：

惠州市井寥落，然猶日殺一羊。不敢與仕者爭，買時囑屠者，買其脊骨，骨間亦有微肉，熟煮熱漉出（不乘熱出，則抱水不乾），漬酒中，點薄鹽炙微燋，食之。終日抉剔，得銖兩於肯綮之間，意甚喜之，如食蟹螯，率數日輒一食，甚覺有補。子由三年食堂庖，所食芻豢，沒齒而不得骨，豈復知此味乎？戲書此紙遺之。雖戲語，實可施用也。然此說行，則眾狗不悅矣！

買下羊脊骨，是因為看上其中殘留的肉，做法是：先起鍋燒水川燙，晾乾；再用酒泡，撒鹽少許後火烤至微微焦黃。

這一做法，符合現代烹飪科學：焯水是為了去掉羊脊骨部分膻味，晾乾則是為了下一步入味；

泡酒既可入味，也可去腥味，並加鹽調味；烤至焦黃是梅納反應（Maillard reaction）——讓羊肉中原本沒有味道的大分子蛋白質，分解為帶有鮮味的小分子胺基酸，並產生焦香味。

蘇東坡說剜剔脊骨的碎肉，就像是剔出螯間的蟹肉一樣，雖然只得銖兩，但樂趣無窮，幾天吃一頓，覺得很滋補。他還說這個方法好是好，就是「眾狗不悅」，把羊脊骨吃得這麼徹底，狗就啃不到肉了。這是一句雙關語，同時也罵了章惇一夥。

自己可以省著點吃，但朋友來了，除了備酒也必須準備一點肉。蘇東坡與吳復古、陸惟忠、翟逢亨、江秀才聚會時，由羅浮山壘穎長老執勺烹「谷董羹」。蘇軾戲以〈書陸道士詩〉記其事：

江南人好作盤遊飯，鮓脯膾炙無不有，然皆埋之飯中。故里諺云：「撅得窖子。」羅浮穎老取凡飲食雜烹之，名谷董羹，坐客皆稱善。詩人陸道士，遂出一聯句云：「投醪谷董羹鍋裡，撅窖盤遊飯碗中。」東坡大喜，乃為錄之，以付江秀才收，為異時一笑。吳子野云：「此羹可以澆佛。」翟夫子無言，但咽唾而已。丙子十二月八日。

這是一種江南人稱作「盤遊飯」的便餐，有如雜錦燴飯，只是將魚、肉等佐料都埋在飯底。由於看不到肉，能弄到多少肉吃全憑運氣。用勺子挖飯裡的肉時，就如在挖窖子，所以鄉下土話稱「撅（掘）得窖子」。

雖然肉不容易取得，但總可以拿來說說、議論一下，就當畫餅充飢。

蘇東坡在惠州時，曾寫下了令人啼笑皆非的〈薦雞疏〉，向上蒼表明，雖然他忘不了雞肉的美味，想要滿足口腹之欲，但也會念經懺悔，為殺雞祈求佛祖慈悲，讓遭難的雞永離湯火之厄，輪迴轉世。

他還作〈食雞卵說〉，先是探討殺生的理論問題，說：「水族痴暗，人輕殺之。或云，不能償冤。是乃欺善怕惡。殺之，其不仁甚於殺能償冤者。」他說物種有分高低等級，水產類比較低等、愚笨，受人輕視，有人覺得殺了也不會遭到報應。他認為這是欺善怕惡，比殺了能夠喊冤的物種還要壞，更沒有仁人之心。

在此篇文中他又說道，好友李公擇告訴他，沒有受過精的雞蛋不算動物，吃了不算殺生，但他不贊成這個說法，認為：「凡能動者，皆佛子也……而謂水族雞卵可殺乎？但吾起一殺念，則地獄已具，不在其能訴與不能訴也。」殺了能動的東西都屬殺生，只要殺念一生，則報應已成。

在黃州，蘇東坡也思考過殺生的問題，並提出不殺生的理論，但實際上他也沒有做到，於是只能頻頻懺悔，表示不再開戒：「吾久戒殺，到惠州，忽破戒，數食蛤蟹。自今日懺悔，復修前戒。今日從者買一鯉魚，長尺有咫，雖困，尚能微動，乃置之水甕中，須其死而食，生即赦之。聊記以為一笑。」他所謂的不殺生，就是等魚死了再殺，邏輯大概是「牠是自己死的，不是我殺的」。如此安慰自己，連他自己也覺得好笑。

他在〈禪戲頌〉說：「已熟之肉，無復活理。投在東坡無礙羹釜中，有何不可？問天下禪和子，且道是肉是素，吃得是吃不得是？大奇大奇，一碗羹，勘破天下禪和子。」

既然肉難以吃到，那就吃蔬菜吧！

蘇東坡對蔬菜一向很感興趣，他在〈新年〉五首其三說「豐湖有藤菜，似可敵蓴羹」，惠州的藤菜就是落葵，也叫潺菜、木耳菜，吃起來與蓴菜一樣滑溜溜的。蓴菜因為晉代張翰的「蓴鱸之思」[9]，一向被譽為思鄉菜。而蘇軾因為藤菜，將惠州比作眉州，思念家鄉。

此外，蘇東坡自己也種菜，並作〈擷菜〉詩，先來一個序：

> 吾借王參軍地種菜，不及半畝，而吾與過子終年飽菜。夜半飲醉，無以解酒，輒擷菜煮之。味含土膏，氣飽風露，雖粱肉不能及也。人生須底物而更貪耶？乃作四句。

他借了半畝地種菜，父子兩人能一年到頭自給自足，半夜喝酒，摘幾顆菜煮一下，就是很好的下酒菜，比肉好吃。而正文：

> 秋來霜露滿東園，蘆菔生兒芥有孫。我與何曾同一飽，不知何苦食雞豚。

蘆菔指蘿蔔，芥是芥藍。晉代的何曾日食萬錢，還說無處下箸。蘇東坡說，何曾那麼講究，都是為了填飽肚子，既然如此，又何苦去吃雞、豬呢？

蘇東坡是認真在種菜的，半夜聽到雨聲時，他便會高興的想像著菜園裡的菜一顆顆茁壯。天一亮，就迫不及待的趕往菜圃察看，並寫下了這首〈雨後行菜圃〉：

> 夢回聞雨聲，喜我菜甲長。平明江路溼，並岸飛雨槳。

天公真富有，膏乳瀉黃壤。霜根一蕃滋，風葉漸俯仰。
未任筐筥載，已作杯案想。艱難生理窄，一味敢專饗。
小摘飯山僧，清安寄真賞。芥藍如菌蕈，脆美牙頰響。
白菘類羔豚，冒土出蹯掌。誰能視火候，小竈當自養。

「芥藍如菌蕈，脆美牙頰響」，他說芥藍的味道就像菌菇一樣鮮，口感清脆、哢哢作響。蘇軾沒有吹牛，還真有一種「香菇芥藍」，與香菇一樣含香菇醇，所以有香菇味。

「白菘類羔豚，冒土出蹯掌」，白菘就是白菜，他說白菜長得像乳豬，從土裡冒出來，簡直就像熊掌。詩的最後「誰能視火候，小竈當自養」，說的是他打算親自下廚，開個小灶露兩手。

蘇軾親傳的戒肉祕訣

惠州也多產芋，蘇東坡與吳復古夜談時，肚子餓了，吳復古便為他煨了兩顆芋頭，香濃味美，他吃得很高興，作〈記惠州土芋〉：

9 晉張翰因見秋風起，而思念故鄉吳地所產的菰菜、蓴羹、鱸魚膾。

《本草》謂芋「土芝」，云：「益氣充飢。」惠州富此物，然人食者不免瘴。吳遠遊曰：「此非芋之罪也。芋當棄皮，溼紙包，煨之火，過熟，乃熱噉之，則鬆而膩，乃能益氣充飢。今惠人皆和皮水煮，堅頑少味，其發瘴固宜。」丙子除夜前兩日，夜饑甚，遠遊煨芋兩枚見啖，美甚，乃為書此帖。

原來，惠州當地人吃芋是連皮一起水煮，而吳復古則把芋皮削掉，用溼紙包住後，扔進火堆裡煨熟。這火堆甚至還是牛糞燒的，蘇軾作〈除夕訪子野食燒芋戲作〉：

松風溜溜作春寒，伴我飢腸響夜闌。牛糞火中燒芋子，山人更吃懶殘殘。

這可不是一首打油詩[10]，詩的最後一句「山人更吃懶殘殘」引用了唐代名相李泌的故事：「山人」指李泌，「懶殘」指衡嶽寺僧明瓚，因性疏懶而好食殘餘飯菜，人以「懶殘」稱之。

李泌還未出仕時在寺中讀書，覺得這懶殘不是一個凡人，便半夜去拜訪他，只見明瓚正在用火煨芋吃，對李泌說：「慎勿多言，領取十年宰相。」李泌聽了他的話，從此慎言慎行，終於做了宰相。蘇東坡引用此典，也是意識到，他之所以**仕途頻遭厄運，與他總是多嘴有關**。

然而，只吃菜、不吃肉，對一般人來說很難做到，於是蘇軾在〈答張文潛〉四首之一中，向學生張耒「傳授」了戒肉祕訣：

某清淨獨居，一年有半爾。已有所覺，此理易曉無疑也。然絕欲，天下之難事也，殆似斷肉。今使人一生食菜，必不肯，且斷肉百日，似易聽也。百日之後，復展百日，以及期年，幾忘肉矣。但且立期展限，決有成也。已驗之，方思以奉傳，想識此意也。

他的祕訣是：先定一個小目標，戒肉一百天。小目標達成後，再繼續立一個新的小目標，維持幾年後就能做到了。這是紙上談兵，畢竟連他自己都做不到。

缺錢的日子，不妨礙蘇東坡做好事；缺肉的日子，他也過得有滋有味，他對生活永遠充滿熱愛，對困難總是超然面對，或許這就是我們喜歡他的原因。

10 指用字通俗淺白、俚俗諧謔，且風格風趣、幽默的詩。

6 你不用吃飯，我請客也方便

蘇東坡儒、道、釋皆通，與道士們交朋友，他主要學釀酒、學醫、學養生、學煉丹。貶謫惠州時他已經將近六十歲，已是老年，於是養生就成為他的生活日常。

這也是迫不得已的事，此時他的身體狀況已經大不如前，舊疾痔瘡時常發作，令他痛苦不堪。**惠州既無醫也無藥，只好透過控制飲食來抵抗疾患**，在〈藥誦〉中他說：

吾始得罪遷嶺表，不自意全。既逾年無後命，知不死矣。然舊苦痔，至是大作，呻呼幾百日，地無醫藥，有亦不效。道士教吾去滋味，絕薰血，以清淨勝之。痔有蟲，館於吾後，滋味薰血，既以自養，亦以養蟲。自今日以往旦夕食淡麵四兩，猶復念食，則以胡麻茯苓麵足之。飲食之外，不啖一物。主人枯槁，則客自棄去。尚恐習性易流，故取中散真人之言，對病為藥，使人誦之曰三。

「呻呼幾百日」，感覺得出來這痔瘡相當嚴重。既然無醫無藥，那也只能自己想辦法。蘇東坡認為，痔瘡是一種蟲，而蟲喜歡有滋味的東西，只要不吃這些東西，就可以把蟲餓死。於是下定決心，禁吃一切有滋味的東西，連米飯也斷了，每日只吃沒鹽沒醬的淡麵，實在餓不過時，才吃些胡麻茯苓麵填填肚子。這樣堅持一、兩個月後，病勢才稍退。

與痔瘡奮鬥是迫不得已，與嶺南的瘴氣則是長期鬥爭。在〈次韻正輔同遊白水山〉中他說：「荔枝莫信閩人誇，恣傾白蜜收五稜。」荔枝還是惠州的好，福建人誇他們的荔枝只是吹牛，不能信；後一句的「五稜」指楊桃，此果四面起脊，用刀切斷後，片片皆有五角。之所以漬以白蜜而食，除了楊桃太酸外，還因為蜜漬楊桃有辟瘴毒的功效。

當時的惠州人還嗜食檳榔，習慣以此物敬客，蘇東坡嘗過後作詩說：「中虛畏泄氣，始嚼或半吐。吸津得微甘，著齒隨亦苦。面目太嚴冷，滋味絕媚嫵。」（〈食檳榔〉）他認為檳榔雖然有利於抵禦瘴氣，但只可當作藥物，日啖一粒以上，敗胃腸、洩元氣，不可多吃。

剛到惠州不久時，某一天蘇軾突然想起古人避難，或出使絕域時，即便齒草啖雪，也能堅持不懈，於是決心修練幾十年前，一位隱者傳授給他的道家龍虎鉛汞之法[11]。

蘇東坡認為，修練龍虎鉛汞之法，如果不打算「捐軀以赴之，刳心以受之，盡命以守之」，是很難成功的。為了堅定自己的信念，他事前將想法告訴了老弟蘇轍，他在信中強調說：「此事大難，不知其果然不慚否？此書既以自堅，又欲以發弟也。」

他請人做了一張禪榻和兩大桌案，擺在明窗之下，又準備了乾餅百枚，盡絕人事、不接客；每日一更上床睡覺，三更[12]乃起，坐以待旦，餓了就吃乾餅，不飲湯水，旨在細嚼以致津液。

11 道家煉丹以龍代表汞、以虎代表鉛，兩者合煉，以求變化成丹。而後成為神氣性情的象徵。
12 一更為晚上七點至九點，三更為晚上十一點至隔天凌晨一點。

不過，這次修練還是以失敗告終，原因是吳僧卓契順，受蘇軾的大兒子蘇邁和佛印所託，自宜興徒步來惠州看望他，並帶來書信。蘇軾一高興，就結束了這次修練。

蘇東坡在這段期間又修練又養生，其中的原因之一就是受吳復古影響。每當他處於人生低谷時，吳復古總是及時出現。蘇軾抵惠州一個多月後，吳復古的兒子吳芘仲，便從潮州派專人帶書信及酒、麵、荔枝、海產等到惠州慰問。

紹聖三年（一〇九六年）十一月，吳復古偕道士陸惟忠到惠州拜訪他，他們同好相聚，住在一起，飲酒談道、煉丹打坐，非常熱鬧。尤其是吳復古，形容枯槁，既不吃飯，也不睡覺。對這個辟穀（不吃東西）的老朋友，蘇東坡說他「老饕不食已三眠」（〈吳子野絕粒不睡過，作詩戲之，芝上人陸道士皆和，予亦次其韻〉）。兒子蘇過也寫詩說「麥飯蔥羹俱不設，館君清坐不論年」（〈戲贈吳子野〉），接待這麼一位奇人，只需要開客廳，不用管吃飯，想住多久就住多久！這是身邊一個透過道家修練，將生活過得很好的例子，因此蘇東坡也真的想學學。

然而，儘管他再注意養生，命運又給了他重重一擊。紹聖三年七月，陪伴他的朝雲染上瘟疫，三十四歲盛年的生命被奪走了。這一年蘇東坡六十一歲，老年喪妾，徹底沒人陪伴，他的痛苦化作一首首悼亡詩詞，讀來令人傷感。

關於朝雲的死，歷來有不少傳說，北宋朱彧《萍洲可談》的說法是：「廣南食蛇，市中鬻蛇羹，東坡妾朝雲隨謫惠州，嘗遣老兵買食之，意謂海鮮，問其名，乃蛇也。哇之，病數月竟死。」這個傳聞不可信，蘇東坡被貶惠州，官職中雖有「建昌軍司馬」，但這是為貶官專設的職位，無實質工作權，手下無一兵一卒，何來「嘗遣老兵買食之」？

而朝雲真正的死因，蘇軾在寄給友人的書信中屢次談及，〈惠州薦朝雲疏〉中說：「遭時之疫，遘病而亡。」〈與林天和長官〉二十三首之十四則說「瘴疫橫流，僵僕者不可勝計」、「某亦旬日之間，喪兩女使」。看來除了朝雲染疫去世，蘇東坡帶來的兩個老婢，其中一個也死掉了。

再者，嶺南吃蛇、吃蛙，已是普通習俗，在朝雲去世後不久的重陽節，蘇東坡作〈丙子重九〉二首其一中，有「何以侑一樽，鄰翁饋蛙蛇」，可見他平日也吃蛇，朝雲對此早就見怪不怪，何至於因誤食蛇肉，驚恐而死？

眼見北歸無望，蘇東坡早已做好終老惠州的準備，因此，寄居於合江樓與嘉祐寺終不是長久之計，於是他決定自己建個房子。

經過一番尋找，蘇東坡選定歸善縣城東面，白鶴峰上一塊數畝大的空地，面臨東江，景色甚美，就將它買了下來，在此建了房子。房子有兩進[13]，前面小屋三間，作為門房，中間隔個庭院，種植花木。第二進為堂三間，題為「德有鄰堂」。宅地左側較為寬闊，造居室、廚房、廁所等。在此後面，造為書室，題名為「思無邪齋」，周以廊廡，共計有屋二十間。

更讓蘇東坡高興的是，紹聖四年閏二月初，蘇邁帶領兩房家小，遷到惠州。六十二歲的蘇軾終於再次過上兒孫滿堂的幸福生活。這一年的三月二十九日，蘇東坡在新居前後徘徊觀瞻，心裡非常高興，作詩〈三月二十九日〉二首記事道：

13 有兩個院落。

其一

南嶺過雲開紫翠，北江飛雨送淒涼。酒醒夢回春盡日，閉門隱几坐燒香。

其二

門外橘花猶的皪，牆頭荔子已斕斑。樹暗草深人靜處，捲簾欹枕臥看山。

然而，蘇東坡在惠州的「幸福」生活無不刺激著章惇，於是，章惇藉機會再挑撥宋哲宗，進一步清算元祐舊臣。紹聖四年二月，呂大防貶為舒州團練使、循州安置；劉摯貶為鼎州團練副使、新州安置；蘇轍，化州別駕[14]、雷州安置；梁燾，雷州別駕、化州安置；范純仁，安武軍節度副使、永州安置。

而**章惇最想報復的是蘇軾**。紹聖四年閏二月，章惇重提舊說，認為蘇軾雖謫嶺南，責尚未足，於是有再貶之命。蘇軾責授瓊州別駕，移昌化軍安置。四月十七日，誥命頒到惠州；四月十九日，蘇軾將家屬留在惠州，只帶了蘇過，赴儋州貶所去了。

14 通判的習稱，因視察時須另乘車駕，故稱。

第十二章

三貶儋州，絕境之中自有風華

1 從今東坡室，不立杜康祀

蘇軾在惠州待了兩年七個月，僅有的一點錢都花在做公益和建房子。沒想到，新房子才住幾天，就被貶儋州，這一路的花費、到儋州後的生活費都成問題。

與黃州時一樣，雖然謫官仍有點折支薄俸，但實際上，從被貶那天起，蘇東坡這三年的時間屢經申請，卻領不到分文。他迫不得已，只好再致函知廣州的王古幫忙：

某憂患不周，向者竭囊起一小宅子，今者起揭，並無一物，狼狽前去，唯待折支變賣得二百餘千，不知已請得未？告公一言，傳同年必蒙相哀也。如已請得，即告令許節推或監倉鄭殿直，皆可為幹賣，緣某過治下，亦不敢久留也。

猥末幹冒，恃仁者恕其途窮爾。死罪，死罪！

朝廷所欠的三年折支，是實物配給券，在市場上變賣估計可得「二百餘千」，就是兩百貫。但即便只是一點錢，蘇東坡卻要不到，而王古被劾妄賑飢民，降調袁州，此時也幫不上忙。

要到儋州，須從廣州沿西江經粵西進入廣西，再到雷州渡海。蘇軾到了廣州，與王古作別，因怕連累王古，一謝便走，不敢久留。

蘇東坡此行只帶小兒子蘇過一人，大兒子蘇邁一家與蘇過家人回到惠州居住，二兒子蘇迨則仍在宜興。在留給王古的信中，他說：「某垂老投荒，無復生還之望。昨與長子邁訣，已處置後事矣。今到海南，首當作棺，次便作墓。乃留手疏與諸子，死則葬海外。」**蘇東坡認為，此去儋州必死無疑，儘管如此，他仍平靜看待**。

從惠州順東江而下，父子兩人出東江口後，到今廣州黃埔區廟頭村西的扶胥港短暫停泊，後逆西江西行，先到新會。由於江水大漲，只得在新會停幾天，順便遊月華寺，於金溪寺尋訪道人鐘鼎。在新會，蘇軾多次過古勞鄉，當地士人為之築亭（後名為坡亭）。

從新會南下，過圭峰山；至開平，過潭江，遊訪金雞寺，然後再往北至新興，從新興折入西江後，抵達端州城區對岸新江口，遊七星岩並題字「崧臺第一洞」，然後再溯西江，西行抵達梧州。

蘇轍被貶謫雷州居住，兄弟兩人在藤州（今梧州市藤縣）相遇。南宋詩人陸游在《老學庵筆記》中引用好友呂周輔的話，講了一個「東坡食湯餅」的故事：

> 東坡先生與黃門公南遷，相遇於梧、藤間，道旁有鬻湯餅者，共買食之。粗惡不可食，黃門置箸而嘆，東坡已盡之矣。徐謂黃門曰：「九三郎，爾尚欲咀嚼耶？」大笑而起。

黃門公、九三郎，都是指蘇轍，而湯餅指麵條。兩人在路邊吃湯麵，但這麵實在太難吃，連蘇轍都吃不下去，扔下筷子嘆了口氣，蘇軾卻大口大口吞下，不疾不徐的對弟弟說：「這種食物你還想著要咀嚼嗎？」

面對惡劣的環境，蘇東坡自有他的一套方法，對於粗劣的食物，他也可以不辨滋味，直接吞下肚。在黃州，他就曾用這種方法應付黃州的劣酒，酒好不好喝不要緊，反正都是水，能喝醉就行。

章惇對蘇家兩兄弟的清算和迫害，可說是壞話說盡、壞事做絕。**元祐諸臣中，蘇軾被貶最遠，蘇轍也到了雷州，兩地隔海相望**。章惇如此設計，也是用心良苦了。

儘管如此，也仍有人不怕章惇挾怨報復，在即將抵達雷州時，雷州知州張逢就來信表達慰問。六月初五，蘇軾兄弟同至雷州，張逢、海康縣令陳諤，帶同本州官吏在衙前迎接，招待他們暫住監司行衙，次日又設筵款待。

蘇軾在雷州住了四天，初八又啟程，自雷州至瓊州，途程四百里，蘇轍親自送別於海濱，張逢也派人相送。蘇轍在雷州時，張逢照顧有加，也因為此事，後來被章惇所罷。

在徐聞遞角場[1]等待順風以渡海時，蘇軾的痔疾又發作。這一夜，蘇東坡在床上因為疼痛而呻吟，蘇轍也徹夜不寐，就在床上背誦陶淵明〈止酒〉詩，勸老兄務必戒酒。蘇東坡這些年來為痔瘡所苦，也決心接受蘇轍的建議，於是作〈和陶止酒〉：

時來與物逝，路窮非我止。與子各意行，同落百蠻裡。
蕭然兩別駕，各攜一稚子。子室有孟光，我室唯法喜。
相逢山谷間，一月同臥起。茫茫海南北，粗亦足生理。
勸我師淵明，力薄且為己。微屙坐杯酌，止酒則瘳矣。
望道雖未濟，隱約見津涘。從今東坡室，不立杜康祀。

蘇東坡說，時光或事物消逝，但即便是窮途末路，我也不會因此停止。與蘇轍一起來到這個百蠻之地，同樣都是被貶，分別為兩州的別駕，也都帶上幼子照顧自己。不同的是，蘇轍有舉案齊眉的妻子相伴，而自己妻子已喪，也不想再娶，我只有對佛法的喜愛。貶謫路上，我們兄弟二人在山谷相逢，一起上路，一個月內同吃同住，真是難得。如今要分別了，一個在海之南，一個在海之北，但生活還得繼續。你勸我為自己身體著想，向陶淵明學習戒酒，只要戒酒就能痊癒。這目標雖然難以實現，但就彷彿要渡河的人到了水邊，隱約能看到方向。於是下決心：從今以後，我蘇東坡的住所，再也不會看到酒。

朝廷不給俸祿，只好變賣酒器

蘇東坡一輩子受痔瘡和眼疾折磨，這些疾病確實也與喝酒有關，蘇軾決心戒酒，可謂對症下藥，連「不立杜康祀」這樣的狠話都說得出來。但對這個酒鬼來說，戒酒也就是一時說說而已，把他扔到海南這個蠻荒之地，不喝酒，要如何過日子？

張逢、周彥質等人時不時會寄好酒給他，但以當時的技術，飄洋過海不容易，平時喝酒要自己釀。蘇東坡在當地認識了潮州人王介石、泉州航商許玨，送了一點酒膏給他，他感激萬分，作〈酒

1 據傳曾為海邊鹽場。

子賦〉曰：「憐二子，自節口。餉滑甘，輔衰朽。先生醉，二子舞，歸瀹其糟飲其友。」

元符二年（一〇九九年，為宋哲宗第三個年號）過年前，他釀了一次天門冬酒[2]，新年酒熟，本無酒量的東坡老人，不知不覺間喝得醺醺大醉，作〈庚辰歲正月十二日，天門冬酒熟，予自漉之，且漉且嘗，遂以大醉〉二首，其一曰：

自撥床頭一甕雲，幽人先已醉濃芬。天門冬熟新年喜，曲米春香並舍聞。
菜圃漸疏花漠漠，竹扉斜掩雨紛紛。擁裘睡覺知何處，吹面東風散纈紋。

被貶到海南的蘇軾，由於領不到俸祿，早已身無分文，於是他不得不「盡賣酒器，以供衣食」，只留下一個「工製美妙，留以自娛」的荷葉杯。某個雨天，蘇軾喝了點酒，和陶淵明〈連雨獨飲〉，作了兩首〈和陶連雨獨飲〉，其一曰：

平生我與爾，舉意輒相然。豈止磁石針，雖合猶有間。
此外一子由，出處同偏仙。晚景最可惜，分飛海南天。
糾纏不吾欺，寧此憂患先。顧影一杯酒，誰謂無往還。
寄語海北人，今日為何年。醉裡有獨覺，夢中無雜言。

此時他所掛念的，唯有同在患難中的老弟蘇轍，其二曰：

阿堵不解醉，誰歟此頹然。誤入無功鄉，掉臂嵇阮間。
飲中八仙人，與我俱得仙。淵明豈知道，醉語忽談天。
偶見此物真，遂超天地先。醉醒可還酒，此覺無所還。
清風洗徂暑，連雨催豐年。床頭伯雅君，此子可與言。

蘇東坡想到了同樣愛喝酒的初唐詩人王績、竹林七賢、飲中八仙和劉表，困難面前，他要的不是醉了醒、醒了再醉，而是「遂超天地先」（超越天地）。當然，無聊是真無聊，與其說他是與荷葉杯對話，不如說是自說自話。

不過，**蘇東坡在儋州喝的酒還是比以往少了許多，倒不是因為他想戒酒，主要是沒了酒友**。蘇東坡總是說他之所以釀酒，是「釀酒以餉客」，而之所以喝酒，是因為看著別人喝，自己也開心，但現在沒有了客人，酒也就少喝了。

2 天門冬為中藥，其酒味偏甜。

2 買得到米，但更想自己種

六十二歲的蘇東坡於紹聖四年（一〇九七年）六月十一日，自雷州徐聞縣渡海，經過一天一夜的驚濤駭浪，終於抵達海南海口。當時的海南屬廣南西路，置瓊州、朱崖軍、昌化軍、萬安軍[3]，分據島之四隅。

昌化軍貶所原名儋州[4]，古稱儋耳城。這個地方離蘇東坡登島的海口有兩百一十里路。

上岸後，瓊州通判黃宣義來拜見，蘇東坡將郵遞之事，拜託黃宣義代為收轉。這十分重要，蘇東坡未來在儋州的日子，島外提供的補給與聯繫全都靠他。

此行須從瓊州府治海口西行至澄邁，再從澄邁至儋州，全程都是陸路。蘇東坡雇乘轎子前往，於七月二日到達貶所昌化。經此長途跋涉，蘇東坡病了一場，在給張逢的信中，他說：「海南風氣與治下略相似，至於食物人煙，蕭條之甚，去海康遠矣。到後杜門默坐，喧寂一致也。」

蘇東坡一生好吃好熱鬧，而儋州「食物人煙，蕭條之甚」，章惇這一安排真是擊中了他的軟肋。他又說：「某到此數臥病，今幸少間。久逃空谷，日就灰槁而已。」真是半條老命都沒了。

昌化這個地方實在太苦，一向樂觀、將就的蘇東坡，再也得意不起來。在這裡，他沒有任何一個熟識的人，連住都成問題。他先是住在桄榔林下，後來官府才租借數椽官屋，讓他避風雨。

無人認識、無事可幹、無書可讀，在〈夜夢〉（並引）中，他說：「至儋州十餘日矣，淡然無一事。學道未至，靜極生愁。」這種狀態，很像剛被貶謫到黃州時。

蘇東坡剛到海南時，正好是夏季最酷熱的時候，溼度又很高，這使最能隨遇而安的蘇東坡也無法忍耐，在與廣州推官程全父的書信中說：「此間海氣蒸鬱不可言，引領素秋，以日為歲也。」真是度日如年。

在〈答程天侔〉三首之一中，他說「此間**食無肉，病無藥，居無室，出無友，冬無炭，夏無寒泉**，然亦未易悉數，大率皆無爾。唯有一幸，無甚瘴也。」蘇東坡描繪儋州「六無」，六者都令他感到很無奈。

這六無中，食無肉排在第一位，這時他不強調寧可食無肉，不可居無竹，可見生活有多困難，然而他仍寬慰自己，幸好還有一無——無瘴氣。

在海南就是如此無助！但即便如此，他也不願低頭，到市場買米、買柴時，蘇東坡寫下了這首〈糴米〉：

> 糴米買束薪，百物資之市。不緣耕樵得，飽食殊少味。
> 再拜請邦君，願受一廛地。知非笑昨夢，食力免內愧。

3　此三軍均為與州同等的行政區。

4　宋神宗熙寧六年改儋州設昌化軍。

春秧幾時花，夏稗忽已穟。悵焉撫耒耜，誰復識此意。

蘇東坡說米、柴等東西雖然可以在市集上買到，但米不是自己種的、柴不是自己砍的，就算吃得飽也覺得味道差一些，他想向地方官申請一塊荒地躬耕，總須自食其力，才不至於覺得內疚。

五天才能吃一次豬肉

海南具有得天獨厚的自然條件，如今農業發達，但**當時的海南到處都是荒地，食糧不足，只種植幾乎不用管就能生長的薯芋雜糧**。蘇東坡以一片精誠，作〈和陶勸農〉六首，勸告當地人勤快耕田，以改善生活。

海南還有一個特殊的風俗，那就是一切外出靠體力勞作的事都由女人承擔，包括上山砍柴、鑿地汲井在內等重活，男人則在家，終日遊手好閒。

此外，**海南沒有醫藥，如有人病了，當地人相信殺牛可以使病痊癒**。因此，蘇東坡寫了一篇柳宗元的〈牛賦〉，長途跋涉交給瓊州僧人道賨，希望借他的手代為傳播，改變這種習俗。

這一切的努力自然都是白費，一個地方長期形成的風俗，豈是一個外來人可以改變的？再說，他寫的這些詩，根本就沒幾個人看得懂，海南生存環境之惡劣可想而知。

蘇東坡聽聞蘇轍在雷州的生活大不如前，體重驟減，於是作了〈聞子由瘦（儋耳至難得肉食）〉，也說說自己的生活：

五日一見花豬肉，十日一遇黃雞粥。土人頓頓食藷芋，薦以熏鼠燒蝙蝠。
舊聞蜜唧嘗嘔吐，稍近蝦蟆緣習俗。十年京國厭肥羜，日日蒸花壓紅玉。
從來此腹負將軍，今者固宜安脫粟。人言天下無正味，蝍蛆未遽賢麋鹿。
海康別駕復何為，帽寬帶落驚僮僕。相看會作兩臞仙，還鄉定可騎黃鵠。

五天才吃得到一次豬肉，而十天才能吃到一頓雞粥。當地人每頓都吃薯芋，甚至推薦我吃熏老鼠和燒蝙蝠。以前聽說別人生吃乳鼠都會嘔吐，沒想到我最近也入鄉隨俗，敢吃蛤蟆了。一番議論後，蘇東坡還和老弟開玩笑說，照這樣沒有肉吃，若再消瘦下去，帽子只會越來越寬、腰帶也繫不住，等哪天回到家鄉，兄弟兩人一定會變成清瘦的仙人，可以騎上黃鵠飛翔。

但是，即便日子這麼艱難，卻還不是盡頭，章惇一心想將蘇軾兄弟趕盡殺絕。紹聖五年二月，章惇、蔡京派酷吏董必察訪嶺南，準備給予致命一擊。

董必，字子疆，宣州南陵（今安徽蕪湖南陵縣）人，早年受王安石賞識，對元祐諸臣有刻骨仇恨。董必到雷州時，就立即奏劾張逢，於蘇家兄弟到時，同本州官吏至門首迎接，招待兩兄弟在監司行衙居住、設酒筵接風，後來又幫蘇轍租屋，每月送酒饌到蘇轍處，並差役七人服務蘇轍等；海康縣令陳諤差雜役、工匠為蘇轍租住的宅子裝修，又勒令附近居民拆除籬腳、開闊小巷，通行人馬，以便迴避蘇轍所居門巷等。

最終蘇轍詔移循州安置，張逢被勒停（免職），海康縣令陳諤特衝替（改調）。

處置完蘇轍這邊，董必直取蘇軾，但是，渡海太辛苦了，於是他派一個小使臣過海。

蘇東坡確實沒留下什麼把柄，小使臣就以貶謫官員不得占住官屋為由，將蘇東坡父子逐出官舍。被逐出屋後，父子兩人無處可居，偃息於城南南汙池側桄榔林下數日。

住在桄榔林中，頭無片瓦，僅有樹葉，蘇東坡說：「尚有此身，付與造物，聽其運轉，流行坎止，無不可者。」（〈答程天侔〉三首之一）只要人還在，就聽從命運安排吧，這又有什麼不可？這種超然自得，也只有蘇東坡才做得到。

3 不用醋、醬，吃自然的美味

章惇欲置蘇東坡於死地，但天無絕人之路，蘇軾的保護神們又悄然而至。

蘇東坡到昌化的兩個月後，昌化軍新任軍使張中來了。張中是開封人，熙寧三年（一〇七〇年）考中進士，早已久聞蘇東坡大名。

張中一到任隨即叩門拜見蘇老前輩，並帶來張逢的書信。張中執禮甚恭，因為與蘇過都喜歡下棋，兩人成了莫逆之交。蘇家租住官屋，又西鄰州廨，往來非常方便，所以張中幾乎每天出現。

張中對蘇東坡十分照顧，也幫助很多。東坡父子租住的官屋本已破敗不堪，經風吹雨打更是處處漏水，常常一夜三遷，東躲西避，張中就假借整修倫江驛的名義，派兵修補蘇東坡租住的房屋。此事後來成了張中的罪狀。

張中又介紹了幾位當地人給蘇軾認識，包括黎子雲、符林、王介石等人，有人聊天之後就沒那麼悶了。後來，東坡父子被趕出官屋，買了一塊空地建屋，張中便和眾人親力親為，幫忙蓋起房子，儘管只有五間平房，但也夠用了，蘇東坡為之取名「桄榔庵」。

當地的熟人逐漸多了起來，蘇東坡也經常在城鄉各處隨意漫遊。他可以跑進一座寺院，清坐終日，「閒看樹轉午，坐到鐘鳴昏」，這樣他就可以「斂收平生心，耿耿聊自溫」（〈入寺〉），並作〈被酒獨行，遍至子雲、威、徽、先覺四黎之舍〉三首，其一曰：

> 半醒半醉問諸黎，竹刺藤梢步步迷。但尋牛矢覓歸路，家在牛欄西復西。

蘇軾在城鄉間隨處亂跑，像當時昌化這樣的落後地區，**除了城中有一、兩條大街外，他處道路皆無，所以他常常會迷路，要回家只能以牛屎、牛欄等做路標。**

學烏龜呼吸，就不會餓肚子

作為一個吃貨，沒東西吃才是最大的問題。由於**海南人不種水稻，海南的米、麵全靠海北船運而來。**每遇天氣變化、海運阻隔，則立即斷市。吃慣米麵的蘇東坡父子也只好入鄉隨俗，食芋飲水。對這種生活，蘇東坡自謂：「衣食之奉，視蘇子卿（武）啖氈食鼠為大靡麗。」連蘇東坡都認為蘇武的生活奢靡華麗。當然了，除了吃芋，也常煮菜為食，蘇東坡作〈菜羹賦〉，以下為序：

> 東坡先生卜居南山之下，服食器用，稱家之有無。水陸之味，貧不能致，煮蔓菁、蘆菔、苦薺而食之。其法不用醯醬，而有自然之味，蓋易而可常享。

蘇東坡居住在南山腳下，因家境貧窮而無法享用山珍海味，於是煮蔓菁、薺菜吃。不必用醋和醬，其有自然的美味。這些菜容易獲得，所以能經常享用。

煮蔓菁、蘿蔔、苦薺，還沒醋沒醬，這種自然之味能好到哪裡？他承認生活窘迫，卻洋溢著一種窮且益堅、樂天知命的精神。

菜羹吃厭時，兒子蘇過想出了一個新辦法：用山芋做羹，冠以美名曰「玉糝羹」。老父吃了，拍案叫絕道：「色、香、味皆絕，天上酥酡則不可知，人間絕無此味也！」於是作了這首〈過子忽出新意，以山芋作玉糝羹，色香味皆奇絕。天上酥陀則不可知，人間絕無此味也〉：

香似龍涎仍釅白，味如牛乳更全清。莫將北海金齏鱠，輕比東坡玉糝羹。

蘇東坡直呼這糝羹與龍的唾液一樣香，但比它白，味道像牛乳一樣，但更清新。不要將北海的金齏玉膾與東坡的玉糝羹比，那會被比下去。

有菜、有芋頭，這日子還算過得下去，但若遇上天災，那可就麻煩了。元符二年（一〇九九年）四月，島上大旱成災，米價暴漲，眼看將有絕糧之憂。蘇東坡在《東坡志林》裡的〈辟穀說〉，提到學龜、蛇不吃的方法：

洛下有洞穴，深不可測。有人墮其中不能出，飢甚，見龜蛇無數，每旦輒引首東望，吸初日光嚥之，其人亦隨其所向，效之不已，遂不復飢，身輕力強。後卒還家，不食，不知其所終。此晉武帝時事。辟穀之法以百數，此為上，妙法止於此。能服玉泉，使鉛汞具體，去仙不遠矣。此法甚易知易行，天下莫能知，知者莫能行，何則？虛一而靜者，世無有也。元符二年，儋耳米貴，吾方有絕糧之憂，欲與過子共行此法，故書以授之。四月十九日記。

這是道家辟穀法中一種簡單易行的方法，就是每日凌晨，模仿龜的呼吸，引吭東望，吞吸初日的陽光，與口水一同嚥下。據說非但可以不飢，還能身輕力壯。蘇東坡寫下這個方法，決心與兒子一同練習，準備抵抗飢餓。他這是戲謔，面對飢餓開自己的玩笑。這樣的蘇東坡，誰能把他擊垮？估計章惇、蔡京看到後也會氣得咬牙切齒，但又無可奈何。

4 美食家蘇東坡的烹飪精華

章惇對元祐諸臣清算得十分徹底，凡是與二蘇較為親近的，不論朋友、賓從或門人，幾乎都遭殃。在這樣血雨腥風的政治風暴中，為了避嫌遠禍，大多數士大夫朋友們都不敢再與二蘇通信往來，甚至從前朝夕相處的門生、故吏，也斷了音訊。

但也有例外，比如廣州推官程全父、曾知循州的周彥質等，就時不時從島外送來酒和各種吃的、用的，惠州的老朋友鄭嘉會（靖老）又託人送來千冊書籍。

在海南三年，他繼續和陶淵明的詩，從〈和陶飲酒〉起至〈和陶始經曲阿〉詩止，共得一百二十四首，輯成《和陶別集》。接著，又整理黃州所作《易傳》的未完稿，共九卷，又續撰《書傳》十三卷。這些成就，是蘇東坡文學創作的另一個高峰，正是在缺東西吃的環境下完成的。

照理來說，海南應該不缺食物，雖然缺肉，但**有海鮮，然而蘇東坡偏偏怕腥**，他作詩〈客俎經旬無肉，又子由勸不讀書，蕭然清坐，乃無一事〉：

> 病怯腥鹹不買魚，爾來心腹一時虛。使君不復憐烏攫，屬國方將掘鼠餘。
> 老去獨收人所棄，悠哉時到物之初。從今免被孫郎笑，絳帕蒙頭讀道書。

想吃肉想到什麼程度？他又作〈減字木蘭花・立春〉：

春牛春杖，無限春風來海上。便與春工，染得桃紅似肉紅。
春幡春勝，一陣春風吹酒醒。不似天涯，捲起楊花似雪花。

蘇東坡首先描繪了一幅春耕圖：牽著春天的耕牛，拉起春天的犁杖，耕夫站在兩者的近旁；接著寫海南春光：春風無限，自海而來，春神把桃花染得像肉一樣紅。豎起春天的綠幡，剪成春天的綵勝；一陣春風，吹我酒醒。此地不像海角天涯，捲起的楊花頗似雪花。

這是**中國詞史上第一首對海南之春的熱情讚歌，蘇東坡以歡快雀躍的筆觸，凸顯邊陲絢麗的春光和充滿生機的大自然**。「染得桃紅似肉紅」，在他眼裡，桃花之所以美，是因為紅得和肉一樣！

那麼，忍不住想吃肉時該怎麼辦？對此，蘇東坡的解決辦法是搞好鄰里關係，他在〈縱筆〉三首其三中說：

北船不到米如珠，醉飽蕭條半月無。明日東家當祭竈，隻雞斗酒定膰吾。

蘇東坡說，北邊運輸的船隻不來，米價貴如珍珠，自己已經半個月沒吃飽，肚子裡實在沒東西。好在第二天是祭灶日，東鄰家應該會將祭品如雞、肉、酒送一份給自己，終於可以飽餐一頓。

肉在海南實在難以取得，但蒼蠅腿也是肉，雖然蘇東坡不至於吃蒼蠅，但他想到了蠶蛹，於是作〈五君子說〉：

> 齊、魯、趙、魏桑者，衣被天下。蠶既登簇，繅者如救火避寇，日不暇給，而蛹已眉羽矣。故必以鹽殺之，蛹死而絲亦韌。繅既畢緒，蛹亦煮熟，如啖蚳蝝，甕中之液，味兼鹽蛹。投以刺瓜、蘆菔，以為薺膩，久而助醢，醢亦幾半天下。吾久居南荒，每念此味，今日復見一洺州人，與論蒸餅之美，漿水、粟米飯之快，若復加以關中不拓，則此五君子者，真可與相處至老死也。元符三年四月十五日。

「五君子」的重點是鹽蛹——用鹽水、刺瓜、蘿蔔漬的蠶蛹。這種美味加上蒸餅、漿水、粟米飯、不拓（麵條），就成了五君子。他說只要有這五種東西，直到老死都沒關係。

中國第一美食家蘇軾

辦法總比困難多，美食雖難以弄到手，但幻想以前享用過的美食，也可以帶來愉悅的感受，畫餅充飢也是沒辦法中的辦法，於是蘇東坡作〈老饕賦〉：

> 庖丁鼓刀，易牙烹熬。水欲新而釜欲潔，火惡陳而薪惡勞。
>
> 九蒸暴而日燥，百上下而湯鏖。嘗項上之一臠，嚼霜前之兩螯。

爛櫻珠之煎蜜，滃杏酪之蒸羔。蛤半熟而含酒，蟹微生而帶糟。
蓋聚物之夭美，以養吾之老饕。婉彼姬姜，顏如李桃。
彈湘妃之玉瑟，鼓帝子之雲璈。命仙人之萼綠華，舞古曲之鬱輪袍。
引南海之玻黎，酌涼州之葡萄。願先生之耆壽，分餘瀝於兩髦。
候紅潮於玉頰，驚暖響於檀槽。忽累珠之妙唱，抽獨繭之長繰。
閔手倦而少休，疑吻燥而當膏。倒一缸之雪乳，列百梔之瓊艘。
各眼灩於秋水，咸骨醉於春醪。美人告去已而雲散，先生方兀然而禪逃。
響松風於蟹眼，浮雪花於兔毫。先生一笑而起，渺海闊而天高。

大意是：庖丁來操刀、易牙[5]來烹調。烹調用的水要新鮮，磅、碗等用具一定要乾淨，柴火也要燒得恰到好處。有時候食物要經過多次蒸煮，再晒乾待用，有時用文火慢慢的煎、熬。吃肉只選小豬頸後那一小塊最好的肉，吃螃蟹只選霜凍前最肥美的兩隻大螯。把櫻桃放在鍋中煮爛成蜜，用杏仁漿蒸羔羊。蛤蜊要半熟時含著酒吃，蟹則要和著酒糟醃，並稍微生吃。

蘇東坡認為，天下精美的食品，都是作為老饕的自己所愛。筵席上，還要由端莊大方、豔如桃李的美女彈奏湘妃的玉瑟和堯帝女兒的雲鑼，並請仙女萼綠華隨著優美的〈鬱輪袍〉翩翩起舞。

用珍貴的南海玻璃杯斟上涼州的葡萄美酒。願先生您能長壽，分一點美酒給兩鬢斑白的老者共飲。喝酒紅了兩頰，聆聽琴瑟發出的悅耳聲響。忽然又聽到落珠、抽絲般的絕妙歌聲。但手指感到有些疲倦，所以稍作休息。嘴脣有些乾燥，應該塗些潤膏。倒一缸雪乳般的香茗，擺一艘裝滿百酒的酒船。大家的醉眼都欣賞瀲灩的秋水，全身的骨頭都被春醪酥醉了。美人的歌舞都解散了，先生卻獨自沉思，像是進入了禪境。趁著（水）煮出松風的韻律、冒出蟹眼大小的氣泡時，沖泡用兔毫盞盛的雪花茶。先生大笑著起身，頓覺海闊天空。

可以說，**此賦奠定了蘇東坡在中國飲食史上頂級美食家的地位**，他總結了中國烹飪與飲食的精髓：廚師的技藝，要似庖丁、易牙那般高超；烹飪的精粹，全在於火中取巧；選材要精細，方能做出可人的佳餚；美食還要配美酒、美茶，雪乳般的飲料沁人心脾，浮雪花的香茗讓人樂陶；美食還要有歌舞陪伴，宴享之際，輕盈的歌舞，伴隨著節奏的起伏，時疾時徐，旋律時低時高。

當我們還在討論主餐要搭配酒或茶時，蘇軾早就給出了答案：既要搭酒，也要配茶！我們吃完飯還「續攤」，但對蘇軾來說，他的標準是包含歌舞的「一條龍服務」[6]！

畫餅充飢的例子，還有《曲洧舊聞》中，說蘇軾在海南：「與客論食次，取紙一幅，書以示客云：爛蒸同州羊羔，灌以杏酪，食之以匕不以箸；南都麥心麵，作槐芽溫淘，糁襄邑抹豬，炊共城香粳，薦以蒸子鵝；吳興庖人斫松江鱠。既飽，以廬山康王谷簾泉，烹曾坑鬥品茶。少焉，解衣仰臥，使人誦東坡先生赤壁前後賦，亦足以一笑也。東坡在儋耳，獨有二賦而已。」

羊肉搭配杏酪、槐芽麥心麵配襄邑抹豬、共城香粳搭配蒸子鵝、松江鱠配曾坑鬥品茶。

5 春秋時期齊國著名廚師。
6 在廣東當地俗語中，「一條龍」常用以泛指夜晚娛樂項目的總稱。

5 別告訴別人這裡有好吃的海鮮！

蘇東坡在海南過著苦日子，但章惇並不會就此罷手。蘇東坡父子雖然被趕出了官屋，但也建了自己的房子，而徹底摧毀蘇東坡在海南的保護傘，才是章惇的上策。於是，董必糾舉昌化軍使張中，以派兵修繕倫江驛為名，實與別駕蘇軾居住一案，將張中免職、另候任用，權知廣南西路都鈐轄程節、戶部員外郎譚棪、提點廣南路刑獄梁子美皆坐失察罪，各遭降級處分。

此時的蘇東坡已適應海南的生活，張中被調離，只是讓他的生活稍微更艱難一點，本來就已經很差，再差一點也沒什麼，蘇東坡反而更超然，他的生活也不乏樂趣。

海南缺醫缺藥，他就收錄藥方，且行遊郊野，隨時留意可以入藥的野草閒花，採擷嘗試，並一一作記。

海南沒有墨，他就自己造墨，元符二年（一〇九九年）四月，墨工潘衡到儋州來謁，蘇東坡大喜。兩人搭棚起灶，砍松燒火。蘇東坡用「遠突寬灶法」改造墨灶，即煙囪的位置放遠，擴大灶肚，雖然煙煤的收穫減半，但是煤質卻非常精良。兩人研究了半年，十二月廿二日之夜，墨灶忽然失火，差點把房子燒了。

據葉夢得《避暑錄話》：宣和間，潘衡在江西一帶賣墨，說他曾為東坡造墨，得其祕傳，因此生意大盛。後來到杭州時賣墨，墨價更數倍於前，而士庶更是爭相購買。

蘇東坡還在當地收了一個學生，瓊山本地人姜唐佐，每日都來問學，長達半年光景，**姜唐佐後來赴京考試中了舉，成為海南有史以來第一位舉人**。蘇東坡與當地讀書人交遊，吸引眾多有文化追求的人，透過講學、作詩、題字、贈畫，為海南這片文化荒漠帶來涓涓細流。

清代戴肇辰的《瓊臺紀事錄》說：「宋蘇文忠公之謫儋耳，講學明道，教化日興，瓊州人文之盛，實自公啟之。」這樣的評價，一點也不過分。

海南的自然環境和政治環境比黃州、惠州差很多，能適應惡劣處境、戰勝困難、找到樂趣，還有所作為，面對這樣的蘇東坡，對手已經拿他沒有辦法。

關於吃，蘇東坡也找到了解決方案。海南有這麼多海鮮，因為怕腥不吃，不免錯過許多美味。當他嘗到了蠔，如同發現了新大陸，高興的寫下了〈食蠔〉：

> 己卯冬至前二日，海蠻獻蠔。剖之，得數升，肉與漿入水，與酒並煮，食之甚美，未始有也。又取其大者炙熟，正爾啖嚼，又益煮者。海國食蟹螺八足魚，豈有獻耶？每戒過子慎勿說，恐北方君子聞之，爭欲為東坡所為，求謫海南，分我此美也！

蠔肉和漿水加酒同煮，成鮮美的蠔仔粥，自己從來沒吃過這麼好吃的美食。碩大的鮮蠔，燒烤而食，味道更勝煮蠔。他吃得高興，大為感慨，海南居然有如此珍味海鮮，而且還有螃蟹、螺螄、八爪魚，都是朝廷顯貴吃不到的。接著又自嘲起來，說：**自己經常告誡兒子蘇過，千萬不要告訴別人此處海鮮之美，否則那些北方的高官聽到了，人人都爭著求貶謫到海南，分搶我的美味。**

滿足口腹之欲的同時，蘇東坡用苦澀的笑話戲弄當權者。他這張嘴一輩子都改不了，不過人生已到這個地步，也不可能再差，蘇東坡已活得如此自在，別人如何干涉、影響也改變不了。

吃太多薑會變笨？

戲弄一下當朝權貴可以、指名道姓罵章惇不合適，但撰文鄙視王安石倒是沒什麼風險。有一天他吃薑粥，寫了這則〈劉貢父戲介甫〉：

王介甫多思而喜鑿，時出一新說，已而悟其非也，則又出一言而解釋之。是以其學多說。嘗與劉貢父食，輟箸而問曰：「孔子不撤薑食，何也？」貢父曰：「《本草》，生薑多食損智，道非明民，將以愚之。孔子以道教人也，故不撤薑食，將以愚之也。」介甫欣然而笑，久之，乃悟其戲己也。貢父雖戲言，然王氏之學實大類此。庚辰二月十一日，食薑粥，甚美，嘆曰：「無怪吾愚，吾食薑多矣。」因並貢父言記之，以為後世君子一笑。

蘇東坡說王安石喜歡穿鑿附會，時不時就來個新說法，但過一段時間覺得不妥後，又會掏出新的解釋，所以王安石的學說總有多種不同說法。有一次王安石與劉貢父一起吃飯，王安石問劉貢父，孔子明明說不要多吃薑食，為什麼吃飯的時候卻不肯把薑拿掉？劉貢父告訴他，根據《本草》，生薑吃多了會變愚蠢，而儒家信奉「民可使由之，不可使知之」[7]的愚民政策，孔子不撤薑食，是想讓人變笨。王安石居然覺得有道理，過了很久，才知道劉貢父是在戲弄他。蘇東坡覺得王安石的學說也大都如此。他又開玩笑說，難怪自己這麼笨，原來是薑吃太多了。

蘇東坡與王安石兩人真的是「八字不合」，雖然金陵一見兩人已泯恩仇，王安石也肯定他的才情，但蘇東坡從來就沒認可過王安石。

雖然他總時不時自嘲、刺激當朝權貴，但其心境其實相當平靜，他作了這首〈汲江煎茶〉：

活水還須活火烹，自臨釣石取深清。大瓢貯月歸春甕，小杓分江入夜瓶。
雪乳已翻煎處腳，松風忽作瀉時聲。枯腸未易禁三椀，坐聽荒城長短更。

蘇東坡一生好茶，而**這首詩總結了他品茶的態度**。

第一句說，煮茶最好用流動的江水（活水），並用猛火（活火）來煎。由於需要活水，只好到江邊去取，自己提著水桶、帶著水瓢，到江邊釣魚石上取得深江的清水。

他去汲水時正當夜晚，天上懸掛著一輪明月，月影倒映在江水之中。用大瓢舀水，好像把水中的明月也撈到瓢裡了，一起提回來倒進水缸（甕）；接著再用小水杓將江水舀入煎茶的陶瓶裡。這是煎茶前的準備，寫得很細緻，也很有韻味。

---

7 可以以身作則讓百姓跟著做，不可以告訴百姓怎麼做。

水煮開了，雪白的茶乳隨著煎得翻轉的茶腳[8]漂了上來。斟茶時，茶水瀉到茶碗裡，颼颼作響，像風吹過松林發出的松濤聲。蘇東坡曾在〈試院煎茶〉一詩裡說「颼颼欲作松風鳴」，也是用松風來形容茶聲。聽來雖然誇張，卻十分具體、逼真的描繪他在貶所的小屋裡，夜間十分孤獨、寂靜，所以斟茶的聲音也顯得特別響。

喝茶時，想要文思泉湧，只限三碗恐怕不易做到。這句話是有來歷的，唐代詩人盧仝〈走筆謝孟諫議寄新茶〉一詩說：「一碗喉吻潤，二碗破孤悶，三碗搜枯腸，唯有文字五千卷……七碗吃不得也，唯覺兩腋習習清風生。」寫詩文思路不靈時，常用枯腸來比喻。搜索枯腸，就是冥思苦索。盧仝詩說喝三碗可以治枯腸，蘇軾表示懷疑，說只喝三碗未必能使文思流暢。

喝完茶要做什麼？最後一句說，喝完茶，就在這春夜裡，靜坐挨著時光，聽海南島邊荒城裡傳來那長短不齊的打更聲。

蘇東坡從汲水、舀水、煮茶、斟茶、喝茶到聽更，繪聲繪色，十分生動。彷彿在說：我很寂寞、無聊，卻很享受，你又能怎樣？

此時的章惇確實也拿他沒辦法，因為宋哲宗駕崩，出現了轉機。

結束三年的海南生活

元符三年庚辰正月初九，哲宗皇帝病死，年僅二十五歲。哲宗無嗣，由哲宗之弟端王，神宗第十一子繼位，也就是徽宗。

章惇聰明一世，但專橫慣了，居然反對端王繼位，宋徽宗繼位後，自然要收拾他。章惇不久後被罷相，貶為雷州司戶參軍，輪到他流竄南荒。

徽宗即位後大赦天下，起用部分元祐舊臣，元符三年五月，告下儋州，蘇軾以瓊州別駕、廉州（今廣西合浦）安置，不得簽書公事。好友吳復古一聽到這好消息，迫不及待的渡海過來告訴他。

謫居海南三年，即便早已做好客死海外的心理準備，但如果可以，當然也希望能回到他選定的終老之地宜興。現在能到廉州，也算是北歸。不過，此時的老東坡，內心已波瀾不驚，時光和苦難彷彿已經消耗了他全部的激情和痛苦。

在吳復古陪同下，蘇東坡父子離開儋州，經澄邁到瓊州渡海，六月十七日到達海口。學生姜唐佐來見，大家一起喝白粥、吃饅頭，蘇軾作〈約吳遠遊與姜君弼吃蕈饅頭〉：

> 天下風流筍餅餤，人間濟楚蕈饅頭。事須莫與繆漢吃，送與麻田吳遠遊。

蕈饅頭就是形狀像蘑菇的圓饅頭。吳復古大談白粥之美，說白粥能「推陳致新，利膈養胃」，但只吃白粥吃不飽，蘇東坡於是大讚饅頭之妙：天下風流莫過於吃筍餅，而人間美好就是吃圓饅頭，這個好東西可別給笨蛋吃，還是送給麻田人吳遠遊先生吧。

8 茶葉殘渣。

吳遠遊就是吳復古，他總在蘇東坡最困難的時候出現，這是他第二次來海南看蘇軾。六月二十日一行人登舟渡海，蘇東坡將這三年間的感慨，寫成〈六月二十日夜渡海〉：

參橫斗轉欲三更，苦雨終風也解晴。雲散月明誰點綴，天容海色本澄清。
空餘魯叟乘桴意，粗識軒轅奏樂聲。九死南荒吾不恨，茲遊奇絕冠平生。

不論怎樣的狂風暴雨，總有還晴的時候；雲散了，月亮也就重現光明。雖然在南荒瀕臨死境，但蘇東坡不恨這段經歷。這些日子「奇絕冠平生」，他將這段苦難當成了財富。

第十三章

生命終有時，風雅自千秋

1 東坡吃東坡美食

元符三年（一一〇〇年）六月二十日，六十五歲的蘇東坡登船離開海南，二十一日在徐聞遞角場再次踏上本土，登岸後即拜伏波廟，作碑文〈伏波將軍廟碑〉。

蘇東坡在雷州雷城與秦觀待了四、五天，六月二十五日離開雷城，至城西北四十五里處的興廉村淨行院住宿。再乘舟北行至官寨，途中曾在石城縣零祿葛麻墩村登岸，借宿於三清堂寺。六月底，從官寨乘舟沿海灣前往廉州白石鎮，七月四日至新的謫居地廉州合浦，廉州知州張仲修熱情的招待他在官廨暫住。

八月二十四日奉詔告，遷舒州團練副使、量移永州。雖然仍是閒官，但能離開嶺南，也是一個很好的消息。八月二十九日，蘇東坡離開廉州。

蘇東坡在廉州住了五十天，期間還度過了一個中秋節。廉州知州張仲修熱情有加，也很熟悉他的詩詞文字。蘇東坡在此吃到了烤豬和小餅，要離開時，於八月二十四日作了這首〈留別廉守〉表示感謝：

編萑以苴豬，瑾塗以塗之。小餅如嚼月，中有酥與飴。
懸知合浦人，長誦東坡詩。好在真一酒，為我醉宗資。

「萑」是荻類植物，「苴」是包裹的意思，「墐塗」指黏土。真一酒就是蘇軾居惠州時自釀的酒，這裡則泛指嶺南酒。大意是說：用蘆葦包住豬，再塗上黏土，這樣烤出來的豬真香。吃著圓圓的小餅，如同咀嚼天上的明月，中間還包著奶酥和麥芽糖，好吃！你們隨口都能說出我的詩句，多半是你們合浦人經常背誦我的作品，真是知己啊！幸好有酒，讓我面對這麼美好的食物和知己，可以一醉方休！

有些人用這首詩來證明月餅早在宋代就存在，而合浦是月餅的發源地。這個說法有些牽強，蘇軾在合浦吃到的這種小餅，中原早有了，比如胡餅，早在漢代張騫出使西域時，就帶了回來，一般人平時也會吃，與中秋無關。蘇東坡在合浦吃到小餅剛是七、八月，但並不足以說明當時就有中秋吃月餅的習俗。「小餅如嚼月」，不過是形容小餅之圓，不能憑此推出上述的結論。

蘇東坡曾寫過大量有關中秋節的詩詞，但都未曾提到月餅。月餅最早的記載，出自南宋吳自牧記錄臨安風貌的《夢粱錄》，其中卷十六〈葷素從食店諸色點心事件附〉中寫到，當時的「蒸作麵行」出售芙蓉餅、菊花餅、月餅、梅花餅、開爐餅等。而此書卷四亦有中秋節相關記載，但未見吃月餅的習俗。這說明**宋代時的月餅，只是因為形狀像月而得名**，而未列入中秋習俗中。

據中國美食作家汪朗考證，中秋吃月餅這一習俗，應該是明代時才形成。明代萬曆、天啟年間，太監劉若愚在回顧其宮中往事的《酌中志》中這樣寫道：「八月宮中賞秋海棠、玉簪花。自初一日起，即有賣月餅者，加以西瓜、藕，互相饋送……至十五日，家家供月餅、瓜果，候月上焚香後，即大肆飲啖，多竟夜始散席者。如有剩月餅，仍整收於乾燥風涼之處，至歲暮合家分用之，曰團圓餅也。」這種月餅，居然可以留到年底，那時沒有防腐劑，也沒有冰箱，只有水分少的東西才可保存這麼久。

貶官多年，終於得到自由

在廉州，蘇東坡又一次吃到了龍眼，在惠州時他就曾吃過龍眼，並與荔枝比較，在〈荔枝龍眼說〉中將荔枝比作大青蟹，「一啖可飽」，將龍眼比作小石蟹，「嚼久之，了無所得」。時隔幾年，經歷了更艱苦的儋州歲月，他對龍眼又有了新的認識，作了〈廉州龍眼質味殊絕可敵荔枝〉：

龍眼與荔枝，異出同父祖。端如柑與橘，未易相可否。
異哉西海濱，琪樹羅玄圃。累累似桃李，一一流膏乳。
坐疑星隕空，又恐珠還浦。圖經未嘗說，玉食遠莫數。
獨使皴皮生，弄色映雕俎。蠻荒非汝辱，倖免妃子汙。

蘇東坡說龍眼和荔枝其實是同源但不同分支的水果，就和柑與橘一樣，從外觀看難以評判高低。還真給他說對了，在如今的植物分類上，荔枝和龍眼同屬無患子科植物。

大讚龍眼好吃之餘，他感嘆說，幸虧龍眼長在蠻荒之地，不出名，才不會如荔枝般因進貢給楊貴妃而汙了名聲。**經歷大風大浪，名聲和苦難都是浮雲，他為龍眼不出名、久居南荒而慶幸，再一次笑談謫居海南的三年生活**，看來「九死南荒吾不恨」是真心的。

離別廉州，經白州、鬱林州、鐔州、容州、藤州，蘇東坡於九月二十日抵達梧州，走西江經廣州北歸。九月二十四日，至德慶，遊三洲岩；至端州，遊七星岩，在先前題字的「崧臺第一洞」五字旁落款「眉山蘇軾書」；十月初，遊靈洲山寶陀寺，題詩於壁。

蘇東坡在十月上旬到廣州，受到廣州官員的歡迎，但這一路舟車勞頓，他病倒了。此時，大兒子蘇邁、二兒子蘇迨兩人，帶著孫子和女眷們來到廣州相會，**一家人分別將近七年，終於團聚**。病好之後，廣東提舉常平孫鼛送燒羊來，蘇東坡復書答謝：「燒羊珍惠，下逮童孺。」看著孫兒們大啖羊肉，吃得津津有味，老東坡很高興。

停留廣州期間，嶺南三監司、轉運使兼代廣州經略使程懷立，宴請蘇軾於淨慧寺（今六榕寺），因歇於寺內六棵榕樹下，留題「六榕」兩字。接著又至天慶觀訪道士何德順，作詩〈眾妙堂（廣州何道士）〉。

十一月初，蘇家離開廣州，逆北江而上，在廣州城西四十餘里的金利山崇福寺受友人孫叔靜追送、餞行，一同登崇福寺鑑空閣；過清遠峽寶林寺，頌禪月所畫十八羅漢。十五日，在清遠峽受吳復古、何德順等友人追餞，同遊廣慶寺並題名，後再次到峽山寺作短暫停留。

此時，孫鼛派專差送來好消息：「已見聖旨，蘇軾復朝奉郎，提舉成都玉局觀，在外州軍，任便居住。」朝奉郎是七品官，**「任便居住」就是不用工作，想住哪都行**。蘇東坡眼下有兩個選擇：**一是舉家到潁昌（許昌），投奔準備在那裡度餘生的老弟蘇轍；二是回陽羨（宜興），那是他夢想的終老之地**。但不管如何選擇，都要先過大庾嶺。

於是蘇東坡繼續北行，十一月下旬至英州，英州知州何及之請作〈何公橋〉一詩；至韶州，受到韶州知州狄咸、通判李公寅、曲江縣令陳公密的歡迎，再次遊訪並宿於南華寺。狄咸在接待蘇軾時，上了用蔓菁和蘿蔔做的東坡羹，這把蘇東坡樂壞了，於是作〈狄韶州煮蔓菁蘆菔羹〉：

我昔在田間，寒庖有珍烹。常支折腳鼎，自煮花蔓菁。
中年失此味，想像如隔生。誰知南嶽老，解作東坡羹。
中有蘆菔根，尚含曉露清。勿語貴公子，從渠醉羶腥。

狄咸是湖南衡山人，故詩中稱其為「南嶽老」。東坡羹是蘇東坡謫居黃州時的發明，如今已傳遍天下，雖然自己多災多難，但天下士人仍記著他。曲江縣令陳公密邀宴於其私宅，出侍兒素娘歌〈紫玉簫曲〉，老人醉眼看花，為其賦〈鷓鴣天〉詞：

笑撚紅梅嚲翠翹，揚州十里最妖嬈。夜來綺席親曾見，撮得精神滴滴嬌。
嬌後眼，舞時腰，劉郎幾度欲魂消。明朝酒醒知何處，腸斷雲間紫玉簫。

他想起「前度劉郎今又來」的劉禹錫，應司空李紳之邀參加飲宴，發出「司空見慣渾閒事，斷盡江南刺史腸」的感慨。久未見識如此場面，蘇東坡非常享受。

2 身如不繫之舟的曠達人生

蘇東坡自元符三年（一一〇〇年）六月渡海，舟車勞頓，加上一路應酬不絕，三年海南「淡出鳥來」的生活，一下子吃太多油膩食物，消化不良，過了韶州，他便開始腹瀉。

又到年關，一行人留在南雄度歲，順便調養。建中靖國元年（一一〇一年）正月初三日，蘇東坡訪南雄保昌縣沙水村進士徐信，煮茗題壁。正月四日發南雄州，再走大庾嶺梅關古道，再次遊訪龍光寺。

在梅關古道旁的村店歇息時，蘇東坡遇一老翁，老翁說：「我聞人害公者百端，今日北歸，是天祐善人也。」於是蘇軾在村居牆壁上題〈贈嶺上老人〉：

鶴骨霜髯心已灰，青松合抱手親栽。問翁大庾嶺頭住，曾見南遷幾個回。

被貶嶺南七年，蘇東坡以無比的勇氣和忍耐力，堂堂闖過生死之關。他在此詩中想表達：他已鬥贏了這場人生的逆境。

時局大變，宋徽宗一開始採政治平衡術，以偏向舊黨的韓琦兒子韓忠彥、新黨的曾布擔任宰相，且重新徵召許多元祐舊人為中樞、州郡首長。因此，大家認為蘇軾、蘇轍被重新起用只是時間問題，但蘇軾並不這麼認為，曾布是立場堅定的新黨，為人奸狡，政局的走勢仍有太多的不確定性，樂觀不得。

在大庾嶺，他見嶺上梅花都已結果，於是作〈贈嶺上梅〉：

梅花開盡百花開，過盡行人君不來。不趁青梅嘗煮酒，要看細雨熟黃梅。

梅花只是開得比別的花早，人的際遇也與時序一樣各有千秋，青梅可以煮酒，熟梅則更甜些，各領風騷。所謂的審時度勢，都取決於人。歷經人生跌宕起伏的老東坡自比嶺上梅，他再無幽怨，能夠讓他自此退出江湖，他就知足了。

元宵節前兩、三天，蘇東坡一家人到了虔州（今江西贛州）。由於贛江乾旱，一行人只能等待江水上漲，因此偶遇同病相憐的劉安世（字器之）。

寒食節當天，他與劉安世同遊南塔寺寂照堂。劉安世好談禪，但不喜歡遊山，此時山中新筍出土，蘇東坡想上山吃筍，便騙說他邀了玉版和尚同行。到了光孝寺的廉泉，兩人坐下來燒筍共食。劉安世覺得筍味鮮美，便問：「此何名？」

蘇東坡答曰：「名玉版。此老僧善說法，要令人得禪悅之味。」劉安世這才恍然大悟，發覺自己被騙了。兩人大為高興，哈哈大笑，蘇東坡用禪語作了這首〈器之好談禪，不喜遊山，山中筍出，戲語器之可參玉版長老，作此詩〉：

叢林真百丈，法嗣有橫枝。不怕石頭路，來參玉版師。
聊憑柏樹子，與問籜龍兒。瓦礫猶能說，此君哪不知。

在虔州住了七十多天後，蘇東坡經廬陵、豫章（江西南昌），又再次上廬山。途經舒州、當塗，五月初一到金陵。此時，好朋友錢公輔的兒子錢世雄來信，說已代他借到常州顧塘橋孫氏的房屋，但蘇軾對歸程的目的地仍在猶豫。到了金山，他與程之元、錢世雄同遊金山寺，見金山寺留有自己的畫像，便自題一詩〈自題金山畫像〉：

心似已灰之木，身如不繫之舟。問汝平生功業，黃州惠州儋州。

黃州、惠州、儋州是蘇軾的苦難修練場，也是他文學成就的重要里程碑。蘇東坡用自嘲的口吻概括了自己的一生經歷，沒想到，這首詩竟成了他的人生絕唱。

臨終前，卻無法好好享用美食

此時汴京朝局忽又大變，代表舊黨的韓忠彥為相，與新黨曾布交惡，而向太后（宋哲宗之母）駕崩後，韓忠彥失去了靠山，曾布就開始活躍起來。老弟蘇轍居住的潁昌離京師太近，相對來說更不安全，於是蘇東坡決定率家人到常州居住。

到常州須先到儀真，蘇東坡原在儀真置有幾間屋，備以收租糊口，缺錢的他便把它們變賣。米芾此時恰在真州任發運司屬官，立即前去拜見蘇軾，兩人自是一番閒聊，也有詩文書畫交流。

真州知州傅質在江上宴請蘇東坡，酒罷，蘇軾覺得與米芾交流還未盡興，又讓人把米芾請來閒敘，直到深夜。及六月初三午夜，蘇東坡因耐不住六月盛暑的酷熱，突然猛瀉，一病不起，連米芾的宴請他都無法親赴。

米芾急忙送來麥門冬茶[1]，蘇軾很感動，作〈睡起聞米元章冒熱到東園送麥門冬飲子〉：「一枕清風直萬錢，無人肯買北窗眠。開心暖胃門冬飲，知是東坡手自煎。」

此時章惇已經貶往雷州，章惇的兩個兒子章援、章持，都是元祐初蘇東坡舉辦貢舉時所錄取的門生，章援深信蘇東坡在天下人熱切期盼下，朝廷順應輿情，定會拜相。他明白父親過去種種作為，深怕蘇東坡入相後回頭報復，於是寫了一封長信替父親求情。

讀完這封長信，蘇東坡對蘇過讚道：「斯文，司馬子長之流也！」司馬子長即司馬遷，他被這篇美文感動，心裡非常同情章家父子的遭遇，完全忘卻章惇千方百計陷害的惡毒，立即叫人鋪紙磨墨，扶病起床，親筆覆信：

> 某頓首致平學士。某自儀真得暑毒，困臥如昏醉中。到京口，自太守以下皆不能見，茫然不知致平在此。得書，乃漸醒悟。伏讀來教，感嘆不已。
>
> 某與丞相定交四十餘年，雖中間出處稍異，交情固無所增損也。聞其高年寄跡海隅，此懷可知。但以往者，更說何益，唯論其未然者而已。主上至仁至信，草木豚魚所知也。建中靖國之意，

可恃以安。

又海康風土不甚惡，寒熱皆適中。舶到時，四方物多有，若昆仲先於閩客、廣舟準備，備家常要用藥百千去，自治之餘，亦可以及鄰里鄉黨。又丞相知養內外丹久矣，所以未成者，正坐大用故也。今茲閒放，正宜成此，然只可自內養丹，切不可服外物也。某在海外，曾作〈續養生論〉一首，甚欲寫寄，病困未能。到毗陵，定疊檢獲，當錄呈也。所云穆卜，反覆究繹，必是誤聽。紛紛見及已多矣，得安此行，為幸！為幸！更徐聽其審。又見今病狀，死生未可必。自半月來，日食米不半合，見食卻飽，今且速歸毗陵，聊自憩。此我裡，庶幾且少休，不即死。書至此，困憊放筆，太息而已！

某頓首再拜。致平學士閣下。六月十四日。

章惇掌權時，欲置蘇東坡於死地，而蘇東坡北還，見章惇貶謫雷州，卻勸他養丹儲藥以養生。蘇東坡是個講道理、不意氣用事的人。元祐年間蘇轍彈劾章惇，他不施援手，是因為那時他認為章惇不宜擔任要職；章惇拜相後對他百般構陷，他應該也覺得曾經對不住章惇，而現在章惇再次遭貶，這事也就過去了，他不至於幸災樂禍。再說，此時他重病不起，預料自己時日無多，早已囑咐蘇轍為其寫墓誌銘，又怎麼可能心生怨恨？

1 有清熱潤燥的功效。

六月十五日，蘇東坡坐船赴常州，錢世雄安排好一切，他便直接遷入租來的顧塘橋孫宅家。但此時蘇東坡的生命已經進入最後時刻，錢世雄送來的「和飲子」與「蒸作」（飲料與點心），他都吃不下，在所作謝片中說：「切望止此而已。」（〈與錢濟明〉三首之一）[2]。

一個中國歷史上最偉大的美食家，連他最愛的美食都無法享用。

建中靖國元年（一一〇一年）七月二十八日，一個偉大的生命安然而逝，終年六十六歲。

2 當時蘇軾拒絕了所有親友的饋贈，只接受了錢世雄的贈禮，此句指只有這些就已足夠。

後記
人生緣何不快樂，只因未嘗蘇東坡

近年來，研究蘇東坡的熱潮再起。從國家層面來看，我們面對的是百年未有之大變局；從社會層面看，新冠疫情三年，從社會經濟到人的行為習慣都有了變化。這些最終都會反映到個人層面：要面對的問題，與從前全然不同。於是，蘇東坡被我們找了出來，當成我們的心靈雞湯。

我寫美食有兩個重點：一是**美食文化**，二是**美食科學**。應當嚴格考據，言出必有依據，這是經過法學專業訓練過的我所養成的習慣。

蘇東坡是公認的美食家，我寫美食文章，常常會引用他的文字。在碎片化[1]的引用過程中，我發現不少傳說中的東坡菜，以及蘇軾對某些食物的評價，其實是以訛傳訛，而許多曾被蘇軾描繪的美食卻被忽略。於是，我就萌生系統性梳理蘇東坡美食的想法。

對古代的讀書人來說，齊家治國平天下是他們的理想，比蘇軾稍早的北宋哲學家、理學創始人之一的張載，更是將讀書人的使命概括為「為天地立心，為生民立命，為往聖繼絕學，為萬世開太

1 指資訊來源多樣、受眾分散、傳播內容零散。

平」，因此，講吃吃喝喝，向來為天下讀書人所不屑。

然而蘇軾卻是另類，他不喜歡理學一副板著臉孔說話的樣子，認為他們食古不化，還與理學的另一創始人程頤交惡，並因此吃過不少苦頭，理學派也不甚喜歡蘇軾。

但**蘇東坡從不為寫美食而寫，必有所指，或以美食言志，或透過美食表達他的所思所想、調侃自己、氣氣政敵**。基於此，作為一個蘇東坡迷，我也有了把蘇東坡美食說清楚的使命感。要把蘇軾有關美食的經歷說清楚，就必須把他說美食時的背景弄明白，而這又涉及他的人生經歷。我不是研究宋史的，也不諳蘇學，若要我寫一本蘇東坡傳，我既沒這個能力，也沒興趣，且完全沒有必要，研究蘇東坡的資料已經夠多了，我學習、借鑑即可。

而本書有關蘇軾的經歷，主要參考臺灣作家李振華（筆名李一冰）的《蘇東坡新傳》，這是我認為蘇東坡傳記中，寫得最好的，在此鄭重致謝。

蘇軾有關美食的文字，散落在他的詩、詞、賦、書信和雜文中，把這些約一百萬字的文字讀過兩遍，基本上都可以找出來，然而真正的困難在於弄清楚這些文章寫於何時。

若搞錯時間，就會誤會他當時想表達的意思，或是把某地的美食，張冠李戴到另一個地方，貽笑大方。典型的如杭州將東坡肉「據為己有」，徐州、黃岡卻不吭聲；而饊子這種美食，宋代稱「寒具」，蘇軾在杭州時寫過，可有人就想說成徐州或海南。雖然蘇東坡是所有人的資產，各地也都有資格做蘇東坡菜，但編造故事、不求甚解，這是欺騙群眾、對蘇東坡的極不尊重，對此我有撥亂反正的熱情。

研究蘇東坡，最不缺的就是資料，但在眾多研究成果中找出權威、可靠的資料，也是寫作本書時的難中之難。我主要參考了《蘇東坡全集》（團結出版社，二〇二一年版）、《蘇軾文集》（中華書局，一九八六年版）、《東坡志林》（中華書局，一九八一年版）、《中吳紀聞 曲洧舊聞》（上海古籍出版社，二〇一二年版）、《蘇軾年譜》（中華書局，一九九八年版），在此一併致謝！

從不同立場、不同角度讀蘇東坡，會得出不同的結論。林語堂先生、余秋雨老師都曾寫過蘇東坡，盡善盡美，這讓我等蘇東坡迷們歡欣雀躍。

理學派說蘇東坡，他們帶著門戶之見，毀多於譽。我甚至見過王安石迷寫蘇東坡，把蘇軾說得一文不值、欺世盜名，我在極度氣憤、數次摔書的情緒中，才斷斷續續看完那本書。

「食色性也」，**蘇軾說到美食時，總將他真實的一面表露無遺，或許從美食的角度看蘇軾，反而能更接近真實的他**。

作為唐宋八大家之一，蘇軾在文學上的成就，連一開始瞧不起他的王安石，在下野後也不得不感慨：「不知更幾百年，方有如此人物！」

而我們之所以喜歡蘇東坡，更是因為他身處逆境時，積極樂觀的人生態度，那份超然和安貧樂道，十分勵志，讓人永遠都能看到希望。這對我們這個時代，尤其重要。

我們喜歡蘇東坡，也因為他並不是一個完人，他有他的缺點，就如我們的任何一位朋友，甚至是我們自己。我以烏臺詩案為界，之前稱蘇軾，之後稱蘇東坡，這不僅僅是**蘇東坡這個稱呼，確實是烏臺詩案後，他替自己起的號，更因為經此劫難，蘇東坡的思想和為人有了很大的變化**。

然而江山易改，本性難移，他再怎麼注意也很難掩飾自己的缺點，比如時常恃才傲物，甚至有點目中無人；沒大沒小，誰的玩笑都敢開、外號都敢取；不管是不是得罪得起，以三寸不爛之舌戲詆他人、換句話說的罵人。這種率真的性格非常有趣。不過，我們蘇迷喜歡，不代表他的同事、朋友一定喜歡，他也因此吃盡苦頭。最了解他的蘇轍評價他恰如其分：「**其於人，見善稱之，如恐不及；見不善斥之，如恐不盡；見義敢於勇為，而不顧其害，用此數困於世，然終不以為恨。**」

我對蘇東坡的了解還很膚淺，從美食解讀蘇東坡也只是一次嘗試。水準有限，不完整、不準確的地方肯定不少，歡迎批評指正。

特別感謝我的恩師黃天驥老師。我雖未有機會聽老師授課，但我攻讀博士時，他是中山大學研究生院常務副院長，既有這層關係，我也就不管他同不同意，以弟子禮事之。

我還要特別感謝周松芳博士和胡文輝兄。之所以能完成本書，周博士鼓勵功勞最巨，我才寫出幾篇，他已經邀來廣西師範大學出版社劉隆進，找我簽了出版合約，我本想慢慢做的事，也「被逼」推到優先位置；胡文輝兄在閱讀我發表於微信公眾號的文章時，也及時指出我的一些謬誤，讓本書內容更趨於準確，真是難得。

囉唆了這麼多，我只是想告訴你：寫這本書我是認真的，希望你喜歡！

附錄
蘇東坡主要人生軌跡

- 景祐三年（一〇三六年）農曆十二月十九日，出生於眉山。
- 嘉祐元年（一〇五六年）二十一歲，與蘇轍隨父出川進京趕考，通過開封府解試。
- 嘉祐二年（一〇五七年）二十二歲，禮部省試第二，殿試登第，回眉山丁母憂。
- 嘉祐四年（一〇五九年）二十四歲，再赴京補缺。
- 嘉祐六年（一〇六一年）二十六歲，中制科，授大理評事、鳳翔府簽判。
- 治平二年（一〇六五年）三十歲，判登聞鼓院，除直史館。
- 治平三年（一〇六六年）三十一歲，回眉山丁父憂。
- 熙寧二年（一〇六九年）三十四歲，判官告院。
- 熙寧四年（一〇七一年）三十六歲，杭州通判。
- 熙寧七年（一〇七四年）三十九歲，知密州。
- 熙寧十年（一〇七七年）四十二歲，知徐州。
- 元豐二年（一〇七九年）四十四歲，知湖州，烏臺詩案發生。
- 元豐三年（一〇八〇年）四十五歲，貶至黃州。

- 元豐七年（一〇八四年）四十九歲，漂泊於汝州、常州之間。
- 元豐八年（一〇八五年）五十歲，知登州，旋至禮部郎中、起居舍人。
- 元祐元年（一〇八六年）五十一歲，中書舍人、翰林學士、侍讀學士。
- 元祐四年（一〇八九年）五十四歲，知杭州。
- 元祐六年（一〇九一年）五十六歲，翰林學士承旨兼侍讀，出知潁州。
- 元祐七年（一〇九二年）五十七歲，知揚州，旋被召回京，遷端明殿學士、翰林侍讀學士、禮部尚書。
- 元祐八年（一〇九三年）五十八歲，知定州。
- 元祐九年（一〇九四年）五十九歲，貶至惠州。
- 紹聖四年（一〇九七年）六十二歲，貶至儋州。
- 元符三年（一一〇〇年）六十五歲，北歸。
- 建中靖國元年（一一〇一年）六十六歲，七月二十八日卒於常州。

國家圖書館出版品預行編目（CIP）資料

此生有味蘇東坡：在文人中，他最懂吃；在吃貨中，他最有才。人生緣何不快樂，只因未嘗蘇東坡。／林衛輝著 . -- 初版 . -- 臺北市：任性出版有限公司，2025.06
448 面；17×23 公分 . --（drill；27）
ISBN 978-626-7505-60-1（平裝）

1. CST：（宋）蘇軾　2. CST：傳記

782.8516　114002141

drill 027

此生有味蘇東坡

在文人中，他最懂吃；在吃貨中，他最有才。
人生緣何不快樂，只因未嘗蘇東坡。

作　　者／林衛輝
責任編輯／張庭嘉
校對編輯／蕭麗娟
副 主 編／連珮祺
副總編輯／顏惠君
總 編 輯／吳依瑋
發 行 人／徐仲秋
會計部｜主辦會計／許鳳雪、助理／李秀娟
版權部｜經理／郝麗珍、主任／劉宗德
行銷業務部｜業務經理／留婉茹、專員／馬絮盈、助理／連玉
　　　　　　行銷企劃／黃于晴、美術設計／林祐豐
行銷、業務與網路書店總監／林裕安
總 經 理／陳絜吾

出 版 者／任性出版有限公司
營運統籌／大是文化有限公司
臺北市 100 衡陽路 7 號 8 樓
編輯部電話：（02）23757911
購書相關諮詢請洽：（02）23757911 分機 122
24 小時讀者服務傳真：（02）23756999
讀者服務 E-mail：dscsms28@gmail.com
郵政劃撥帳號：19983366　戶名：大是文化有限公司

香港發行／豐達出版發行有限公司 Rich Publishing & Distribution Ltd
地址：香港柴灣永泰道 70 號柴灣工業城第 2 期 1805 室
Unit 1805, Ph.2, Chai Wan Ind City, 70 Wing Tai Rd, Chai Wan, Hong Kong
電話：21726513　傳真：21724355　E-mail：cary@subseasy.com.hk

封面設計／孫永芳　內頁排版／王信中
印　　刷／韋懋實業有限公司

出版日期／ 2025 年 6 月　初版
定　　價／新臺幣 460 元（缺頁或裝訂錯誤的書，請寄回更換）
I S B N ／ 978-626-7505-60-1
電子書 ISBN ／ 9786267505618（PDF）
9786267505625（EPUB）